현대인을 위한 영성훈련
위대한 영성가들

원종국 지음

kmc

축하의 글

위대한 영성을 본받아

오랜만에 반가운 책이 나왔다. 한마디로 「위대한 영성가들」은 영성의 빈 곳간을 채워줄 타작마당과 같은 책이다. 늘 바쁨을 변명하면서 제대로 갈무리하지 못했던 영성생활에 큰 자극과 훈련의 기회를 제공하기 때문이다.

사실 경건의 모양만 갖춘 우리는 때때로 무화과나무의 열매 없는 무성함으로 자신을 감추어 왔다. 앙상하게 자신을 드러낸 겨울나무가 오히려 아름답듯이, 우리는 나의 결함과 흠, 연약함과 불완전함을 하나님 앞에 내어 놓아야 한다. 그럼으로써 우리는 참 경건과 참 사랑의 힘을 얻게 되는 것이다.

성경은 사람 자신은 바로 하나님의 성전이라고 한다(고전 3:17). 돌로 지은 예배당은 꽃으로 꾸미고 제단을 밝히면서도, 하나님이 거하시는 살아 움직이는 성전을 방치한다면 참 어리석은 일이다. 우리 그리스도인들은 자신의 영혼이 이 세상의 모든 것들 때문에 갇히지 않도록, 무거워지지 않도록, 어두워지지 않도록, 숨이 막히지 않도록 돌봐야 한다. 당연히 말씀의 양식과 기도의 호흡으로 영혼의 생명을 풍부하게 해야 한다.

기독교 역사에서 위대한 영성가들의 존재는 아름다운 보물과 같다. 하나님의 말씀과 함께 그들의 지혜와 영성은 "보화"(골 2:3)와 같다. 위대한 그리스도인들의 영성을 본받아 우리도 영혼의 창문을 닦고, 하나님을 향해 문을 열어야 한다.

사람살이 방식을 구분하면 높이를 추구하는 삶과 깊이를 추구하는 삶으로 나눌 수 있다. 쉽게 높이를 현시적이고 세상적이라고 한다면, 깊이는 내면적이고 종교적이라고 요약할 수 있다. 높이와 깊이는 모든 사람들의 양면적인 삶의 모습이다. 과연 우리 자신은 어떠한 모습인가?

사실 천국은 완벽한 사람들만 가는 곳이 아니다. 오히려 자신의 약점에도 불구하고 최선을 다해 하나님을 사랑하려고 노력하는 보통 사람들로 가득 차 있다. 하늘에서 우리에게 주어질 상급은 우리의 성공 때문이 아니다. 우리가 그것을 위해 부단히 싸우고 변화하고 고치기 위해 애쓰기 때문입니다.

「위대한 영성가들」을 통해 우리의 일용할 양식이 더욱 풍부해졌음을 감사드린다. 특히 귀한 책을 집필하여 아름다운 선물을 나누신 원종국 목사님의 수고를 높이 치하드린다. 아무쪼록 이 책을 통해 영성의 훈련과 영성의 풍요로움을 두루 경험하시길 바란다.

기독교대한감리회
신 경 하 감독회장

추천의 글

신앙 선조의 믿음에서 배우는 영성

　　원종국 목사는 감리교 중진 목사로 학문과 덕망과 영성을 고루 갖춘 목회자이며 학자다. 그는 목회 현장에서 겪은 수많은 목회 경험을 실제로 학문에 적용하여 목원대학교 신학대학과 신학대학원에서 다년간 "교회 성장학"과 "현대 목회론" 및 "교회 행정학" 등의 강의를 하여 좋은 평가를 받고 있다.
　　저자는 위대한 기독교의 영성가들을 초대 교회에서부터 현대에 이르기까지 체계적으로 분석 정리하였다. 이 책은 단순히 역사적 사건이나 자료를 서술하거나 제공하려는 것이 아니라 2천 년 기독교 역사 가운데 신앙의 선조들이 믿음을 지키기 위해 어떻게 영적으로 분투했는지를 알려주고 있다. 또한 저자는 이 책을 통해 우리들에게 어떻게 영성을 개발하고 실천할 것인지에 대한 지침을 마련해 주고 있다.
　　21세기의 한국 교회는 도덕적 타락, 가치관의 전도, 정신적 혼돈, 무신론적 사고(思考)와 배금사상과 현실적 세속주의에 의해 끊임없이 도전 받고 있다. 성도들까지 고소득이 영향으로 현실에 안수하려는 심리가 강하게 나타나고 교회까지 세속화 되어가는 세태에 이 책은 메마른 영혼에 은혜와 단비를 제공한다.

　영적으로 침체해 있는 한국 교회가 오늘날처럼 영성을 강조한 때가 없는 것 같다. 한국 교회의 관심은 "영성훈련"이라든지 "영성개발"이나 "영성수련회", "제자화 훈련" 등을 통한 참된 기독교 영성을 회복하는 데 있다. 1970~1980년대의 "심령부흥회"가 성령의 역동적인 힘(각종 은사들)을 추구하였다면 1990년대 이후 "영성훈련" 등은 개개인의 내면적인 영성을 개발(Cultivation)하여 그리스도의 제자화를 목표하고 있다.

　기독교에서 말하는 영성이란 무엇인가? 기독교 영성은 예수 그리스도의 인격을 모방하는 삶을 통하여 하나님께 헌신하는 것이다. 기독교적 헌신은 이기적 자아(自我)를 버리고 그리스도 안에 산다(In-Christo Sein)는 뜻이다. 따라서 영성 개발은 예수 그리스도의 십자가의 길을 뒤따르는(Nachfolge) 훈련이요, 그리스도를 본으로 하여 그의 삶을 모방하는 '예수 그리스도를 닮고자 함(Imitatio Christi)'의 노력이다. 또한 존 웨슬리가 말하는 성화의 과정이다. 영성을 개발한다는 것은 성령이 내 안에서 역사하실 수 있도록 철저히 자신을 내어드리는 순종을 말한다. 기독교 영성훈련은 그리스도인이 성령의 역사하심에 따라 역사와 삶의 현실에서 그리스도의 삶을 모방하여, 하나님 앞에서(Coram Deo) 책임적인 존재로 사는 훈련이다. 우리는 참된 기독교의 영성을 초기 순교자들의 영성과 수도원적이고 신비주의적인 영성에서, 종교개혁 직전의 "금일의 헌신(Devotio moderna)" 운동에서 그리고 경건주의 영성에서, 또한 목숨을 건 청교도들의 영성에서 찾아 볼 수 있다. 또한 근·현대 들어와서는 대부흥 운동가들의 영성이 우리에게 많은 영감(靈感)을 준다.

　저자는 이 책에서 초대 교회 순교자들의 영성, 중세 신비주의자들의 영성, 종교개혁자들의 영성, 청교도들의 영성 그리고 19~20세기 대부흥가들의 영성과 현대 신학자들의 영성을 체계적으로 잘 소개하고 있다. 그리고 이 책 내용이 실제로 우리의 영성훈련에 많은 도움을 줄 수 있도록 짜여 있다.

　이 책의 장점을 든다면 저자가 새벽마다 영성의 갈망에 몸부림치는 교인들을 바라보면서 사순절 40일 새벽 기도회를 특별 영성 운동의 기회로 삼고 본서를 집필하여 사용한 점이다.

또한 저자는 단순히 기독교 영성가들을 소개하는 데 그치는 것이 아니라 "교훈"(영성의 향기)과 "적용"(생활의 적용) 부분을 제시해 실제로 이 교재를 통해 영성훈련에 크게 도움이 될 수 있도록 꾸몄다. 이 책은 영적으로 갈급한 현대인과 신앙인을 위한 영성훈련의 교재로 활용할 수 있으리라 본다. 아무쪼록 정성들여 꾸며진 이 책이 학계와 교계에 많은 도움이 되기를 기원한다.

목원대학교 신학대학 학장 **김 기 련**

서문

교회 본질을 회복하는 영성 운동

　21세기는 정보화 사회다. 정보화 사회는 기술시대를 의미한다. 그래서 과학기술이 최고의 가치로 인식되는 시대다. 과학기술이 최고의 가치로 인정받는 까닭은 부의 창출에 있어서 탁월하기 때문이다. 세계는 점차 거대한 시장이 되어 가고 경제 전쟁은 쉼 없이 일어나고 있으며 경제력은 곧 국력으로 평가된다. 이제 인간이 추구하는 것은 복음화도, 인간화도 아닌 경제화다.

　이런 현실 속에서 영혼과 육체의 양면성을 가지고 어느 한쪽의 균형이 깨질 때마다 심한 갈등과 빈곤을 느끼는 인간은 21세기에 살면서 영적 황폐함과 갈등에 시달리고 있다. 한편으로는 마약, 알코올, 섹스, 폭력, 자살을 정신적 돌파구로 찾고, 다른 한편으로는 환생과 전생의 신드롬, 무당의 신통력으로 기술시대에서 맛볼 수 없는 영적 공허감을 채우려 한다.

　만일 교회가 이런 시대에 더 이상 영성 기능을 상실한다면 인류의 새로운 암흑기가 도래하게 될 것이다. 교회의 제사 기능이나 예언자 기능이 탁월해도 영성 기능이 쇠퇴한다면 서구 교회를 침체 국면으로 몰고 간 불행이 한국 교회의 퇴조를 부채질할 수 있다.

기독교 영성은 하나님을 향해서, 하나님 안에서 사는 삶이다. 그래서 하나님의 형상을 회복하고 그리스도의 인격과 삶을 닮아가는 교회 본질을 회복하는 운동이다.

지금 우리는 각 분야에서 보다 유능한 인간됨은 "오직 훈련"에 달려 있다는 원리를 체득하고 있다. 따라서 목회 현장에서도 교회 성장의 목마름은 훈련 없이 채워질 수 없다. 무엇보다 영성훈련 없이 현대 교회의 쇠퇴와 침체를 극복할 길은 없다.

이제 교회는 21세기 기술시대, 물질시대에 있어서 현대인들의 영적 목마름을 채우기 위한 건전한 운동이 일어나야 한다. 이에 새벽마다 영성의 갈망에 몸부림치는 교인들을 바라보면서 사순절 40일 새벽기도회를 특별 영성운동의 기회로 삼고 본서를 집필하여 사용하였다. 본서를 출판하면서 영성에 목마른 현대인에게 영성의 대가들을 만날 기회를 드리고 영성훈련에 유익한 자료가 되었으면 하는 바람이다. 본서는 특히 젊은이들이 영성의 대가들을 만나고 영성훈련에 도전받는 교재가 되었으면 한다.

끝으로 본서가 나오도록 협력하여 주신 본부 홍보출판국(도서출판 kmc) 손삼권 총무님과 원고 자료를 제공하고 정리를 도와준 동역자들께 감사한다.

호반의 도시 춘천에서
원 종 국 목사

차례

축하의 글 · 3
추천의 글 · 5
서문 · 8

I. 기독교 영성
구약에 나타난 영성의 개념 · 14
신약에 나타난 영성의 개념 · 19

II. 영성가들과의 만남과 영성훈련

1. 초대 교회~중세 교회
성 폴리캅 · 24 | 터툴리안 · 29 | 성 안토니 · 34
바질 감독 · 39 | 성 어거스틴 · 44 | 성 베네딕트 · 50
성 버나드 · 56 | 성 도미니크 · 61 | 성 프란체스코 · 66
성녀 클라라 · 72 | 토마스 아 켐피스 · 77

2. 종교개혁~후기 종교개혁

마틴 루터 · 84 | 존 칼빈 · 89 | 블레이즈 파스칼 · 95
존 번연 · 104 | 친첸도르프 · 109 | 조나단 에드워드 · 113
존 웨슬리 · 119 | 조지 휫필드 · 127 | 존 뉴턴 · 132

3. 근·현대

윌리엄 케리 · 138 | 그룬트비 · 145 | 아도니람 저드슨 · 150
찰스 피니 · 157 | 찰스 하지 · 162 | 조지 밀러 · 167
쇠렌 키에르케고르 · 172 | 데이비드 리빙스턴 · 181
찰스 스펄전 · 187 | 드와이트 무디 · 193 | 로버트 하디 · 198
헨리 아펜젤러 · 203 | 폴 틸리히 · 208 | 칼 바르트 · 213
주기철 · 224 | 이용도 · 229 | 디트리히 본회퍼 · 234
위르겐 몰트만 · 243 | 볼프하르트 판넨베르그 · 248

참고문헌 · 253

기독교 영성

기독교 영성은 세속의 한가운데서 '하나님의 형상'에로 회복되기 위해 그리고 '하나님의 뜻'을 성취하기 위해 살아가는 삶과 정신 일체를 뜻한다.

구약에 나타난 영성의 개념

영성의 출발점은 하나님과의 만남, 그리고 하나님을 고백하는 데서 영성의 눈이 열린다.

신약에 나타난 영성의 개념

예수님이 살아계신 하나님의 아들임을 믿는 신앙고백의 터전 위에 영성이 세워진다.

구약에 나타난 영성의 개념

"구원자 이스라엘의 하나님이여 진실로 주는 스스로 숨어 계시는 하나님이시니이다"(이사야 45:15)

"여호와께서 가라사대 내가 애굽에 있는 내 백성의 고통을 정녕히 보고 그들이 그 간역자로 인하여 부르짖음을 듣고 그 우고를 알고 내가 내려와서 그들을 애굽인의 손에서 건져내고 그들을 그 땅에서 인도하여 아름답고 광대한 땅, 젖과 꿀이 흐르는 땅 곧 가나안 족속, 헷 족속, 아모리 족속, 브리스 족속, 히위 족속, 여부스 족속의 지방에 이르려 하노라"(출애굽기 3:7~8)

"처녀를 그 아비 집 문에서 끌어내고 그 성읍 사람들이 그를 돌로 쳐죽일지니 이는 그가 그 아비 집에서 창기의 행동을 하여 이스라엘 중에서 악을 행하였음이라 너는 이와 같이 하여 너의 중에 악을 제할지니라"(신명기 22:21)

"원수를 갚지 말며 동포를 원망하지 말며 이웃 사랑하기를 네 몸과 같이 하라 나는 여호와니라"(레위기 19:18)

기독교 '영성(靈性)'은 중세 가톨릭 전통에서 말하는 '경건'과는 다르다. 즉 영적인 것(πνεματικός)이라고 할 때 단순한 금욕생활이나 내면적 기도생활 또는 집단적 예배나 기도훈련 같은 '수도원적 영성(monastic spirituality)' 만을 지칭하지 않는다. 기독교적 영성은 하늘과 땅, 성(聖)과 속(俗), 정신과 물질, 내세와 현세, 신적인 것과 인간적인 것 사이의 이분법(二分法) 같은 낡은 사고에 기초한 영성의 개념이 아니라 "인간의 의식 속에서 다양하게 일어나고 있는 기독교적 진리에 대한 실제적이고도 실효성 있는 이해 전반을 포함한다." 즉 하나님 앞에서(before God)와 그가 지으신 세계 한가운데서 (amid the created world)의 실존적인 삶 그 자체다. 하나님 안에서 기도하며 사는 것, 그리고 그분을 통하여 변형되어 가는 인간 정신 일체를 포괄하는 것이다. 다시 정리하면, 세속의 한가운데서 '하나님의 형상'에 회복되기 위해 그리고 '하나님의 뜻'을 성취하기 위해 살아가는 삶과 정신 일체를 뜻한다. 이런 기독교적 영성 개념은 고전적인 사도 신조 속에 나타나 있다.

구약의 신앙세계는 기독교적 영성 개념(고전적 사도 신조)을 비록 체계적이고 논리적인 것은 아니라도 그 기본 개념을 대체로 함유하고 있는데, 구약의 영성 개념은 역사 지향성(history-oriented)을 지닌 것이 특징이다. 이제 구약에 나타난 영성 개념을 정리해 보자.

※ 이스라엘 영성의 출발점은 포착하기 어려운 하나님 존재에 대한 인식이다.

"구원자 이스라엘의 하나님이여 진실로 주는 스스로 숨어 계시는 하나님이시니이다"(사 45:15)

이 말씀에 주목할 점은 자신을 감추시는 그 숨어 계신 하나님이 곧 구원자 하나님이시라는 것이다. 왜 하나님은 '숨어 계신 분'으로 고백되고 있는가? 하나님의 침묵과 '감추이심'이 절실하게 느껴지는 곳에서만 '하나님의 나타나심'에 대한 진정한 의미의 절실한 기다림이 있기 때문이다. 이렇게 숨어 계신 하나님이 절박한 기다림의 대상이요 구원의 대상으로 인식된 곳은 노예살이 했던 애굽 땅과 바벨론 포로지역이었다. 영성의 출발점은 하나님과의 만남에서 비롯된다. 그리고 그 만남에서 하나님은 누구신가를 고백하게 되는 데서 영성의 눈이 열린다.

이스라엘 영성 이해의 장소(영성훈련 장소)는 광야(고난)다.

구약 곧 이스라엘의 영성은 역사를 벗어난 것이 아니라 여기 이 지상에서 하나님이 나타내 보이신 목적을 통해서 비로소 바르게 이해될 수 있음을 전제한다(이원론적이 아님을 명심하라).

구약성서는 히브리인 해방 행위를 '여호와의 구원'이란 말로 정의한다. "모세가 백성에게 이르되 너희는 두려워 말고 가만히 서서 여호와께서 오늘날 너희를 위하여 행하시는 구원을 보라 너희가 오늘 본 애굽 사람을 또다시는 영원히 보지 못하리라"(출 14:13). 즉 구약의 구원(salvation)은 개인 영혼 구원이라는 개념보다는 주로 공동체의 구원, 사회적 구원을 말하고 있다. 이런 사회적 구원이 구약이 말하는 진정한 의미의 '영적인 것'이라고 할 수 있다.

"여호와께서 가라사대 내가 애굽에 있는 내 백성의 고통을 정녕히 보고 그들이 그 간역자로 인하여 부르짖음을 듣고 그 우고를 알고 내가 내려와서 그들을 애굽인의 손에서 건져내고 그들을 그 땅에서 인도하여 아름답고 광대한 땅, 젖과 꿀이 흐르는 땅 곧 가나안 족속, 헷 족속, 아모리 족속, 브리스 족속, 히위 족속, 여부스 족속의 지방에 이르려 하노라 이제 이스라엘 자손의 부르짖음이 내게 달하고 애굽 사람이 그들을 괴롭게 하는 학대도 내가 보았으니 이제 내가 너로 바로에게 보내어 서로 내 백성 이스라

엘 자손을 애굽에서 인도하여 내게 하리라"(출 3:7~10)

여기에는 기도, 예배의식 같은 요소는 결핍되어 있으나 오히려 가난한 자와 억압받는 자들의 해방을 위해 투쟁하는 신앙인들의 실천적인 삶(praxis)을 통해서 새로운 영성을 보여주고 있다. 실로 이스라엘 영성을 바로 이해할 수 있는 길은 여호와 하나님의 이러한 성격의 인간 해방 역사 그 자체라고 할 수 있다.

구약성서는 영성의 본질을 바르게 이해하는 길을 관념적 지식보다는 고난을 통한(고난의 경험) 구체적인 영성훈련을 요구한다. 그래서 이러한 영성훈련의 모범적인 장소로서 "광야"를 택했다. 하나님은 '광야에서' 이스라엘의 영성을 훈련시키신 것이다. 배고픔과 목마름, 뱀과 전갈, 내외 원수들의 공격이라는 위험을 안고 있는 대표적인 장소가 '광야'다. 이스라엘은 광야에서 고난을 통한 영성훈련을 받고 새롭게 태어난 것이다.

🌺 이스라엘 영성의 목표는 신의 형상을 지닌 평등한 나라 건설이다.

여호와 하나님은 "나는 여호와, 너희로 애굽의 노예 된 상태에서부터 구출해 낸 너희의 하나님이다"라는 자기소개를 통해서 이스라엘의 근본을 가르쳐주신다. 그들이 처한 근본뿌리가 종살이했던 천민들이었다는 사실을 기억케 하신다. 더 이상 낮아질 수 없는 '히브리인 계층(유랑인 계층)'과 이스라엘을 동일시함으로써 '더 이상 낮아지는 자가 없는 가장 이상적인 평등 공동체'를 건설하려는 섭리가 여기에 있다. 이런 상황이 다음과 같은 구약성서 구절에 나오고 있다.

"너는 이방 나그네를 압제하지 말며 그들을 학대하지 말라 너희도 애굽 땅에서 나그네이었었음이니라"(출 22:21)
"너는 네 형제를 마음으로 미워하지 말며 이웃을 인하여 죄를 당치 않도록 그를 반드시 책선하라"(레 19:17)

이런 법적인 말씀을 통해서 우리는 이스라엘 영성의 목표가 고난 받는 이웃을 위하고 사랑하되 자신이 과거에 겪은 "더 이상 낮아질 것도 없고 더 이상 불행해질 것도 없는 천민"(히브리인)의 자리에 처하였던 그 경험을 통하여 비로소 구체적으로 세워지게 되었음을 알게 된다.

또한 창세기 1장 27절에 "하나님이 자기 형상 곧 하나님의 형상대로 사람을 창조하시되 남자와 여자를 창조하시고"라고 하였다. 이것은 인간의 남녀 두 가지 성(性) 사이에 지닌 하나님의 형상 개념에서 인간의 공존 관계성과 평등 관계성을 유추케 한다.

여기에 하나님 형상으로서 인간의 존엄성과 평등성이 있다. 이스라엘은 애굽에서 더 낮아질 수 없는 '노예' 경험과 바벨론에서 더 이상 고통스러울 수 없는 포로 경험, 그리고 인간 존엄성과 평등성의 경험을 통해서 '평등사회 건설' 즉 평등한 나라 건설을 새로운 영성 이념으로 창출해 내게 된 것이다.

이렇게 구약에 나타난 이스라엘 영성 개념은 출애굽 사건과 바벨론 포로기 사건을 통해서(역사적 고난의 현장) 반성했던 정의와 자유, 평화와 평등의 사회적 이념 구현이라는 맥락에서만 바르게 이해될 수 있다. 하나님 형상 회복과 그 뜻을 성취하려고 택하신 이스라엘의 영성은, 역사적 고난의 현장에서 여호와 하나님을 만나면서 시작되고 성숙해 갔다.

신약에 나타난 영성의 개념

"인자의 온 것은 섬김을 받으려 함이 아니라 도리어 섬기려 하고 자기 목숨을 많은 사람의 대속물로 주려 함이니라"(마가복음 10:45)

"이르시되 기도 외에 다른 것으로는 이런 유가 나갈 수 없느니라 하시니라"(마가복음 9:29)

"이 말씀을 하시고 저희를 향하사 숨을 내쉬며 가라사대 성령을 받으라"(요한복음 20:22)

"내가 비천에 처할 줄도 알고 풍부에 처할 줄도 알아 모든 일에 배부르며 배고픔과 풍부와 궁핍에도 일체의 비결을 배웠노라 내게 능력 주시는 자 안에서 내가 모든 것을 할 수 있느니라"(빌립보서 4:12~13)

예수 그리스도께서 복음전도의 길에 나서시며 외치신 처음 말씀은 "회개하라 천국이 가까왔느니라"(마 4:17)였다. 마가복음에는 "요한이 잡힌 후 예수께서 갈릴리에 오셔서 하나님의 복음을 전파하여 가라사대 때가 찼고 하나님 나라가 가까왔으니 회개하고 복음을 믿으라 하시더라"(막 1:14~15)고 하였다.

신약성서에서의 영성은 구약에서와 달리 '민족'적 언급이나 지상에서의 젖과 꿀이 흐르는 땅에 세워질 이상국가에 대한 언급이 없고 각 개인으로 하여금 '죄'에 대하여 회개하고 각 개인이 예수 그리스도를 구세주로 믿고 영접하여 영생(구원, 천국에 들어감)에 이르게 된다고 하였다(요 3:16, 행 2:21, 행 16:31). 여기에서 "저를 믿는 자마다", "누구든지", "너와 네 집이"라는 어구를 볼 때 개인화와 함께 어느 민족이 아니라 전 인류의 구원에로 향함을 볼 수 있다. 다시 말하면 신약성서의 영성은 처음부터 각 개인의 영적 변화와 민족을 초월한 세상 모든 사람에 관심이 집중되어 있음을 발견할 수 있다.

구약에서는 '숨어 계신 하나님'에 대한 절실한 기다림 그리고 만남에서 비로소 구원자 하나님에 대한 인식이 눈떠지는 영성의 첫걸음을 보여주었다. 그러나 신약에서는 그리스도를 발견하고 그가 곧 살아계신 하나님의 아들임을 믿는 신앙고백의 터전 위에 교회가 세워지듯 영성이 세워진다. 영성의 완전한 모델은 예수 그리스도이시다.

그는 그를 따르는 제자들에게 하나님의 형상을 닮는 회복, 즉 신자가 '완전한 자' 또는 '온전한 자' 그리고 '거룩하여 흠이 없는 자'로 나가는 영성의 길을 "자기를 부인하고"(막 8:34), "나를 좇으라"(막 8:34)는 말씀으로 훈련시키고 있다. 심지어 자기 목숨까지 희생할 각오(막 8:35)를 촉구한다. 이런 영성의 근거는 마가복음 10장 45절의 말씀과 같이 "인자의 온 것은 섬김을 받으려 함이 아니라 도리어 섬기려 하고 자기 목숨을 많은 사람의 대속물로 주려 함이니라"는 섬김과 자기희생에 있다. 이 영성에서 비롯되는 영적 힘은 병든 자를 고치고, 귀신을 내쫓는다.

이런 영성에 도달하는 길은 무엇인가? 그것을 가리켜 예수님은 "기도 외에 다른 것으로는 이런 유가 나갈 수 없느니라"고 선언하신다. 사실 겟세마네 동산에서 최후의 시기를 맞이할 때 예수님은 "기도" 외에 다른 길이 없기에 "애써 더욱 간절히 기도하시니 땀이 땅에 떨어지는 피방울같이 되더라"(눅 22:44)고 하신 것이다. 그러나 우리는 '기도'라는 영성훈련으로 모든 것을 다할 수는 없다. 예수와 달리 우리는 인간이기에 그러하다. 그래서 예수님은 부활 후 제자들에게 나타나 "성령을 받으라"고 적극적인 요청을 하신다.

이런 영성의 과정을 거쳐 정상의 상태에 들어가면 첫째는 하나님을 사랑하게 되고 둘째는 이웃을 마치 자기 몸처럼 사랑하게 된다. 신약성서는 '사랑'을 영성의 가장 중요한 덕목으로 삼고 있다. 이것은 오늘의 신자들에게도 똑같이 적용되는 영성의 정상이다. 사랑하게 하소서!

영성가들과의 만남과 영성훈련

초대 교회에서부터 현대에 이르기까지
하나님의 뜻에 따라 살았던 위대한 영성가들의 생애와 신앙

초대 교회~중세 교회

성 폴리캅 · 터툴리안 · 성 안토니 · 바질 감독 ·
성 어거스틴 · 성 베네딕트 · 성 버나드 · 성 도
미니크 · 성 프란체스코 · 성녀 클라라 · 토마스
아 켐피스

성 폴리캅 St. Polycarp
69?~155/160

"몸은 죽여도 영혼은 능히 죽이지 못하는 자들을 두려워하지 말고 오직 몸과 영혼을 능히 지옥에 멸하시는 자를 두려워하라" (마태복음 10:28)

"누구든지 사람 앞에서 나를 시인하면 나도 하늘에 계신 내 아버지 앞에서 저를 시인할 것이요 누구든지 사람 앞에서 나를 부인하면 나도 하늘에 계신 내 아버지 앞에서 저를 부인하리라" (마태복음 10:32~33)

"서머나 교회의 사자에게 편지하기를 처음이요 나중이요 죽었다가 살아나신 이가 가라사대 내가 네 환난과 궁핍을 아노니 실상은 네가 부요한 자니라 자칭 유대인이라 하는 자들의 훼방도 아노니 실상은 유대인이 아니요 사단의 회라 네가 장차 받을 고난을 두려워 말라 볼지어다 마귀가 장차 너희 가운데서 몇 사람을 옥에 던져 시험을 받게 하리니 너희가 십일 동안 환난을 받으리라 네가 죽도록 충성하라 그리하면 내가 생명의 면류관을 네게 주리라" (요한계시록 2:8~10)

생애와 서신

폴리캅은 사도 요한의 제자며 트라얀 황제(98~117) 박해 시 순교한 자다. 그는 시리아의 이교도 집안에서 기독교로 개종하였으며 안디옥 교회 이그나티우스(Ignatius, 35?1~107/8, 안디옥의 감독)의 친구이자 제자였고, 소아시아에 있는 서머나 교회의 감독이었다. 그는 40~60년 동안 감독으로 봉사하면서 86세에(155/160년) 순교당하였다. 폴리캅이 우리에게 잘 알려지게 된 것은 그의 유일한 작품「빌립보 교회 교인들에게 보내는 서신」보다는 다른 자료들을 통해서다. 그는 서신을 통해 빌립보 교회가 이그나티우스와 다른 전도자들을 도운 사랑에 감사했고, 불의와 돈에 대한 탐욕을 멀리하고 흠 없는 신앙생활을 하도록 순결에 대해 관심을 갖자고 권하였다. 그리고 예수 그리스도가 육체로 오신 것을 시인하지 않는 모든 사람은 적그리스도이며, 십자가의 증거를 인정하지 않는 자마다 마귀에게 속하며, 부활도 없고 심판도 없다고 주장하는 자마다 사탄의 맏아들이라고 하였다.

고난의 영성

로마시대 기독교회가 국가의 공인을 받기 전 소아시아에서는 신자들이 박해받고 순교하는 경우가 많았다. 서머나 교회에서도 열두 명의 신자가 붙잡혀 그중 한 명만 배교하고, 모두 짐승의 밥이 되어 순교하였다.

폴리캅은 도시에서 멀지 않은 농가로 피신하여 몇몇 동행인들과 함께 세계에 퍼져 있는 교회들을 위해 밤낮 기도하고 있었다. 그는 체포되기 3일 전 기도 중에 자신이 기둥에 달려 불에 타죽는 모습을 환상으로 보았다. 그는 정신을 가다듬은 후 "내가 살아서 불에 태워지는 것이 필요하다"고 말하였다.

수색하는 사람들이 폴리캅이 숨어 있는 농가까지 들어와서 폴리캅을 찾기 시작하였다. 폴리캅은 이미 다른 농가로 피신하였기에 체포되지 않았으나 어린 소년들을 잡아다가 고문하자 견디지 못한 아이의 발설로 폴리캅의 은신처가 발각되었다. 다른 곳으로 피난할 수 있었으나 그는 "하나님의 뜻이 이루어지이다" 하고 다른 곳으로의 피난을 거절하였다. 그리고 그를 체포하러 온 사람들에게 식사를 제공하고 두 시간 동안 서서 기도하였다. 기도가 끝난 후 기병들은 폴리캅을 호송하여 큰 안식일에 서머나로 데리고 갔다.

거기서 그는 관원 앞에서 "가이사가 주(主)다"라고 고백하도록 설득당하고 또한 위협당하였다. 설득과 위협에도 불응한 폴리캅은 도시 경기장으로 끌려 나갔다. 그가 경기장 안으로 들어갔을 때 하늘로부터 "폴리캅아, 강건하여라. 그리고 남자답게 행동하여라"라는 음성이 들려왔다. 아무도 말하는 사람을 보지 못했으나 참석하고 있던 기독교인들은 그 소리를 들었다.

폴리캅은 지방 총독 앞에서 인정 심문을 당한 후 배교하도록 설득당했다. "네 나이를 생각하라. 가이사를 수호신으로 맹세하라. 개종하라. 그리스도를 저주하라! 그리하면 내가 너를 풀어주겠다." 폴리캅은 대답하였다. "86년 동안 나는 그의 종이었습니다. 그 동안 그분은 나에게 아무런 잘못을 하지 않으셨습니다. 그런데 어떻게 내가 나를 구원하신 왕을 모독할 수 있겠습니까?" 총독이 "가이사로 맹세하라"고 계속 강요했을 때도 폴리캅은 "나는 기독교인입니다"라고 거절하였다. 총독은 배교하지 않으면 야수 앞에 던지겠다고 위협하였다. 그러나 폴리캅은 말했다. "야수를 부르십시오! 회개에 있어서 좋은 것으로부터 나쁜 것으로 변하는 것은 우리에게 있어서 불가능한 변화입니다. 하지만 악한 것으로부터 의로 바뀌는 것은 고귀한 것입니다."

군중은 폴리캅을 산 채로 불태워야 한다고 일제히 소리치기 시작했다.

순교자의 영성

결국 폴리캅은 화형에 처해지게 되었다. 유대인과 이교도 군중이 나무를 모아 가지고 와서 폴리캅 주변에 쌓았다. 폴리캅은 손이 뒤로 묶인 채 기도하기 시작하였다. "오, 전능하신 주 하나님 …… 당신은 오늘 이 시간 나로 하여금 성령의 불멸(不滅) 안에서 육의 영원한 부활로 그리스도의 잔 안에서 순교자들의 숫자에 포함되는 영광을 주셨습니다. 속이지 않고 진실하신 하나님이신 당신이 미리 예비하시고 계시하셨으니, 이제 성취하신 대로 부요하고도 받으실 만한 제물로 오늘 당신 앞에 순교자들 가운데 나를 받아주소서. …… 나는 당신에게 영광을 돌립니다. …… 아멘." 이 기도가 끝나자 불을 준비하고 있던 사람들이 불을 붙였다. 당시의 기독교인들은 말하기를 그가 완전히 불꽃에 휩싸였을 때 값진 향료같이 매우 향기로운 냄새를 맡을 수 있었다고 한다.

박해자들은 그의 몸이 불에 의해서 태워질 수 없다는 것을 깨닫자 사형집행인으로 하여금 그를 칼로 찌르도록 명령했다. 사형집행관이 그를 칼로 찌르자 많은 피가 흘러내려 그 불을 꺼버렸다. 군중은 신자와 불신자의 차이가 이렇게 크다는 데 깜짝 놀랐다. 백부장은 그들의 관습을 따라 시신을 화장했다.

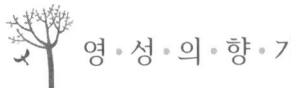 영·성·의·향·기

1. 폴리캅은 교회의 사랑에 대해 감사하는 겸허한 감독이었다.
2. 불의, 돈, 탐욕을 멀리하고 흠 없는 신앙인, 곧 신자의 순결한 영성을 강조하였다.
3. 육체로 오신 예수, 십자가에 죽으신 예수, 부활을 부정하는 이는 사탄에 속한 자임을 단호하게 경계하는 진리의 수호자였다.
4. 온갖 회유와 위협에도 흔들리지 않고 하나님께서 그에게 주신 시대적 십자가 '화형의 죽음'을 기꺼이 받아들이고, 오히려 기도로 최후를 맞이하는 순결과 복종의 영성을 지닌 주님의 종이었다.
5. 불꽃도 쉽사리 태울 수 없는 하나님이 사랑하시는 향기로운 제물이었다.

 생·활·의·적·용

1. 교회가 베푸는 선한 사랑에 나는 감사하는 영성의 사람인가?
2. 불의, 돈, 탐욕에 대해 나는 얼마나 순결한 영성의 사람인가?
3. 예수님이 어떠한 분인가에 대한 내 믿음의 내용은 어떠한가? 확고한 진리 위에 서 있는가?
4. 타협, 회유, 위협의 세력 앞에서 지금 내 믿음은 순교자의 영성을 따르고 있는가?
5. 나도 저 불꽃조차 사를 수 없는 향기로운 제물이 되어 하나님을 기쁘시게 해 드릴 만큼 순결한 길을 가려는 결의가 있는가?

터툴리안 Tertulian
150/160?~225

"너의 자녀 중에 우리가 아버지께 받은 계명대로 진리에 행하는 자를 내가 보니 심히 기쁘도다 부녀여, 내가 이제 네게 구하노니 서로 사랑하자 이는 새 계명같이 네게 쓰는 것이 아니요 오직 처음부터 우리가 가진 것이라 또 사랑은 이것이니 우리가 그 계명을 좇아 행하는 것이요 계명은 이것이니 너희가 처음부터 들은 바와 같이 그 가운데서 행하라 하심이라 미혹하는 자가 많이 세상에 나왔나니 이는 예수 그리스도께서 육체로 임하심을 부인하는 자라 이것이 미혹하는 자요 적그리스도니 너희는 너희를 삼가 우리의 일한 것을 잃지 말고 오직 온전한 상을 얻으라 지내쳐 그리스도 교훈 안에 거하지 아니하는 자마다 하나님을 모시지 못하되 교훈 안에 거하는 이 사람이 아버지와 아들을 모시느니라 누구든지 이 교훈을 가지지 않고 너희에게 나아가거든 그를 집에 들이지도 말고 인사도 말라 그에게 인사하는 자는 그 악한 일에 참예하는 자임이니라" (요한이서 1:4~11)

생애

터툴리안의 생애에 대해 정확히 알려진 것은 없다. 그는 약 150년경 카르타고(Carthago)에서 백부장인 아버지와 이교도 집안 출신 어머니 사이에서 출생하여 40세에 기독교인이 되었다. 기독교 신자가 되기 전에 터툴리안은

법을 배워서 변호사로 활동하였다. 북아프리카의 교부로서 그는 철학, 역사, 헬라어, 라틴어에 정통한 학자였고, 신자가 된 후 성경과 기독교 문헌을 열심히 공부하였다. 여기에 그의 철학, 법률 지식을 배경으로 이방인, 유대인 그리고 이단자들에게 기독교 신앙을 강력히 변호하였다. 그는 195~200년 사이에 엄격의 도가 지나쳐 결국 몬타나스주의로 기울어져 207년 전에 몬타나스주의자가 되었으나 여러 가지 점에서 정통을 떠나지는 않았다. 제롬에 의하면 터툴리안은 고령에 이르기까지 이방인, 유대인, 마르키온파, 영지주의와 싸우다가 220~225년 사이에 카르타고에서 죽었다.

터툴리안은 다혈질적인 신학자였으며, 사상은 변증가들, 소아시아 전승의 사상가들과 스토아 교훈과 법적 관념에 기반을 두었다. 그는 로마인 특색의 질서와 권위 의식을 가지고 어떤 문제를 다루거나 그의 훈련 받은 명석한 두뇌로 누구보다도 기독교를 명확히 정의, 설명하였다. 특히 지금까지 막연히 생각하였던 신학적 개념을 분명하게 설명하였다.

터툴리안은 삼위일체 개념을 정리한 신학자다. 그는 구약의 여호와 하나님과 신약의 선한 하나님으로 나눈 마르키온(Marcion)의 두 신 교리에 반대하고, 또 아버지와 아들과 성령의 구별이 없는 '오직 한 분 하나님'을 주장하는 프락세아스(Praxeas)의 양태론적 유일신론에도 반대하였다. 프락세아스는 아버지와 아들을 구별하지 않고 일치시킴으로써 십자가에 달려 돌아가신 분이 아버지 자신이라는 성부 수난설에 빠지게 된다. 터툴리안은 이 양극단을 배격한 그 중간에서 하나님의 이해를 찾았다. 그것이 곧 "한 본질에 세 위격"이라는 삼위일체 개념이다. 인격적인 면에서 아버지와 아들과 성령이 구별되지만 본질에 있어서는 동일한 위격에서 유래하는 아버지와 아들과 성령은 똑같이 통일성을 이루는 한 분 하나님이라는 것이다. 성자와 성령은 각기 2위와 3위이나 삼위는 한 본질, 한 실재, 한 능력이다. 이 삼위일체 교리는 이성적으로 이해하기가 곤란한 것이 사실이다.

그래서 터툴리안은 신앙문제는 이성으로 따지는 것이 아니라 믿는 것이라 하였다. 그리하여 그는 "아텐과 예루살렘이 무슨 관계가 있느냐?"라는 유명한 명제를 남겼다. "하나님의 아들이 탄생하셨다. 이와 같은 일은 부끄러운 일이기 때문에 나는 부끄러워하지 않는다. 하나님의 아들이 죽으셨다. 이것은 극히 어리석은 말이기 때문에, 바로 그 때문에 그것을 믿을 수 있다. 그리고 장사되었다가 다시 살아나셨다. 그와 같은 일은 불가능하기 때문에 확실하다."

저서와 사상

그의 저서는 성격상 세 가지로 분류할 수 있다.

첫째는 변증적인 작품이다. 「만방」과 「변증」은 이방종교와 유대교에 대한 기독교의 변호로서 전자는 헬라 변증가들의 글을 모은 것이요, 후자는 로마 지방 장관들에게 보낸 글이다. 터툴리안은 「변증」에서 기독교인들은 선량한 국민들로서 누구보다 국가에 충성하고 국법에 복종하나 황제를 신으로 숭배치 않음은 유일신을 믿기 때문이라고 설명한다. 그는 기독교인들이 박해에 대항하여 궐기한다면 상업은 정체되고 로마제국은 위기에 빠질 것이라고 말하였다.

두 번째는 논쟁과 교리적인 작품이다. 「이단론」과 「마르키온 논박」, 「발렌티안 논박」, 「전갈」 등이다. 「이단론」에서 터툴리안은 이단자들은 성경을 소유할 권리가 없으니 이는 교회의 소유요, 진리는 사도들을 통해 교회에 신탁(神託)되었기 때문이라고 하였다. 진정한 기독교를 결정함에 있어서 이레네우스가 주장한 것처럼 터툴리안은 사도적 전승에 따라 기독교 진리의 취득시효(取得時效)가 앞선다고 강조한다. "너희들은 어니에서 왔는가? 너희들 중 하나도 내게 속한 자는 없으니 너희는 나의 소유지에서 무엇을 하고 있는가? 진실로 마르키온이여, 너는 무슨 권한으로 나의 나무를 찍는가? 발렌티누스여, 너는 누구의 허락을 받아서 나의 시냇물을 다른 곳으로 돌리는가? 아펠레스여, 너는 무슨 권세로 나의 경계표를 옮기는가? 아! 남은 자들, 너희들은 도대체 누구이길래 너희 마음대로 갈고 뿌리느냐? 이것은 나의 소유다. 나는 이것을 오래 소유하고 있었다. 너희보다 먼저 그것을 소유하였다. 나는 이 재산의 본래 소유자들로부터 받은바 틀림없는 양도증을 가지고 있다. 나는 사도들의 상속자다. 저들이 그것을 저들의 자유의지로 처리하였고, 법적 절차를 따라 위탁하였으므로 나는 이를 소유한다. 그러나 너희들에 대해서는 사도들이 항상 상속자로 보지도 않고 외인들이요 원수들로서 거절하여 온 것이 사실이다."

세 번째는 도덕적·금욕적 작품이다. 「순교자」는 옥에서 순교를 기다리고 있는 자들에게 끝까지 인내하여 순교의 영광을 얻으라는 것이다. "기독교인의 피는 교회의 씨다." "신앙이란 주님을 위한 전투다." 「구경」에서는 기독교인이 우상들을 위해 벌이는 잔인한 경기와 음란한 연극을 관람해서는 안 된다고 하였다. 「우상」에서는 우상을 멀리 하라고 하였고, 「일부일처」에서는 재혼을 음행으로 여겼으며, 「도망」에서는 핍박 시 도피는 하나님의 뜻에 위배된다고 하였다.

영·성·의·향·기

1. 터툴리안은 고령에 이르기까지 이단과 싸우며 기독교 진리수호의 사명을 다 하였다.
2. "신앙의 문제는 이성으로 따지는 것이 아니라 믿는 것이다."
3. "진정한 기독교는 사도적 계승을 따르는 것이다."

 생·활·의·적·용

1. 이단에 대한 오늘 나의 자세는 어떠한가?
2. 나는 신앙의 문제를 이성으로 해결하려고 하는가, 아니면 믿음으로 나아가려고 하는가?
3. 사도적 계승의 대표적 사상은 땅 끝까지 이르러 선교하는 사명이다. 나는 전도생활에 어떻게 헌신하고 있는가?
4. 교회를 위해 내가 흘린 피는 무엇인가? 주님을 위한 나의 영적 전투는 무엇인가?

성 안토니 St. Antonius
251~356

"그러므로 내일 일을 위하여 염려하지 말라 내일 일은 내일 염려할 것이요 한 날 괴로움은 그날에 족하니라" (마태복음 6:34)

"예수께서 가라사대 네가 온전하고자 할진대 가서 네 소유를 팔아 가난한 자들을 주라 그리하면 하늘에서 보화가 네게 있으리라 그리고 와서 나를 좇으라 하시니" (마태복음 19:21)

"그러나 귀신들이 너희에게 항복하는 것으로 기뻐하지 말고 너희 이름이 하늘에 기록된 것으로 기뻐하라 하시니라" (누가복음 10:20)

"쉬지 말고 기도하라" (데살로니가전서 5:17)

"우리가 너희와 함께 있을 때에도 너희에게 명하기를 누구든지 일하기 싫어하거든 먹지도 말게 하라 하였더니" (데살로니가후서 3:10)

생애

안토니는 251년 이집트 테바이드(Thebaid)에 있는 마을 코마(Coma)에서 부자의 아들로 태어났다. 어려서부터 사색적이고 명상적인 성격이었고 기억력이 뛰어났다. 18세 때 양친은 누이동생과 막대한 유산을 남기고 별세했다. 그는 교회에서 주님을 따르던 사도들의 복종생활을 명상하던 중 마태복음 19장 21절의 부자청년을 향한 주님의 말씀, 즉 "네가 온전하고자 할진대 가서 네 소유를 팔아 가난한 자들을 주라 그리하면 하늘에서 보화가 네게 있으리라 그리고 와서 나를 좇으라" 하신 말씀에 크게 감명을 받았다. 이에 그대로 복종키로 결심하고, 300에이커(1에이커는 약 1,224평)의 땅을 모두 가난한 소작인들에게 나눠주고 자기의 가구도 팔아 가난한 사람들에게 주었다. 또 마태복음 6장 34절의 "내일 일을 위하여 염려하지 말라"는 주님의 말씀에 따라 누이 몫의 토지까지도 소작인에게 나눠주고 여동생은 동정녀신도회에 맡기고, 자신은 수도사의 길을 떠났다. 말년에는 나일강변에서 더 깊숙이 들어가 수도하며 살다가 105세의 고령으로 별세할 때, 두 제자에게 성자의 유물 숭배 사상을 금하기 위해 자기 시체 묻는 곳을 아무에게도 알리지 말라는 유언을 남겼다.

영성의 생활

안토니는 광야 암굴에 들어가 늙은 수사에게 교육을 받으며 명상, 은둔, 수도, 고생을 자초했다. 그는 데살로니가전서 5장 17절 "쉬지 말고 기도하라"와 데살로니가후서 3장 10절 "일하기 싫어하거든 먹지도 말라"는 말씀대로 기도와 노동에 힘썼다. 그의 기도, 금식, 겸손한 생활은 주변 사람들에게 "하나님의 친구"라는 존경을 받게 했다. 그는 더 깊은 경지를 사모하여 산간벽지의 무덤 속에서 수도를 하다가, 285년에는 어느 고성(高城)의 폐허 속에 들어가 20년간 수도생활을 하였으며, 말년에는 나일강변의 오지에서 보냈다.

그의 수도생활은 아주 단조로웠다. 기도, 명상, 고행, 노동, 이 생활을 끊임없이 되풀이했다. 머리털로 짠 내의를 입었고, 양모 옷을 입고, 가죽 띠를 맸다. 이런 와중에서도 자기뿐 아니라 방문객인 손님 대접을 위해 곡식과 채소를 가꾸었다. 이따금 짐승들이 와서 농작물을 뒤집고 파헤쳤는데, "내가 너희에게 손해를 끼치지 아니하였는데 어찌하여 너희는 내게 손해를 끼치느냐? 주님의 이름으로 물러가 다시는 오지 말아라"고 말했더니 그리 되었다고 한다.

수도생활 중에 특이한 것은 사단과의 싸움이었다. 사단이 때로는 그의 친구, 친척 모습으로 나타났고, 요염한 미인으로도 나타났다. 과거의 부귀영화로 꾀거나, 두고 온 여동생에 대한 도덕심으로 괴롭히고, 지도적 지위를 약속하거나 불순한 생각, 악행의 달콤한 쾌락, 위협과 공포 등으로 안토니를 괴롭혔다. 그러나 그는 승리했다. 그의 승리는 그의 거처인 지붕을 뚫고 들어오는 초자연적 빛으로 인해 끝났다고 한다.

안토니는 이런 사탄의 여러 형태가 대부분 자기의 호기심과 생각의 반영에 불과하다는 것을 깨달았다. 그리고 그것을 극복하는 길은 '신앙과 경건'이라고 말했다. "육신적인 생각을 가지면 사단의 희생이 될 것이다. 그러나 마음으로 주를 기뻐하고 거룩한 것을 생각하고, 금식, 기도, 겸손, 고행의 삶을 살면 사탄은 두려워 아무 세력도 발휘치 못한다. 그리고 누구든지 십자가의 표로 무장하면 사단은 그 앞에서 안개같이 사라질 것이다."

안토니는 수도생활 중 세상에 단 두 번 나왔다. 한 번은 311년 막시미누스의 대 박해 시에 죽을 것을 각오하고 알렉산드리아로 내려와 박해 받고 있는 성도들을 격려하며 기도한 후에 재판정과 사형장까지 따라갔다. 그러나 아무도 그를 잡지 못했다.

또 한 번은 351년 그가 100세 되던 해 이집트를 방문해서 정통신앙 변호를 위해 싸우고 있는 아타나시우스를 지원하기 위해서였다. 이곳에서 안토니는 그리스도의 신성(神性)을 부인하는 아리안주의는 독충보다 악하고 우상숭배보다 나을 것이 없다고 아리안파를 책망했다. 안토니가 돌아갈 때 많은 사람들이 처소로 돌아가지 말기를 청했다. 그러나 그는 "물고기가 물 떠나면 죽듯이 암자에서 나온 수도사는 죽는다"고 하며 돌아갔다. 은둔자들과 신비주의자들의 탈선은 영적 오만과 독선인데 안토니는 항상 이것을 경계하고 누가복음 10장 20절의 "귀신들이 너희에게 항복하는 것으로 기뻐하지 말고 너희 이름이 하늘에 기록된 것으로 기뻐하라"는 말씀으로 두 제자를 가르쳤다.

 영·성·의·향·기

1. 성 안토니는 모든 재산을 가난한 자에게 나눠주고 누이동생마저 수도원에 맡기고 말씀대로 순종하였다.
2. 기도와 금식, 겸손, 그리고 노동의 영성생활을 통해 주변 사람들에게 '하나님의 친구' 라는 존경을 받게 되었다. 즉 무엇이 신자를 존경받게 하는가 보여주었다.
3. 수도사의 길을 시작한 이래 평생 그 길을 떠나지 않고 더 인적이 드문 곳으로 들어갔다. 그는 자기 길을 아는 사람이다.
4. 사단을 극복하는 영적 생활은 오직 신앙과 경건이다. 거룩한 것을 생각하고 마음에서 주를 기뻐하고 금식, 기도, 겸손, 고행하면 사탄이 아무런 위해도 가하지 못한다.
5. 세상에서 반드시 누군가를 도와야 할 때마다 목숨 걸고 도왔다.
6. 죽음의 자리까지 하나님의 영광에 유익하게 하려고 자기를 존재도 없이 묻게 하였다.

 생·활·의·적·용

1. 소유하고 있는 물질에 대해 주님의 음성을 들어보자. 주님은 나의 소유에 대해 뭐라고 하실까?
2. 나의 영성훈련 내용은 무엇인가? 기도, 금식, 겸손, 노동, 구제, 묵상.
3. 수도사는 영성이 깊어질수록 더 인적이 드문 곳으로 가서 자기 길을 깨끗이 정리했다. 그러나 오늘날 신자의 길은 더 많은 세상 사람이 있는 곳으로 가야 한다. 그렇다면 나는 신자로서 세상에서 무엇을 할 것인가?
4. 내 안에서 역사하는 내 생각과 사탄을 무엇으로 어떻게 극복할 것인가?
5. 죽음조차 주님의 영광을 위해 쓰려는 각오를 가져보자.

바질 감독 Basilius der Gregory
329~379

"내 아들아 그러므로 네가 그리스도 예수 안에 있는 은혜 속에서 강하고 또 네가 많은 증인 앞에서 내게 들은 바를 충성된 사람들에게 부탁하라 저희가 또 다른 사람들을 가르칠 수 있으리라 네가 그리스도 예수의 좋은 군사로 나와 함께 고난을 받을지니 군사로 다니는 자는 자기 생활에 얽매이는 자가 하나도 없나니 이는 군사로 모집한 자를 기쁘게 하려 함이라 경기하는 자가 법대로 경기하지 아니하면 면류관을 얻지 못할 것이며 수고하는 농부가 곡식을 먼저 받는 것이 마땅하니라 내 말하는 것을 생각하라 주께서 범사에 네게 총명을 주시리라 나의 복음과 같이 다윗의 씨로 죽은 자 가운데서 다시 살으신 예수 그리스도를 기억하라 복음을 인하여 내가 죄인과 같이 매이는 데까지 고난을 받았으나 하나님의 말씀은 매이지 아니하니라 그러므로 내가 택하신 자를 위하여 모든 것을 참음은 저희로도 그리스도 예수 안에 있는 구원을 영원한 영광과 함께 얻게 하려 함이로라 미쁘다 이 말이여 우리가 주와 함께 죽었으면 또한 함께 살 것이요 참으면 또한 함께 왕노릇 할 것이요 우리가 주를 부인하면 주도 우리를 부인하실 것이라 우리는 미쁨이 없을지라도 주는 일향 미쁘시니 자기를 부인하실 수 없으시리라 너는 저희로 이 일을 기억하게 하여 말다툼을 하지 말라고 하나님 앞에서 엄히 명하라 이는 유익이 하나도 없고 도리어 듣는 자들을 망하게 함이니라 네가 진리의 말씀을 옳게 분변하며 부끄러울 것이 없는 일군으로 인정된 자로 자신을 하나님 앞에 드리기를 힘쓰라 망령되고 헛된 말을 버리라 저희는 경건치 아니함에 전전 나아가나니 저희 말은 독한 창질의 썩어져 감과 같은데 그중에 후메내오와 빌레도가 있느니라" (디모데후서 2:1~17)

생애

카파도기아의 소아시아 지역 출신이며 정통신앙의 수호자로서 아리안 이단에 대항하여 싸운 세 사람의 위대한 감독이 있었다. 그들은 바질 감독과 그의 아우인 닛사의 그레고리와 친구인 그레고리 나찌안젠이었다. 바질의 형제 8남매는 모두가 신앙생활을 하였으며, 어려서부터 좋은 교육을 받았고, 수도생활을 하였다. 364년에 바질은 장로로 피선되고, 370년에는 가이사랴의 감독과 카파도기아 총주교가 되었다. 그의 밑에는 50명의 지방 감독이 있었으며, 그 자신은 교회를 지휘하는 일과 아리안주의를 대항하는 데 힘썼다.

영성

바질은 금욕주의자요 신학자였다. 그러나 수도원과 교회의 관계를 끊지 않았으며, 수도원 생활과 교회 공동체를 분리시키지 않았다. 결혼한 기독교인이 구원의 길에 반대된다고 보지 않았기 때문이다.

수도원 생활은 하나님을 사랑하고 이웃을 사랑하는 것이다. 그래서 교회와 수도원 둘레에 빈민구제소, 병원, 전염병 치료소 등 사회사업기관들을 설립하였다. 바질은 368년 대 기근 시 고리대금업자와 냉담한 부자들에게 회개를 촉구하기 위한 설교를 하였고, 그 자신이 '민중 급식반'을 편성하여 외지인, 이교도, 유태인까지 구제하였다.

바질은 안토니(St. Antonius)의 독거주의(獨居主義)를 버리고 공주수도원(共主修道院) 제도를 발달시켰다. 규모는 성 파코미우스의 대집단 공동수도원보다 작은 소규모 공주공동수도원을 원칙으로 삼았다. 그것들은 헬라(동방) 교회 수도원의 규칙으로, 개개의 수도단 규칙을 갖고 있는 서방 교회의 규칙과 달랐다.

즉 모든 수도원들이 공동의 규칙을 갖고 있다. 첫째, 수도원장(아빠스, Abtes, 아버지)과 지도자에게 절대복종 하는 것을 강조하였다. 둘째, 가족 공동체를 지향하여 한 몸, 한 생명의 공동체로 운영하였다. 셋째, 이 수도원 저 수도원으로 옮겨 다니는 것을 금하고, 일단 서원하고 수도원에 입단하면 평생 죽을 때까지 그 수도원을 떠나지 않는 것을 원칙으로 하였다.

그가 쓴 수도원 정신과 운영방법 및 원칙에 대한 대 규칙과 소 규칙은 후에 "수도사정칙"으로 종합되어 6세기 베네딕트 수도원 규칙의 기초가 되었다.

바질은 수도원주의를 개인적인 은둔에서 타인에 대한 실천적 봉사를 위한 공동체적 삶으로 전환시키는 데 공헌하였다. 그가 개인적인 독거생활보다 공동체적인 삶을 중요시한 이유는 기독자의 삶의 목적은 사랑의 실천인데 독거는 사랑의 대상이 없기 때문이다.

그는 수도생활을 군인생활에 비유하였다. 수도생활은 자기 집이나 소유가 없다. 군인 역시 집을 가지지 않고 소유나 농토도 가지지 않는다. 군인은 왕으로부터 생활을 보장받기 때문에 자신의 의식주 등 생활 경비를 걱정할 필요가 없다. 왕의 명령이면 어느 집이나 그에게 허락되어 살 수 있다. 대신 군인은 더위와 추위에도 행군하고, 밤 경비도 서고, 여러 가지 고난을 겪는다. 적과 싸우면서 언제 생명을 잃을지 알 수 없는 위험이 따른다. 수도사는 그리스도의 군사로서 세상 염려로부터 자유롭고, 군인도 세상 염려로부터 자유롭다.

그러나 바질은 개인의 신비적 경험을 중요시하였다. 그는 수도생활의 경건훈련인 기도, 개인의 깊은 묵상(피정 避靜), 찬양, 독송(讀誦) 등 금욕생활을 통해 영혼을 정화하여 하나님과의 일치와 연합에 이르는 길을 택하였다. 우리의 영혼은 성경 말씀의 묵상과 독경을 통해서 거룩한 덕성을 이루며, 하나님이 우리의 영혼 안에 거하신다는 것을 느낀다. 우리가 그의 성전이 되는 것이다. 이것은 우리를 시간과 공간으로부터 초탈(超脫)시키는 신비롭고 은혜로운 연합이다. 이 연합은 하나님께 자기를 비우는 데서(Vacare Deo) 출발한다. 즉 우리 마음속에 부정한 것과 세속적인 것들로 꽉 차 있는 것을, 하나님을 위하여 깨끗하고 순결한 마음으로 자신을 '비우는' 일인데 이는 자기 포기와 희생 없이는 이루어지지 않는다.

바질은 구약성서 중에서 특히 잠언과 전도서를 자주 인용하였으며, 하나님의 신비적 미(美)에 대한 동경에 관해서 말할 때는 아가서를 인용하였다.

영·성·의·향·기

1. 바질의 이웃사랑의 범위를 보라 : 기근 시 고리대금업자와 냉담한 부자에게는 회개를 촉구하는 설교를 했다. 또 스스로 '민중 급식반'을 편성해서 외지인, 이교도, 유태인까지 구제했다.
2. 수도생활, 곧 신앙생활을 군인생활에 비유했다 : 군인은 왕으로부터 생활 보장을 받으며, 왕의 명령대로 움직인다. 또한 세상 염려로부터 자유롭다.

생·활·의·적·용

1. 나는 어떤 방식과 어떤 범위에서 이웃 사랑에 힘쓰고 있는가?
2. 나의 신앙생활을 바울과 바질이 말한 것처럼, 농부나 경주하는 자나 군사에 비유할 수 있을까?
3. 나의 영성생활은 어떠한가? 기도, 묵상, 찬양, 독송(성경 읽음), 금욕생활.

성 어거스틴 St. Augustine
354~430

"낮에와 같이 단정히 행하고 방탕과 술 취하지 말며 음란과 호색하지 말며 쟁투와 시기하지 말고 오직 주 예수 그리스도로 옷 입고 정욕을 위하여 육신의 일을 도모하지 말라" (로마서 13:13~14)

    어거스틴의 기독교에 대한 공헌은 프로테스탄트나 로마 가톨릭 모두 한결같이 경의를 표하며 그 공로를 인정하고 있다. 그는 유능한 논쟁가이자 훌륭한 설교자였으며, 노련한 교회 행정가이자 웅대한 신학자였다. 그가 시작한 기독교 역사철학의 본질은 지금에 와서도 그 효력을 잃지 않고 있다.
    로마제국이 미개인의 손에 넘어지고 찬란했던 고전문화가 몰락할 수밖에 없었던 시대에 성장하고 활동한 그는 참으로 고대와 새로운 중세의 중간에 서 있었던 것이다. 그는 고대 고전문화는 과거로 흘러가는 과정이므로 새로운 하나님의 도성이라는 영적 문명을 기다리지 않으면 안 된다고 주장하였다.

생애

　어거스틴은 354년에 북아프리카의 타가스테(Tagaste)에서 출생하였다. 아버지는 로마 관리였으며 성격이 거칠고 방종한 습관이 있는 세속적인 이교도였으나 말년에 신자가 되었다. 어거스틴은 어려서부터 경건한 어머니 모니카의 양육을 받으며 자랐으나 성장하면서 곁길로 나가기 시작하였다.
　유년 교육은 그 지방 학교에서 받았으나 후에 가까운 마다우라(Madaura)에 있는 학교로 옮겼고, 다시 카르타고(Carthago)로 옮겨 그곳에서 수사학을 공부했다. 카르타고에서는 당시 학생들 사이에 남녀 동거생활이 유행처럼 번지고 있었다. 어거스틴도 한 여인과 동거생활을 하면서 방탕의 길로 나갔다. 그리고 372년 그 여인에게서 아들 아데오다투스(Adeodatus)를 낳았다. 그로부터 2년 후 진리 탐구를 위해서 힘쓰던 중 마니교에 입교하였으나 7년 후에는 신플라톤주의 철학으로 전향하였다. 384년에 밀라노(Milano)에 갈 때까지 그는 고향과 카르타고(Carthago)에서 수사학 선생을 하였다.
　한편 어거스틴이 밀라노에서 수사학 선생으로 생활하고 있다는 소식을 들은 어머니 모니카는 아들에게 밀란의 대설교가인 암부로시우스의 설교를 듣도록 권유하였다. 어거스틴은 어머니의 권유로 암부로시우스 감독을 만나 그의 감화력 있는 설교를 듣게 되었다. 어거스틴은 암부로시우스의 "최고의 축복은 하나님을 아는 것이다"라는 설교를 통해 하나님을 알기 위해서는 어린아이같이 되어야 한다는 것을 알고 지금까지 살아온 자기의 인생을 부끄럽게 여기기 시작하였다. 그리고 어린아이 같은 겸손을 배우려고 노력하였다.
　어거스틴은 아프리카에서 온 폰티아누스로부터 이집트의 수도원 생활에 대한 이야기를 듣고 더욱 더 성결한 생활을 동경하였다. 그는 학식이 없는 사람도 수도생활을 통해 귀한 성경의 진리를 깨닫는 사실에 대해 부끄러움을 느꼈다. 그리고 지금까지 자기의 도덕적 타락과 지적 교만이 그리스도의 진리를 받아들이지 못하게 한 것을 깨달았다. 386년, 그의 생애에 있어서 역사적인 회심의 때가 온 것이다.

　어느 날 그는 친구의 집 마당에서 조용히 자기 정신상태의 파탄을 묵상하며 자기의 무능함에 한없이 울고 있었다. 그때 어린아이들의 노랫소리가 문밖에서 들려왔다. "취하여 읽으라(Take it up and read)"라는 소리였다. 어거스틴은 이 음성을 성서를 읽으라는 말로 깨닫고 곧 자기 성서를 펼쳤다. 로마서 13장 13~14절이 눈에 들어왔다. 그 구절을 읽자마자 빛이 그 영혼에 임하였다. 이 빛은 마니교나 신플라톤주의에서는 찾을 수 없었던 광명이었다. 마치 사도 바울의 다메섹 도상 체험과 같은 감동이었다. 드디어 어거스틴은 오랜 방황 끝에 중생한 것이다. 아들의 회심을 위해서 10년 이상을 기도한 어거스틴의 어머니는 그가 세례를 받은 직후에 돌아가셨다.

　이전의 모든 방탕한 생활을 청산하고 고향에 돌아온 어거스틴은 부모에게 받은 재산을 정리하여 일부는 가난한 자들에게 주고 나머지는 수도원 건립을 위해 헌납하였다. 그는 391년에 성직을 받았고 5년 후에는 히포(Hippo)의 감독이 되었다. 그리고 430년 하나님의 부르심을 받을 때까지 그는 생애 전부를 교회행정과 연구와 저술에 바쳤고, 교회 역사상 '교부 중의 교부'라는 최고의 칭찬을 받았다.

저서와 사상

　어거스틴은 일생 동안 많은 책을 썼으며 그중에도 영원히 빛나는 것은 「참회록」과 「하나님의 도성」이다. 410년 로마가 알라리크(Alaric)족에게 함락되고 약탈되자 이에 놀란 로마인들은 이 재난이 그들의 신인 재래의 로마 종교를 버리고 기독교를 받아들였기 때문에 임한 그들의 신의 진노라고 생각하고 크리스천들을 맹렬히 비난하기 시작하였다. 「하나님의 도성」은 이러한 배경 아래 친구인 마르셀리우스(Marcellius)의 요청에 따라서 기독교를 변호하기 위해서 저술한 책이다.

　이 책은 전부 22권으로 되어 있는데 1~10권은 회고론적 부분이다. 그중에서 1~5권은 기독교가 출현하기 훨씬 전부터 로마에는 몇 번의 파멸 위기가 있었다는 것과, 한 나라의 번영은 재래의 다신교 예배에 의한 것이 아니고 오로지 유일하신 참 하나님의 섭리에 의하여 이루어지는 것을 보여주려고 한 것이다. 6~10권은 영원한 축복은 로마의 여러 신을 예배하는 데 있지 않으며, 그들의 신은 그들을 믿는 신자들을 현세적으로도 영적으로도 구원할 능력이 없다는 것이다. 그러나 기독교만은 그 신자들에게 현세적인 축복도 줄 수 있고 또 주고 있다는 것이다.

　11~22권은 어거스틴의 유명한 역사 철학이다. 이것을 다시 나누어 살펴보면 11~14권에서는 두 개의 도성(하나님의 도성과 지상의 도성)의 기원에 대해서 썼다. 이 책의 중심사상은 14권의 28장에 쓰여 있다. 즉 제1 도성인 하나님의 도성은 인간과 천사로 구성되었고 이들은 하나님에 대한 사랑에 의하여 결합되어 있고 또 하나님의 영광만을 구한다. 그러나 제2 도성인 지상의 도성은 정반대로 자기 자신만을 사랑하고 자기의 영광과 이익을 구하는 존재들로 구성되어 있다. 물론 이 두 도성에 대하여 말할 때 그가 로마제국이나 로마가톨릭을 염두에 두고 한 말은 아니다. 이보다도 어거스틴은 더 보편적으로 당시 유행하던 역사 순환설을 반대한 것이다. 15~18권에서는 성서적 역사와 세속적 역사에 의하여 두 개의 도성이 발전한 자취를 더듬었고, 19~22권에서는 두 도성의 운명을 말하고 있다. 즉 심판 후에 하나님의 도성에 속하는 사람들은 영원한 축복으로 인도되고 지상의 도성 사람들은 영벌을 받게 된다. 더 나아가서 어거스틴은 당시 중세 가톨릭교회 시대가 천년 왕국 시대라고 믿었다. 그리고 두 개의 도성, 즉 이원론(二元論)은 다만 일시적인 것이고 하나님의 적극적인 간섭으로 끝이 난다는 것이다.

　어거스틴은 영적인 역사를 현세적 역사 위에 놓고 하나님의 지상권을 주장하였으며 하나님이 역사의 창조주라는 것을 말하였다. 즉 하나님은 역사 위에 군림하신다. 철학자 헤겔(Hegel)의 주장처럼 역사 가운데 속박되어 있는 분이 아니다. 그러므로 모든 존재는 하나님의 의지와 행동의 결과다. 창조 이전에 하나님은 자신의 창조에 대하여 벌써 계획을 세우고 계셨다. 그 계획의 일부분은 현세에서 두 개의 도성의 투쟁 속에서 실현되고, 최후로는 역사 밖에서 하나님의 초자연적인 능력에 의하여 실현된다. 어거스틴은 이 책에서 역사 중에 모든 인류를 포함하였으며, 역사를 보편적·일원적인 것으로 보았다.

어거스틴은 전 인류의 연대성을 주장하였고, 또 역사의 진보라는 것은 도덕적인 면, 즉 영적인 면에서 진행된다고 보았다. 그래서 악과의 투쟁 결과 하나님의 은혜가 하나님을 믿는 자들에게 임한다는 것이다. 그에 의하면 역사란 인간이 하나님의 계획 안으로의 자기 참여 속에서 창조되는 역동성이다. 그런데 하나님의 뜻을 발견하는 것은 인간의 자유이며 책임이다. 이 투쟁의 종말은 서로 싸우는 두 개의 도성이라는 일시적 이원론을 해석하고 하나님의 도성이 최후 승리함으로 끝난다.

또한 어거스틴은 펠라기우스(Pelagius)와의 논쟁에서 구원의 방편은 인간의 노력이나 의지가 아니라 하나님의 은혜라고 주장하였다. 어거스틴은 자기의 삶에서 선한 것은 모두 자신이 성취한 것이 아니라 하나님의 선물이라고 확신하였다. 그는 자신의 노력에 의해서가 아니라 하나님의 사랑에 의해서 옛 생활에서 구원받았다. 만일 그가 자신을 구할 수 있었다면 예수 그리스도의 죽으심과 부활에는 아무런 의미를 부여할 수 없었을 것이다. 어거스틴은 개인적으로 육으을 버리고 사랑 많으신 하나님에게로 가는 것을 새롭게 표현한 수도자였다. 어거스틴 수도원 입단의 첫 번째 필수 불가결한 전제 조건은 완전한 개인적 청빈(淸貧)이었다. 두 번째 근본적인 요구는 참된 사랑으로 열심히 일하는 것이었고, 세 번째 필수사항은 형제애로서 순종이었다.

 영·성·의·향·기

1. 성 어거스틴은 진리를 향한 끊임없는 탐구와 어린아이와 같은 겸손을 배우기 위해 그리고 청빈한 삶을 살기 위해 노력하였다.
2. 회개하고 거듭난 후에는 자신이 받은 달란트를 최대한 활용하여 모든 삶을 하나님의 일을 위해 헌신하였다.
3. 지상의 도성은 그 자체에서 영광을 찾고 인간들로부터 영광을 찾지만, 하나님의 도성은 주 안에서 영광스러워하며 하나님 속에서 최고의 영광을 발견한다.
4. 구원에 있어서 자신의 의와 노력이 아니라 하나님의 사랑과 은혜를 강조하였다.

 생·활·의·적·용

1. 과연 내 안에는 진리탐구를 향한 열정과 겸손하고 청빈한 삶을 위한 끊임없는 노력이 있는가?
2. 나는 구원의 감격을 체험하고 난 뒤에 하나님께서 주신 재능을 최대한 활용하여 하나님의 일을 위해 헌신하고 있는가?
3. 나는 지상의 도성에 속한 사람인가, 하나님의 도성에 속한 사람인가?
4. 나의 의(義)를 내세우지 않고 겸손하게 하나님의 은혜에 대한 감사의 생활을 하고 있는가?

성 베네딕트 St. Benedict of Nursia
480~547

"우리가 여기는 영구한 도성이 없고 오직 장차 올 것을 찾나니 이러므로 우리가 예수로 말미암아 항상 찬미의 제사를 하나님께 드리자 이는 그 이름을 증거하는 입술의 열매니라 오직 선을 행함과 서로 나눠주기를 잊지 말라 이 같은 제사는 하나님이 기뻐하시느니라 너희를 인도하는 자들에게 순종하고 복종하라 저희는 너희 영혼을 위하여 경성하기를 자기가 회계할 자인 것같이 하느니라 저희로 하여금 즐거움으로 이것을 하게 하고 근심으로 하게 말라 그렇지 않으면 너희에게 유익이 없느니라" (히브리서 13:14~17)

생애

베네딕트는 서방 수도원 제도의 아버지다. 그는 서기 480년 로마의 북쪽 아페닌산 기슭에 있는 조그만 마을인 누루시아에서 태어났다. 이 당시 서로마제국은 정치, 사회, 도덕 및 종교의 부패와 더불어 데오도시우스 황제의 죽음으로 쇠퇴해 가고 있었다. 귀족의 집안에서 태어난 베네딕트는 14~15세 때 로마에 가서 법학을 공부하였다. 그는 16세의 젊은 나이로 희망에 불타올랐으나 그의 눈에 비친 로마는 환멸과 비애의 도시였다. 그는 젊은이들의 타락한 모습과 분위기에 몸서리쳤다. 민감한 그는 로마에 닥칠 불운을 예측하고 자기를 따르는 유모와 함께 로마에서 떠나 수도원을 찾았다.

베네딕트는 이집트 수도사들이 행한 것처럼 로마에서 40마일(64.37Km) 떨어진 황량한 곳, 슈비아코에 있는 동굴에 은둔지를 마련하였다. 그는 그 동굴에서 3년간 금욕적인 수도생활을 하였는데 불순한 육체적 정욕이 없어질 때까지 알몸으로 가시덤불에서 뒹굴었다. 이 3년이라는 세월은 그가 자기 육체를 극복하고 기도를 통해 하나님과의 일치에 이른 기간이었다. 고독과 고행과 모든 시험을 몸소 겪은 시간이기도 했다.

이 시기에 목자들이 그를 발견하였다. 처음에 목자들은 덤불 속에서 가죽옷을 입은 그를 보고 야생동물인 줄 알았다. 그러나 그가 하나님의 일꾼인 줄 알게 되자 경건의 생활을 원하는 많은 사람이 그에게 몰려왔다. 그는 많은 사람들로부터 음식을 제공받았고 그들에게 영원한 생명의 양식을 주었다. 그가 금욕생활 하는 곳에서 멀지 않은 곳에 한 수도원이 있었는데 마침 그곳 원장이 죽었다. 그러자 그 수도원의 수도사들이 베네딕트를 원장으로 초빙하였다. 베네딕트는 여러 번 사양하다가 결국 원장 자리를 수락하였다. 그는 슈비아코 주위에 12년간 12개의 동굴식 수도원을 세우고 12명의 원장을 세웠다.

베네딕트는 카지노에서 별세했는데 정확한 연대는 알 수 없으나 547년경으로 본다. 그는 63세 때 묵시를 통해 자기 죽음이 가까워 옴을 알았다. 그리고 병상에서 마지막 성체를 받고, 자기 일생을 통해 받은 은총을 하나님께 감사드리고 여러 수도사들의 축복 속에 두 손을 들어 기도하면서 그대로 숨을 거두었다.

영성

그는 슈비아코를 떠나서 많은 수행원들과 함께 529년에 로마와 네아펠 중산 사이, 몬테카지노 산상의 이교사원이었던 아폴로 신전 터에 수도원을 세우고, 이교도들을 기독교로 개종하는 등 14년 동안 죽을 때까지 이곳에 머물렀다. 그는 수도사들에게 육체노동과 더불어 성서독경을 강조하였다. 그의 수도원 생활의 표어는 "기도하고 일하라"였다. 그는 이곳에서 전도, 농사일, 가난한 자들 구제, 병자치료, 젊은 수도사들 지도와 훈련을 하였다. 도서관이며 학문연구가 이곳에서부터 시작되었다. 이곳은 서방 수도원의 효시였다. 이 수도원은 역사적으로 20번이나 파괴되었는데 최근에는 1943~44년 2차 세계대전 중에 파괴되었다가 현재 다시 복구되었다.

베네딕트 수도원 규칙은 전부 13개 조항의 73개장으로 되어 있는데, 이 규칙은 단순하면서도 빈 구석이 없고, 엄격하면서도 온정미가 있는 비율법적이고, 겸손하면서도 굴종함이 없는, 아주 치밀하고 통일된 기관으로서의 수도원 생활의 전반을 규정지어 놓은 것이다. 무익한 고행을 삼가고 대신 노동을 권장하고, 열광보다 훈련에 치중하고, 모든 분야에 걸쳐 무절제를 막고 정신과 행위의 자제와 중용을 존중했다.

규칙 내용

1) 종신직인 원장을 그리스도의 대행자로 여길 것, 원장의 명령은 신적인 명령으로, 원장에게 순종하는 것은 하나님께 순종하는 것이다. 원장은 방종하는 자, 수도에 정진하지 못하는 자에게는 엄격하게 경고해야 하고, 순종하는 자, 온순한 자, 인내하는 자에게는 자애롭게 더욱 격려한다.

2) 수도원 입단은 규정에 따라 시킨다. 수도원에 들어오기를 원하는 자가 있으면 3~4일 동안 그가 적응할 수 있는지, 건강 등 어려운 일들을 참을 수 있는지를 조사한다. 그리고 나서 신참자의 방에 머물 수 있게 된다. 2개월 동안 정식 수도사와 숙식을 같이 하며 그의 영혼이 수도사로서 적응할 수 있는지를 살피고, 특히 이 기간에 수도단 규칙을 교육한다. 그 규칙을 지킬 자신이 있으면 입단이 허락되나, 지킬 자신이 없으면 자유롭게 나가도 된다.

그런 다음 여러 가지 인내 훈련을 거치고 6개월 후에 다시 한 번 규칙을 읽어주고 또 4개월이 지난 후 최종 결정하게 되는데 마지막으로 필기시험과 구술시험이 따른다. 이처럼 1년의 예비 수련기를 지나면 그로 하여금 충분히 심사숙고하게 한 후 전체 수도사가 기도실에 모인 가운데 그를 공동체로 받아들이게 되는데, 한번 입단하면 결단코 환속할 수 없음을 환기시킨다.

베네딕트의 수도원 규칙은 입단자가 전 생애 동안 지켜야 할 의무다. 1세기에는 일정한 기간 동안만 수도사가 되는 것이 허락되었는데, 후대에 와서 변한 것이다. 베네딕트 수도원의 규칙 중 특이한 것은 서약 때 일평생 몸담아 수도할 수도원이 정해진다는 것이다. 이것이 다른 수도원들과의 차이점이다. 그리고 세 가지 서약(순결, 청빈, 순종)이 필수 조건이었다. 그리고 나서 성자의 이름 중에서 하나의 이름을 받는다.

베네딕트 수도원은 하나님의 나라처럼 부자든 가난한 자든, 자유자든 노예든, 성인이든 어린이든 살 만한 가치가 있는 자들에게 그 문이 열려 있었다.

3) 공동의 영창(합창기도) - 시편기도가 기본이었다. 후대에는 신부의 미사 기도가 첨가되었다. 수도사들은 하루에 일곱 번 기도하였다. 새벽 3시, 6시, 9시, 12시, 15시, 18시, 21시의 영창이 의무적이었다. 육체적 노동과 절도 있는 식사와 수면이 적절히 배치된 상태에서 하루에 일곱 차례 행하는 기도의 리듬은 오늘날까지 서방수도사들의 기준이 되고 있다. 매시간 침묵으로 밤 시간(명상)을 보내야 하고, 명상 중에는 대화가 금지되었으며 어길 때는 중벌에 처했다.

4) 부활절 이후부터 9월 14일까지 온화한 날씨가 지속되는 기간에는 6~7시부터 이른 아침에 네 시간 동안 필수적인 작업을 하였다. 나태한 것(게으른 것)을 영혼의 적으로 규정하고, 일정한 시간을 정해 놓고 의무적으로 노동하였다.

베네딕트 역시 매일 네 시간씩 성서와 고전을 읽을 것을 규정했다. 수도사들은 성서와 초대 기독교 작품을 읽고 조용히 혹은 일을 하면서 그것들에 대해 묵상하였다. 노동은 하루에 여섯 시간을 하였다. 그는 침묵을 덕이라고 여겨 칭송하였다. 또한 겸비를 수도사의 최고의 덕 중 하나로 여겼다.

베네딕트 수도원의 외적 특징은 다음과 같다. 첫째, 수도사들이 일정한 수도원에 정주한다. 둘째, 성대한 예전을 거행한다. 창설자 성 베네딕트는 어느 것도 성무(聖務)보다 더 중히 여기지 말 것을 권고하고 있다. 셋째, 수도원의 가족 같은 분위기, 즉 일정한 수도원에서 아빠스의 지도하에 여러 수도 형제들이 다함께 성무를 성대하게 거행하며 각자 맡은 일을 충실히 이행함으로 그날그날을 성화해 나가는 생활을 한다.

베네딕트의 영향은 약 600년간(550~1150) 지속되었는데, 이 기간 동안 유럽의 여러 국가들에서 성 베네딕트의 수도원 규칙을 채택한 수도원들이 유행하였으며 지적으로나 정신적으로 교회 및 성도들의 생활에 큰 영향을 끼쳤다. 그래서 이 시기를 '베네딕트 세기'라 부른다.

 영·성·의·향·기

1. 야망에 불타는 나이에 세속의 욕망을 끊고 수도사의 길을 찾아 고행한 베네딕트는 참으로 영성을 소중히 여기는 영혼의 사람이었다.
2. 자신은 지독한 고행을 겪었으나 정작 수도원 규칙은 무익한 고행을 피하고 노동과 훈련을 통해서 중용의 길을 마련함으로써 겸비한 부친 같은 영성의 사람이었다.
3. 1년의 예비 수련기간을 두고 2개월 적응기간, 인내훈련 6개월, 규칙을 가르치고 4개월, 그리고 필기시험과 구술시험을 통해서 입단시키는 신중함은 오늘 교회의 목자들을 받아들이는 영성과정을 좀더 신중히 해야 할 것을 생각하게 한다.
4. 순결, 청빈, 순종의 세 가지 서약은 지금도 존경할 만한 신자의 영성 조건이다.
5. 수도원의 분위기를 가족 분위기로 이끈 것도 오늘의 교회가 본받을 만하다.

 생·활·의·적·용

1. 이 시대 젊은이들의 눈에 비치는 세상은 어떤 것이며, 그들은 무엇을 선택하고 있을까?
2. 오늘 우리에게 신앙의 인내훈련이나 규칙훈련은 정말 필요한 것이 아닐까?
3. 베네딕트 수도원의 순결, 청빈, 순종 서약식처럼 우리도 신자의 서약식을 해 보자.
4. 가족 같은 교회공동체를 만들자.

성 버나드 St. Bernard von Clairvaux
1090~1153

"내가 이제 너희를 위하여 받는 괴로움을 기뻐하고 그리스도의 남은 고난을 그의 몸된 교회를 위하여 내 육체에 채우노라 내가 교회 일군 된 것은 하나님이 너희를 위하여 내게 주신 경륜을 따라 하나님의 말씀을 이루려 함이니라 이 비밀은 만세와 만대로부터 옴으로 감취었던 것인데 이제는 그의 성도들에게 나타났고 하나님이 그들로 하여금 이 비밀의 영광이 이방인 가운데 어떻게 풍성한 것을 알게 하려 하심이라 이 비밀은 너희 안에 계신 그리스도시니 곧 영광의 소망이니라 우리가 그를 전파하여 각 사람을 권하고 모든 지혜로 각 사람을 가르침은 각 사람을 그리스도 안에서 완전한 자로 세우려 함이니 이를 위하여 나도 내 속에서 능력으로 역사하시는 이의 역사를 따라 힘을 다하여 수고하노라"(골로새서 1:24~29)

🌿 생애

클레르보의 버나드는 1090년 프랑스 디욘(Diyon) 근방에 있는 폰테인(Fontaines)의 귀족 가문에서 6남1녀 중 3남으로 태어났다. 부친은 제1차 십자군으로 종군하였다가 전사했고, 모친 알제나는 경건하고 정숙한 여자로서 자녀들을 잘 양육하여 한결같이 경건했다.

클루니(Cluny) 수도단이 큰 성공으로 부유해진 뒤 사치함이 늘어가자 새로운 종교운동으로 또 다른 수도단체들이 일어났는데 그중에서도 프랑스에서 시토단(Cistercium)이 일어나 12세기를 지배하였다. 시토 초기의 성공은 그 시대의 최대 종교적 지도자요, 또 일반인이 인정한 성자 버나드의 영향 때문이었다. 부르건디 풍뗀성의 귀족 집안에서 출생한 버나드는 어머니에게서 깊은 종교적 성품을 이어받았다. 이런 영향으로 버나드는 어려서부터 독실한 신앙을 가지고 수도생활을 갈망하였다. 17세 때 어머니를 잃고 4년간 공부를 계속한 후 뜻한 바 있어 독일로 유학을 가려다 갑자기 마음을 바꾸어 1113년 그의 나이 23세 때 형과 동생 네 명을 포함하여 30명의 동지를 이끌고 당시 유럽에서 가장 엄격하다는 시토 수도원에 들어갔다.

1112~1115년에 극도의 고행을 강행한 그는 건강을 해쳐 평생 고생하였다. 수도원이 크게 부흥하자 그는 1115년 12인의 수도사를 데리고 새 수도원을 세우러 떠났다. 프랑스 동편 알프스산의 골짜기(클레르보)에 목조 수도원을 짓고 지명 이름을 따 "클레르보"라 했다. 온긴 클레르보는 "독충의 골짜기"라는 이름이었는데 버나드와 그의 동지들이 옮겨온 후 "광명의 골짜기"로 불렸으며, 후년에 "온 유럽의 양심"으로 유명해졌다. 버나드는 1115년부터 그가 죽던 1153년까지 그 수도원의 원장으로 있었다. 그가 죽기 전에 수백 명 규모의 수도원 350개가 생겼다.

영성

버나드는 사도 바울이 말했듯 "그리스도의 남은 고난을 내 몸에 채운다"는 성서의 교훈을 따라 건강을 잃어버릴 정도의 수련을 쌓았다. 그의 수도원 생활은 엄격하고 철저하여 자기 수실(修室) 벽에 쓰기를 "버나드야, 너는 무엇 하러 여기 왔느냐"(Ad quid Venisti)라고 써 붙이고 스스로를 격려하면서 극단적인 금욕과 육신 극복의 수도생활에 정진했다.

그가 세상 사람들에게 설교할 때면 청중 가운데 일부는 수도원 생활로 자기를 부르는 소명으로 알고 설교가 끝난 후에 클레르보에 들어갔다. 그의 설교는 감동력이 커서 한번 설교에 만 명의 청중이 능히 들을 수 있을 만치 불을 토하는 열변이었으며, 그는 기도를 통해 소경을 눈뜨게 하고, 벙어리를 말하게 하고, 앉은뱅이를 걷게 하기도 했다. "어머니들은 그를 피하며 자기의 아들들을 감추었고 아내들은 그들의 남편들을 감추었고 친한 사람들끼리는 그들의 친구들을 감췄다." 그의 학식과 영적 감화력은 전 유럽 기독교 사회를 덮었기 때문에 교황청에서 고위 성직과 심지어 교황 추대를 원했지만 그는 모든 공직을 거절하고 오직 시골의 한 작은 수도원 원장직만 맡아 평생 수도사로서 정진하였다.

그는 1174년에 성자로 추앙되고, 1830년에는 교회 박사로 추대되었다. 그의 경건하고 신비적인 사상은 루터에게도 큰 영향을 끼쳤다.

1) **버나드의 생애는 깊은 명상의 생활이었다.**

그는 신비적 명상가였다. 더 좋은 영혼을 만들기 위해 그는 침묵과 기도의 생활로 일관하였다. 그의 허리는 기도와 고행으로 구부러져 버렸으나, 얼굴에서는 광채가 났다. 그의 하나님에 대한 지극한 사랑은 그의 영혼으로 하여금 자기를 전연 잊어버리고 갑자기 하나님과 연합된 것처럼 보였다. "그대가 없는 것처럼 그대 자신을 잊어버려라. 전연 자신을 의식하지 못하고 스스로 마음이 비게 되는 것은 모두 경건된 일이며, 또한 이를 경험한 사람들에게는 자신으로서는 전연 이해도 할 수 없는 구원이다. 이렇게 하면 그 영혼은 자신에게서 벗어나 하나님을 더욱 분명히 볼 수 있다." 그는 모든 일에 그리스도 중심이었으며, 그의 열렬한 사랑은 그리스도께 집중되었다. 그는 아가서에 대해서만 86편의 설교를 하였는데, 그의 신비는 이 아가서에 나오는 신랑(그리스도) 신부(개개인의 영혼) 신비주의이다. 그리스도에 대한 신비적 명상이 그의 최고의 기쁨이었다. 버나드의 영성신학은 그리스도와 합일의 체험을 강조하는 그리스도 신비주의였다. 그의 최대의 관심사는 겸손과 인내와 사랑으로 십자가에까지 이른 고난의 인간 예수였다. 그가 지은 찬송가사가 이를 말해 주는데, "구주를 생각만 해도"(85장), "오 거룩하신 주"(145장), "날 구원하신 예수를"(196장) 등이 있다.

2) 그는 위대한 설교가였다.

그는 수도원에 갇혀 수도만 한 것이 아니라 그 시대의 첫째가는 설교자로 활동하였다. 그는 어느 계급의 사람이든지 깊은 감동을 주었다. "우리는 고요히 명상하기를 원하며 동시에 설교를 해야 할 직무를 가지고 있다. 우리는 신랑 되시는 주님이 오시기를 기다리며 또한 사람들을 주님 앞으로 인도하여 주님 대신에 그들을 기를 직무를 가지고 있다. 그러므로 경건된 명상의 생활을 하면서도 가끔 이를 중단하고 주님의 어린양들을 기르기를 힘써야 한다. 그리고 누구든지 저 혼자만 위하여 살지 말고 모든 사람을 위하여 살아야 한다."

3) 위대한 도덕적 실천가였다.

버나드의 영성신학은 사랑의 신비주의이며, 신적 생명력과 그리스도의 합일을 통해 은혜와 사랑을 향유한다. 사람들은 무엇보다 버나드의 도덕적 감화력과 언행일치의 일관된 성품을 높이 찬양하였다. 그는 자기가 설교한 대로 실천하였고, 자기가 교훈한 대로 살기를 게을리한 적이 없다. 하나님을 진실로 사랑하는 사람은 자기의 동료, 이웃에게도 봉사하지 않으면 안 된다고 하였다.

 영·성·의·향·기

1. 모친의 성스런 종교적 성품의 영향이 아들도 거룩한 삶을 갈망하게 하였다.
2. 버나드의 영성으로 그가 죽을 때까지 350개의 수도원이 설립된 것은 한 사람의 영성 충만이 얼마나 많은 영향력을 끼치는가를 교훈한다.
3. 버나드의 설교에 수많은 남자들이 수도원에 입단하므로 아들을 감추고, 남편을 감추고, 친구를 감추는 시대가 있었다는 것은 크든 작든 모임에서 설교하는 사람들에게 큰 도전을 준다.
4. 버나드의 이런 영성은 오직 그리스도를 사랑하는 그의 열정에 있었음을 상기하자.

 생·활·의·적·용

1. 우리의 자녀들에게서 영성의 대가가 배출되기를 원한다면 우리는 과연 오늘의 삶을 어떻게 살아야 할지 깊이 생각해 보자.
2. 그리스도의 남은 고난을 채운다는 정신으로 주님을 사랑하여 복음 전도에 열정을 쏟고 금욕생활을 한 버나드처럼 복음을 위해 지금 내가 할 수 있는 고난의 길, 금욕의 길을 가려는 결단을 내릴 수 있겠는가?
3. 자기가 말한 대로 살던 도덕 실천가, 기도와 고행으로 허리가 구부러진 영성의 사람, 버나드를 생각하며 오늘 나의 영성생활을 점검해 보자.

성 도미니크 St. Dominc
1170~1221

"남의 하인을 판단하는 너는 누구뇨 그 섰는 것이나 넘어지는 것이 제 주인에게 있으매 저가 세움을 받으리니 이는 저를 세우시는 권능이 주께 있음이니라 혹은 이날을 저날보다 낫게 여기고 혹은 모든 날을 같게 여기나니 각각 자기 마음에 확정할지니라 날을 중히 여기는 자도 주를 위하여 중히 여기고 먹는 자도 주를 위하여 먹으니 이는 하나님께 감사함이요 먹지 않는 자도 주를 위하여 먹지 아니하며 하나님께 감사하느니라 우리 중에 누구든지 자기를 위하여 사는 자가 없고 자기를 위하여 죽는 자도 없도다 우리가 살아도 주를 위하여 살고 죽어도 주를 위하여 죽나니 그러므로 사나 죽으나 우리가 주의 것이로라" (로마서 14:4~8)

생애

성 도미니크는 여러 이설의 등장과 복음 정신의 와해로 혼란에 빠져 있던 13세기 교회 상황에서 설교를 통하여 복음화와 구원의 봉사를 수행해야 할 소명감을 갖고 '설교자의 수도회'를 설립하였다.

그는 1170년 스페인 칼래루에 가(家)에서 출생했는데, 부친은 성주(城主)였던 펠릭스구르만이며, 모친은 신앙저 명문가 출신인 요안니이다. 그는 필렌시아 대학에서 공부하고 마드리드 동북에 위치한 오스마의 사제가 되었다. 박학다식(博學多識)하고 신앙이 돈독(敦篤)했던 그는 오스마의 주교 디에고와 깊은 신앙적 우의를 맺었다.

그가 임무를 맡아 남부지방을 여행할 때는 이단인 카타리파의 전성시대였다. 이에 대해 그는 "우리가 카타리파보다 더 청빈하고 금욕적이지 못하면 도저히 그들을 교회로 인도할 수 없다"고 했다. 그리고 독립된 수도단을 세워야 할 필요를 느끼고 1215년에 친구가 기증한 집에서 수도원의 기초를 닦았다.

도미니크는 수도회의 첫 총회를 마친 얼마 후인 1221년 8월 6일 이탈리아 볼로냐에서 51세로 생애를 마쳤다.

영성

그가 수도단을 세운 지 4년이 못되어 그 수도단은 스페인, 이탈리아, 프랑스, 폴란드 등 여러 나라로 퍼져나갔다. 그는 장래의 지도자가 될 자들을 감화시킬 목적으로 도미니크 단원들을 일류대학이 있는 파리, 로마, 볼로냐 등지에 파송하였으므로 그 단원이 급속도로 증가되었다. 도미니크 수도단은 프랜시스 수도단과 같이 걸식(탁발)주의와 설교주의를 교단의 2대 원칙으로 삼았다. 그래서 도미니크 수도단을 보통 "설교자들의 교단(Predicant Order)"이라고 부른다. 남녀 수도원이 따로 있어 남자 수도원은 주로 전도와 도시민에게 설교를, 그리고 여자 수도원은 교육에 힘쓰게 했다. 이 수도단은 수도원 안에서의 명상보다는 사회로 나와 활동을, 의식보다 설교를 더 귀중히 여기고 안일과 향락을 물리치고 금욕과 봉사의 생활을 존중하였다.

프란체스코와 마찬가지로 도미니크 수도단은 남자 수도원과 여자 수녀원 외에 평신도로 구성된 제3의 수도회를 조직하여 그 정신으로 살게 했다. 이 수도회의 선교 사업은 멀리 이교 땅에까지 확대되어 나갔으며 그 영향이 매우 컸다. 도미니크 수도단은 특히 대학 내에 침투하여 교수들을 그 세력 아래 두었다. 도미니크는 이탈리아 볼로냐에서 별세했는데 그가 죽을 때 약 60여 개의 분원이 여덟 개의 구(區)에 나뉘어 있었다(프로방스, 툴르즈, 프랑스, 롬바르디, 로마, 스페인, 독일, 영국).

도미니크와 프란체스코는 같은 시대의 인물로서 그들이 행한 업적은 같으나 성격은 상이했다. 프란체스코가 다정다감한 이탈리아 사람인데 비해 도미니크는 굳은 의지력을 가지고 다른 사람의 의지를 지배하는 힘을 가진 스페인 사람이었다. 프란체스코는 무식을 표방하고 나섰으나, 도미니크는 처음부터 학문을 중요시했다.

성 도미니크는 설교 수도사들의 영성의 기초를 무엇보다 관상에 두었는데, 관상은 세상과 격리된 채 이루어지는 은둔적 성격을 띤 것이 아니고, 사도적 활동과 조화를 이루는 선교적 차원의 것이다. 설교는 관상의 결실을 전하는 것이며, 공부는 설교를 위한 관상의 방편이다. 도미니크는 설교자들의 삶의 전형을 사도들의 선교 활동에서 찾고자 한다. "관상하라. 그리고 관상(觀想)한 것을 다른 이에게 전하라."

도미니크가 설립한 수도회의 본질적인 요소는 설교다. 설교는 하나님의 말씀과 진리를 선포하는 것이며, 무엇보다 용서와 화해, 구원을 주시는 예수 그리스도를 선포하는 것이다. 설교는 인간들의 구원을 위한 봉사의 방편이다. 도미니크가 지향하는 설교 영성의 특징은 이러하다. 첫째, 설교는 항구하고 지속적이어야 한다. 둘째, 설교는 공동체적이다. 셋째, 설교는 성령의 이끄심과 하나님의 말씀의 풍요로움으로 바탕을 이루어야 한다. 넷째, 설교는 교의적인 것이어야 한다. 즉 신학적·관념적인 것이 아니라, 초기 사도들이 했던 것처럼 그리스도로 인해 주어진 구원을 선포해야 한다. 다섯째, 설교는 긍정적이어야 한다. 즉 구원이 선물임을 선포하고 그리스도를 통해 드러난 하나님의 선하심을 알리는 것이다. 여섯째, 설교는 그리스도 중심적이어야 한다. 일곱째, 설교는 예언적이어야 한다. 즉 미래를 비추어 줌으로써 하나님의 구원의 뜻을 밝히고 역사 안에 존재하는 시대의 징표를 알려야 한다.

명상기도

침묵, 고독, 정적 속에서 마음에 들리는 하나님의 음성을 듣는 기도의 태도(예수의 기도 – 막 1:35, 엘리야의 기도 – 왕상 19:8, 12)

관상(觀想)기도

명상기도가 영적 추리와 논리적 생각을 하는 기도 자세라면 추리가 멎을 때가 관상기도의 문턱이다. 묵상, 청원, 오득(悟得)까지 모조리 중지해야 관상기도에 들어갈 수 있다. 관상기도는 '조용하고 단순한 내적기도'로서 그때는 내가 하는 기도가 아니라 성령께서 하시는 기도다. 내가 기도를 받는다. 대 우주의 아버지인 하나님의 자비로운 가슴에 안겨 있다는 느낌뿐이다. 영적 애인의 품에 안겼다는 고요한 느낌이다. 말이 없고 사랑, 평화, 신뢰, 황홀, 기쁨뿐이다. 때때로 사랑의 고백과 속삭임뿐이다. 아무것도 염려하지 않는다. 사랑하는 주님을 내가 소유하기보다 나를 주님께 전적으로 내어주기만 한다. 도공의 손에 쥐어진 흙덩이같이 지금 무엇인가 무슨 일이 일어나고 있다는 느낌뿐이다. 이것이 관상기도다.

영·성·의·향·기

1. 성 도미니크는 '진리'를 수도회의 기본 신조로 삼았다.
2. 관상과 활동이 통합된 생활로 규정하였다. 즉 열렬한 기도생활을 하면서 동시에 사도직 활동을 병행하는 것이다.

생·활·의·적·용

1. 나는 진리에 대한 사랑을 갖고 있는가?
2. 나는 기도하는 만큼 복음 전도에 시간을 허용하고 있는가?

성 프란체스코 St. Francesco of Assisi
1182~1225

"심령이 가난한 자는 복이 있나니 천국이 저희 것임이요 애통하는 자는 복이 있나니 저희가 위로를 받을 것임이요 온유한 자는 복이 있나니 저희가 땅을 기업으로 받을 것임이요 의에 주리고 목마른 자는 복이 있나니 저희가 배부를 것임이요 긍휼히 여기는 자는 복이 있나니 저희가 긍휼히 여김을 받을 것임이요 마음이 청결한 자는 복이 있나니 저희가 하나님을 볼 것임이요 화평케 하는 자는 복이 있나니 저희가 하나님의 아들이라 일컬음을 받을 것임이요 의를 위하여 핍박을 받은 자는 복이 있나니 천국이 저희 것임이라 나를 인하여 너희를 욕하고 핍박하고 거짓으로 너희를 거스려 모든 악한 말을 할 때에는 너희에게 복이 있나니 기뻐하고 즐거워하라 하늘에서 너희의 상이 큼이라 너희 전에 있던 선지자들을 이같이 핍박하였느니라" (마태복음 5:3~12)

생애

아시시의 성 프란체스코만큼 많은 사람에게 알려지고 사랑받은 성인이 없다고 할 정도로 그는 다양한 민족과 계층의 사람들에게 존경과 사랑을 받아 왔으며 지금도 그러하다.

'작은 형제회' 수도단의 창설자인 프란체스코는 이탈리아 아시시(Assisi)에서 1182년에 출생하였다. 아버지 베드로 디 베르나르디네는 돈 많은 포목장사였다. 어머니 요안나와의 사이에서 맏아들로 태어나 "요한"이란 이름으로 세례를 받았으나 부친이 그의 이름을 프란체스코(프랑스인)로 바꾸었다. 젊은 시절에 라틴어와 프랑스어 등 상당한 교육을 받았으며 성격이 매우 활발했던 그는 성장기에 아시시의 상류 청년들 사이에서 유행의 선두가 되어 놀고 마시고 춤추고 노래하고 시를 쓰면서 세월을 보냈다. 그러나 천성적으로 인정 많은 프란체스코는 가난한 이들을 잊지 않고 도와주었다. 그러던 중 아시시와 페루자 사이에 전쟁이 있었는데 프란체스코도 거기에 참전하였다. 그는 포로로 1년 동안 적군의 감옥에 갇혔다가 자유의 몸이 되었다. 그때가 21세였다.

포로생활에서 돌아온 프란체스코는 우수에 잠겨 있었다. 그는 모든 일에 흥미를 잃었고 친구와 어울리는 일도 적어지고 전처럼 명랑하지도 않았다. 얼마 후 열병에 걸리면서 그는 종교적인 회심과 열정을 갖게 되었고 타락한 옛 상류생활을 청산하였다.

그 당시 아시시의 교외 조그마한 언덕에 성 다미엔 교회가 있었다. 오랫동안 수리하지 않아서 퇴락하고 황폐한 작은 교회였다. 프란체스코는 때때로 이곳에 찾아와 기도하였는데, 어느 날 저녁 엎드려 기도하던 중에 하늘로부터 "프란체스코야! 네 집을 세워라"는 지시를 받고 성 다미엔 교회를 수리하기 시작하였다. 필요한 경비는 집에 있는 귀중품을 팔아서 마련하고 그 돈을 성당의 책임신부에게 내놓았다. 이에 화가 난 아버지는 그를 방에 가두었다. 그래도 프란체스코는 가난한 이들에게 재산 나누어 줄 것을 굽히지 않았으므로 아버지에게 고소당하여 주교 앞에서 재판을 받게 되었다. 결국 프란체스코는 재산 상속권을 포기하였을 뿐만 아니라 그가 지닌 모든 것을 돌려 받으려 하는 육신의 아버지와 결별하고 하늘 아버지를 따를 것을 작정하였다. 그 후 그는 걸식을 하면서 여러 교회를 수리하였다.

프란체스코가 처음 거리에서 설교하기 시작했을 때 비난과 조소도 많았으나 그의 놀라운 행동에 큰 관심을 가지고 그의 운동에 참여하는 사람들이 생기기 시작하였다. 얼마 후에 그의 형제들은 열한 명으로 증가되었다. 프란체스코가 28세 되던 해였다.

프란체스코는 열한 명을 "작은 형제단(Order of Minor Brothers)"이라 이름 짓고, 절대 청빈과 복음 전도를 결심하고 '전도, 청빈, 봉사'의 생활에 들어가 침식을 같이 하였다. 그들의 목표는 '그리스도를 모방'하는 일이었다. 전도하러 나갈 때는 두 명이 한 조가 되어 노래하며 빈농을 도와주고 문둥이를 싸매주고 치료해 주었다. 이들의 운동이 회개자를 많이 낸 것은 프란체스코가 행한 설교가 아니라 작은 형제들의 쾌활한 정신 때문이었다. 그들이 한 마디도 하지 않은 채 시내를 한 바퀴 돌고만 와도 회개하는 자가 속출하였다. 아시시의 유력한 인물들 중에 프란체스코 형제단에 들어오는 사람이 너무 많아 나중에는 시에서 항의하기도 하였다. 프란체스코와 그의 추종자들은 정주(定住)하는 집이 없었고 작은 터스칸 산 언덕 도시를 돌아다니며 손 닿는 대로 일을 도와주고, 때로는 나병환자들을 돌보며, 자연과 동물도 다 그들의 형제로 삼았다.

그들은 밤이 새도록 기도하며 즐거워하고 기뻐하였기에 "하나님의 익살꾼"이라는 별명을 얻었다. 그들은 벌거벗은 그리스도를 벌거벗고 따르기 위하여 개인적으로나 공동으로도 돈이나 소유를 갖지 않았다.

프란체스코는 "완전한 가난은 쾌락을 가지게 해 준다"고 가르쳤으며 그와 함께 하는 수도사들도 의식주를 염려하지 않았는데, 이는 하나님이 친히 구제로서 그들에게 공급해 주시리라 믿었기 때문이다.

이 걸식수사(乞食修士)들이 구걸생활을 강조한 것은 구제는 하나님의 뜻이며 신성한 것이라고 생각했기 때문이다. 또 그것은 프란체스코의 교훈에 의한 것인데, 누구든지 시장거리에서 맨발로 서서 구제를 청해본 사람들만이 가난한 사람들에게 참 동정을 가질 수 있다고 보았다.

"가난이란 아무것도 가지지 않고 아무것도 원치 않은 거기에 있으나 무엇보다도 자유의 정신에 있다"라는 프란체스코의 가르침으로 무장한 그의 형제들이 "천지에 아무것도 없다 할지라도 내 정신은 자유하다"는 각오로 수도생활을 함으로써 모든 이에게 굉장한 자극을 주었고 특히 도시 빈민들의 지지를 받아 그 수도단은 널리 퍼졌다. 그들은 가는 곳마다 매 맞고 굶주리고 목말랐으나, 용감한 예수의 제자들은 언제나 노래와 웃음을 잃지 않았다.

말년에 프란체스코는 눈물과 기도가 너무 많아서 눈이 거의 어둡게 되었다. 그리고 1224년 8월 초 기도와 명상 중에 예수님의 것과 같은 상흔(傷痕)을 양손과 발과 허리에 체험하게 된다. 1224년 9월 프란체스코는 완전히 소경이 된다.

1226년 10월 3일 그는 "내가 임종이 가까우면 나를 이 흙 위에다 눕혀달라. 내가 숨이 아주 끊어지면 사람이 느린 걸음으로 걸을 만한 1리 거리에 그대로 가만히 두어 달라"는 유언을 남겼다. 프란체스코는 아무런 고통 없이 천국으로 옮기어졌다.

영성

성 프란체스코의 신비주의는 그리스도 고난의 신비다. 그는 빈곤과 결혼하였다. "빈곤은 나의 신부, 어머니, 누이다."(아가서에 나오는 용어) 이 절대 청빈이야말로 그리스도께서 세상에 계실 때 생활하시고 교훈하신 터전이었고 초대 교회의 기독교인이 지향했던 목표였다. 프란체스코와 그의 형제단의 절대 청빈생활은 억지로 하는 소극적이거나 부정적인 금욕이나 극기가 아니었다. 그는 청빈을 신부같이 여기고 환희와 감사의 대상으로 여기고 영원히 충실한 반려자로 여기고 기쁨으로 생활하였다. 프란체스코가 청빈의 생활로 하늘 아버지만 사랑하고 의지한 생애, 인간을 사랑한 마음, 그리고 그의 자연을 대한 태도는 다 그리스도와 비슷하다. 오직 한 가지 차이는 그리스도는 그의 주님이시요, 그는 그리스도의 종인 점이다.

프란체스코의 목표는 예수 그리스도의 교훈을 좇으며 그의 발자취를 따르는 것이었다. 그는 자연에서 하나님을 찾으려 하였고 만물을 형제 자매라, 태양을 형이요, 달을 누이라, 그리고 죽음도 누이라 하였다.

그가 산새들에게 설교한 예화는 유명하다. 그는 그리스도와 같은 동정심을 가졌다. 그는 그리스도와 같은 사랑과 가르침을 존중하며 그리스도를 본받고 그 명령을 준행하며 살았다. 그의 수도단은 절대 사랑과 청빈으로 그리스도를 따르는 단체였다.

영·성·의·향·기

1. 성 프란체스코의 영성은 그리스도 중심적이다. 즉 예수 그리스도의 가르침과 그분의 삶의 발자취를 따르는 것이다.
2. '가난'이 무엇이냐는 질문에 그는 "우리 주 예수 그리스도의 가난입니다"라 대답하였다. 그의 가난의 동기는 가난하신 그리스도께 대한 사랑이었다.
3. 겸손은 내적 가난, 마음의 가난과 같은 뜻며, 하나님이 보시는 대로 자신을 있는 대로 받아들이는 것이다.
4. 가장 완전하고 참된 기쁨은 예수님 때문에 고통당하는 것이다.

 생·활·의·적·용

1. 나의 영성 중심은 그리스도인가?
2. 가난으로부터 세상을 다시 볼 수 있겠는가?
3. 내적 가난, 마음의 가난으로 나에게 겸손이 성숙해가고 있는가?
4. 내게도 참된 기쁨이 예수 때문에 고통당하는 것인가?

성녀 클라라 Santa Clara
1193~?

"내가 세상에 화평을 주러 온 줄로 생각지 말라 화평이 아니요 검을 주러 왔노라 내가 온 것은 사람이 그 아비와, 딸이 어미와, 며느리가 시어미와 불화하게 하려 함이니 사람의 원수가 자기 집안 식구리라 아비나 어미를 나보다 더 사랑하는 자는 내게 합당치 아니하고 아들이나 딸을 나보다 더 사랑하는 자도 내게 합당치 아니하고 또 자기 십자가를 지고 나를 좇지 않는 자도 내게 합당치 아니하니라 자기 목숨을 얻는 자는 잃을 것이요 나를 위하여 자기 목숨을 잃는 자는 얻으리라 너희를 영접하는 자는 나를 영접하는 것이요 나를 영접하는 자는 나 보내신 이를 영접하는 것이니라 선지자의 이름으로 선지자를 영접하는 자는 선지자의 상을 받을 것이요 의인의 이름으로 의인을 영접하는 자는 의인의 상을 받을 것이요 또 누구든지 제자의 이름으로 이 소자 중 하나에게 냉수 한 그릇이라도 주는 자는 내가 진실로 너희에게 이르노니 그 사람이 결단코 상을 잃지 아니하리라 하시니라" (마태복음 10:34~42)

출생과 거룩한 출발

그리스도를 위해 모든 것을 버린 백합과 같이 순결한 성녀 클라라는 1193년경 태어났다. 그녀의 나이 18세 때 성 프란체스코가 아시시의 성 졸조 교회의 사순절 설교를 위해 왔었다. 그때 어머니와 함께 예배에 참석했던 클라라는 프란체스코의 설교에 마음이 불타올랐다. 그녀는 남몰래 프란체스코를 찾아가 거룩한 복음에 따라 자기도 생활할 수 있도록 도와달라고 부탁했다.

프란체스코는 세상의 정욕에 대한 경멸과 하나님에 대한 사랑을 말해줌으로써 그리스도를 위해 모든 것을 버리고 싶다는 클라라의 가슴속에 싹트고 있는 소원을 더욱 북돋워주었다. 그래서 그녀는 1212년 종려주일 밤, 자기 집에서 성을 지키는 파수병을 피하여 '죽은 자의 문'이라는 시체를 내보내는 개구멍으로 빠져나가 성에서 10리나 떨어진 곳에 있는 포르치운콜라로 갔다. 그곳에서는 프란체스코가 출가한 형제들과 함께 생활하고 있었다. 프란체스코와 그의 형제들은 성당 입구에서 횃불을 들고 그녀를 영접했다. 그녀가 그곳 제단 앞에서 입고 있던 화려한 옷을 벗어버리자 프란체스코는 손에 든 가위로 그녀의 금발 머리카락을 자르고, 거친 무명옷과 노끈으로 허리를 매는 참회의 수도복을 입게 했다.

수녀원과 영성의 생활

클라라는 얼마 동안 베네딕트회의 수도원에 머물러 살 수 있도록 허락을 받았다. 클라라의 친구와 친척들이 그녀를 찾으러 왔으나 소용 없었다. 그녀는 머리에 둘렀던 수건을 벗어 삭발한 자기 머리를 보여주면서 강경하게 거절했다. 얼마 후에는 동생 아그네스(15세)까지 언니를 따라 집을 나와 클라라에게 왔기 때문에 가정의 박해는 더 심했다.

성 프란체스코는 아시시 근교에 있는 성 다미엔 교회 부속건물인 허름한 집에서 그녀들을 살게 하고 클라라를 지도자로 세웠다. 훗날 그녀의 모친과 다른 여성들도 세상을 버리고 그곳에 합세하여 함께 수도생활을 하게 됐다. 클라라는 살아 생전에 자신이 일으킨 수녀원이 이탈리아, 프랑스, 독일

등지에 창립되는 것을 볼 수 있었다.

성 클라라와 그의 공동체는 그때까지 여성단체에서는 알려지지 않은 고행을 자기네 수도생활에 부과하고 실천했다. 수녀는 개인적으로나 단체적으로도 재산을 가져서는 안 된다는 하나의 규칙을 만들었다. 그리고 그녀가 세상을 떠나기 이틀 전에 성 다미엔 수도원을 위해 인노첸시오 4세는 이 규칙을 인준하였다.

성 클라라는 40년 동안 수도원을 돌보며 살았으나, 자기는 언제나 모든 사람 밑에서 종의 종이 되고자 노력하였다. 그녀는 자신의 몸이 병으로 고통받으면서도 놀라운 인내로 긴 세월을 견디었다.

거룩한 소원

"가난하고 겸손하신 그리스도를 본받으려 노력하면 그만큼 기쁨으로 채워주십니다. 당신의 정신을 영원히 울리는 종 앞에 두십시오. 당신의 영혼을 하나님의 영광의 빛 속에 잠기게 하십시오. 하나님의 본질의 성육신이신 그리스도에게 마음으로 결합하십시오. 이 같은 관상기도에 의하여 당신을 전적으로 그의 신성을 닮은 모습으로 변하게 하십시오. 이같이 함으로 하나님의 벗만이 지각하는 바를 느낄 수 있을 것이며, 하나님께서 세상 맨 처음부터 하나님을 사랑하는 사람들을 위하여 마련해 두신 신묘한 감미로운 기쁨을 느낄 것입니다.

세상일에 매달려 사는 가련한 소경들을 얽어매는 기만적 유혹에는 일체 눈을 팔지 말고, 당신의 존재 전체로 그분을 사랑하십시오. 당신을 사랑하기 위해 그분 자신을 몽땅 주신 그분! 태양도, 달도, 그 아름다우심을 찬양하는 그분을 사랑하십시오.

모든 처녀들 중에 가장 빛나는 처녀(마리아)가 그리스도를 육체적으로 잉

태했듯, 당신도 그분의 뒤를 따른다면, 특히 그분의 겸손과 청빈을 따른다면, 당신의 청순한 처녀로서의 몸 안에도 그리스도를 영적으로 언제나 잉태(임재)할 수 있을 것입니다.

당신이 이 세상의 헛된 보화를 소유하는 것보다 가장 현실적으로, 가장 결정적으로 그분을 소유할 수 있을 것입니다. 나는 주님 안에서 당신에게 부탁합니다. 아무쪼록 주님을 찬미하기 위해서만 사십시오. 당신이 주님께 바치는 영광과 존귀를 도리에 합당한 것이 되게 하십시오. 그리고 언제나 당신의 희생을 지혜의 소금으로 맛나게 하십시오.

나는 나의 건강을 원하는 것과 똑같이 당신의 건강을 빕니다. 아무쪼록 나의 자매들과 나를 당신의 기도 속에서 생각해 주십시오."

 영·성·의·향·기

1. 클라라는 18세의 감성적 나이에 의지적 신앙의 여성으로 변화되어 있었다. 신앙의 결단이 이르면 이를수록 예수 그리스도를 따르는 순결한 세월은 길어진다.
2. 영성생활은 결코 은둔에서 빛을 발하는 것이 아니다. 가정과 지역사회에 변화를 일으키는 신령한 삶이다. 클라라는 모친과 자매들에게 그리고 이탈리아, 프랑스, 독일에 영향을 끼쳤다.
3. 클라라는 여성 수도원을 일으킬 만큼 여성 영성의 모델이었다. 40여 년을 사람 밑에서 종의 종으로 살려는 그녀의 영성이 뭇 여성들의 세속의 안일함에서 거룩한 삶으로 돌이키게 하였다.
4. 클라라는 관상기도를 통하여 우리에게 예수 그리스도의 신성을 닮아가라고 교훈한다.

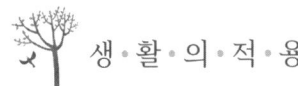 생·활·의·적·용

1. 클라라 성녀와 나의 영적 갈망의 차이점을 발견할 수 있는가? 지금 내가 해야 할 신비로운 영성생활의 첫걸음은 거룩한 생활, 영성의 길을 사모하는 것이다.
2. "아무쪼록 주님을 찬미하기 위해서만 사십시오" 란 말이 나의 현실생활과 얼마나 차이가 있는가?
3. 나의 남은 생애를 헌신하며 사는 길이 무엇일까?

토마스 아 켐피스 Thomas à Kempis
1380~1471

"그런즉 선 줄로 생각하는 자는 넘어질까 조심하라 사람이 감당할 시험밖에는 너희에게 당한 것이 없나니 오직 하나님은 미쁘사 너희가 감당치 못할 시험 당함을 허락지 아니하시고 시험 당할 즈음에 또한 피할 길을 내사 너희로 능히 감당하게 하시느니라" (고린도전서 10:12~13)

생애

토마스 아 켐피스는 1380년 뒤셀도르프(Düsseldorf) 근처에 있는 작은 마을인 켐펜(Kempen)에서 태어났다. 그래서 그의 이름은 켐펜에서 태어난 토마스란 뜻으로 "토마스 아 켐피스"라고 불린다.

부친 햄멜켄은 비천한 신분이었으나 그의 두 아들 요한과 토마스는 모두 교회 역사상 위대한 인물이 되었다. 큰아들 요한은 '아그넷덴부르크 수도원'의 원장이었고, 토마스는 1413년경 그의 나이 33세를 전후하여 영성의 고전작품인 「그리스도를 본받아」(The Imitation of Christ)를 남겼다. 토마스의 모친은 경건한 분으로 두 아들의 경건생활에 중요한 영향을 끼쳤다.

토마스는 13살 때 형 요한이 소속되어 있었던 데번테(Deventer)의 '공동생활 형제단'에 입회하여 이곳의 창설자인 게르하르트 그루테(Gerhard Groote)의 일기를 편집하면서 큰 감화를 받게 된다. 이 수도회는 1376년 교황 그레고리 11세가 인준한 수도회였다. 토마스 아 켐피스는 그루테의 제자인 플로렌티우스에게 7년간 영성훈련을 받았다. 그는 스승과 스승의 동료들의 경건과 덕망의 인격에 큰 감동을 받았다. 1399년 그가 19세가 되던 해에 플로렌티우스의 허락을 받고 형이 원장으로 있는 츠볼레(Zwolle)의 성 아그네스(Agnes) 수도원으로 옮겨 경건생활과 말씀연구에 집중하였다.

그는 웅변의 설교자였고, 지혜로운 고백자였으며, 침묵의 벗이었으나 이름 없는 수도자로 일하기를 좋아하여 성 어거스틴파 수도사로서 일생을 보냈다. 그는 1406년 "누구든지 나를 따르려거든 자기를 부인하고 자기 십자가를 지고 나를 따르라"는 주님의 말씀대로 살기로 맹세했다. 33세가 되던 1413년 교직자가 되었고, 1426년에는 수도원의 부원장이 되어 수도사들을 지도하고 수도원 문서를 책임졌으며 영적 감화력을 많이 끼치다가 1471년 5월 1일 92세로 소천하였다.

영성

토마스 아 켐피스의 영성은 그의 삶과 저서를 통해서 이해될 수 있다. 그의 생애에서 이미 밝혀졌지만 그는 묵상과 내적 삶을 강조하는 영적 운동가였다. 어거스틴파 수도회의 한 지부인 신앙공동체에 속하는 젊은이들을 위한 영적 지도자로 평생을 조용히 보내며 필사자로서 한평생을 살았다. 이런 생활의 배경에서 나온 「그리스도를 본받아」는 헌신에 대한 고전 작품으로서 수세기에 걸쳐 존 번연의 「천로역정」(The pilgrim's Progress)에 버금가는 영향을 미쳤다.

이 책은 14~16세기 로마천주교를 휩쓸었던 '오늘의 헌신(devotio moderna)'이라는 영적 운동을 나타내는 완벽한 표현으로 불려왔다. 「그리스도를 본받아」에 있는 영적 지침의 주제 중 몇 가지를 소개한다.

1) 고독과 침묵

일을 놓고 시간을 내서 그 시간에 무엇을 할지 생각해 보라. 그 시간 중 일부분이라도 과거에 하나님이 당신에게 베풀어주신 은혜를 되새겨 보는 데 보내기 바란다. 그 외에 또 무엇을 할 수 있을까? 일상적인 삶에 대한 호기심은 잊어버리자. 살아가는 기술을 일러주는 책보다는 영적인 책을 읽는 데 시간을 더 들이라. 일상적인 대화와 한가로이 추구하던 일상사로부터 벗어나라. 새로운 사업을 계약하는 일도, 이전에 하던 사업 이야기들도 멈추자.

이렇게 해보면 묵상을 위한 프로그램을 할 수 있는 시간이 아주 많아질 것이다. 대부분의 성인(聖人)들이 이렇게 했다. 그리고 가능한 여럿이 함께 하는 프로젝트를 피하고 하나님과 둘만의 은밀한 시간을 보내라.

2) 군중을 뒤로 하고 떠나라.

고대 철학자이자 극작가였던 세네카(Seneca)는 신이 난 무리와 함께 식자들과 외출할 때마다 완전히 목이 쉬어 집으로 돌아왔다. 그의 편지 중 하나에 이렇게 쓰여 있다. "우리는 때때로 친구들이나 직장 동료들과 몇 시간 또는 계속 목청껏 떠들어 대면서 그런 경험을 한다. 이것은 거의 병적이라 할 수 있다."

그러면 말하기 좋아하는 병의 치료약은 무엇일까? 대화는 줄이기보다는 완전히 끊어버리기가 더 쉽다. 분명한 사실은 무엇인가? 내면성과 영성을 원히는 사람은 군중을 뒤로 하고 떠나 예수님과 시간을 보내야 한다는 것이다.

집에서 조용한 시간을 충분히 보내지 못한 사람은 다른 사람들과 같이 있는 자리에서도 편안함을 느낄 수 없다. 입을 다무는 방법을 터득하지 못한 사람은 확신을 갖고 말할 수 없다. 사병으로서 살아남은 경험이 없는 사람은 장군으로서 성공할 수 없다. 말씀에 순종해 보지 않은 사람은 말씀을 경외할 수 없다.

3) 침묵과 고요함

믿음이 있는 사람은 고요함과 침묵 속에서 성숙하며, 성경 말씀의 의미를 분명히 깨닫게 되고, 매일 밤 주님을 향한 헌신의 눈물을 흘린다. 조용히 있는 법을 터득해 갈 때 이미 그 사람은 창조자에게 그만큼 더 가까이 가게 되고 세상의 북새통으로부터는 멀어진다. 친구나 친척들로부터 멀어질 때 하나님과 천사들은 그 사람에게 찾아오신다.

4) 시험에 대처하기

① 깨어 있으라

세상에 사는 동안에 시험과 환난은 피할 수 없다. 욥기에 기록되어 있는 것처럼 "이 땅에서 우리의 인생은 전쟁과 같다." 그렇기 때문에 우리는 우리가 당하는 시험에 대하여 주의해야 하고 또 관심을 가져야만 한다. 우리는 사탄에게 우리를 속일 기회를 주지 않기 위해서 기도에 깨어 있어야만 한다. 왜냐하면 사탄은 결코 자지 않고 "삼킬 자를 찾아 두루 다니기" 때문이다. 이 세상에는 시험을 받지 않아도 될 만큼 거룩한 사람이 한 사람도 없다는 사실을 명심하라. 우리는 결코 시험에서 자유할 수가 없다.

② 시험의 유익함

시험이 우리에게 고통만을 주는 것같이 보여도 사실 우리에게 유익할 때도 많다. 시험으로 인해 우리가 겸손해지고 깨끗해지며 또 교훈을 받을 수 있기 때문에 시험은 오히려 유익할 때가 많다. 앞서간 모든 신앙의 선배들도 수없이 많은 시험과 환난을 겪었다. 그들은 시험받으면서 오히려 그 시험을 이용하여 그들의 영적인 성장을 도모했다. 시험을 성공적으로 이겨내지 못한 사람들은 길가에 버려졌다.

5) 없어서는 안 될 하나님

선한 의도를 가진 사람이 악한 생각에 의해서 고난을 당하거나 시험을 받거나 괴롭힘을 당할 때, 그는 하나님이 정말로 필요하다는 사실을 더 잘 이해하게 된다. 왜냐하면 하나님 없이는 선한 일을 전혀 할 수 없기 때문이다. 그는 그러한 상황 속에서 자기가 겪는 불행 때문에 슬퍼하고 탄식하며 기도하게 된다. 그리고 더 이상 사는 일이 곤고해져서 죽고 싶어지게 되며, 결국 그 모든 것에서 해방되어 그리스도와 함께 있고 싶어한다. 이 모든 일이 일어날 때, 그는 완전한 안전과 충분한 평안이 이 세상에서는 존재할 수 없다는 사실을 분명히 알게 된다.

6) 평안을 누리기 위한 네 가지 방법

끝으로, 진정한 자유와 평안을 얻을 수 있는 방법 네 가지를 소개한다. 첫째, 우리 자신의 뜻대로 하려고 하기보다는 다른 사람의 뜻대로 하려고 노력하라. 둘째, 늘 더 가지려고 하지 말고 덜 가지려고 노력하라. 셋째, 필요하다고 인정되고 중요하다고 생각하는 일에 대해서는 자신을 희생하고 더 낮은 위치에 처하기를 힘쓰라. 넷째, 매사에 언제든지 우리에게서 하나님의 뜻이 온전히 이루어지기를 소망하라. 이 네 가지 방법을 실천하는 사람은 평안과 안식을 누릴 것이다.

영·성·의·향·기

1. 토마스는 위대한 영성 거장들의 일대기를 필사 또는 집필하면서 영성의 진수를 체험하였다.
2. 토마스는 '고독'과 '시험'이라는 인간이 다루기에 가장 어려운 주제를 훌륭하게 넘어선 영성의 사람이었다. 주님과 만나는 시간의 '양'과 '길이'에 비례하여 우리는 고독과 시험 중에서도 큰 평안을 얻게 된다.

생·활·의·적·용

1. '교회 성장과 부흥'이란 사명감 때문에 하나님과 깊이 만나는 고독과 침묵의 기도시간을 소홀히 하고 있는 자아를 발견하고 회개한다.
2. 영적 거장들의 생애 연구에 보다 많은 시간을 투자하자. 보고 느끼고 배우며 모방함으로써 나 자신이 변화될 수 있다.
3. 영적 생활에 가장 대적이 되는 육적 욕망들을 정화, 승화시키는 싸움을 계속해야 한다. 나이가 들고, 일할 시간들이 짧아진다 해서 영적 생활의 날을 무디게 해서는 안 된다.

영성가들과의 만남과 영성훈련

초대 교회에서부터 현대에 이르기까지
하나님의 뜻에 따라 살았던 위대한 영성가들의 생애와 신앙

종교개혁~후기 종교개혁

마틴 루터 · 존 칼빈 · 블레이즈 파스칼 · 존 번연 · 친첸도르프 · 조나단 에드워드 · 존 웨슬리 · 조지 휫필드 · 존 뉴턴

마틴 루터 Martin Luther
1438~1546

"이제는 율법 외에 하나님의 한 의가 나타났으니 율법과 선지자들에게 증거를 받은 것이라 곧 예수 그리스도를 믿음으로 말미암아 모든 믿는 자에게 미치는 하나님의 의니 차별이 없느니라 모든 사람이 죄를 범하였으매 하나님의 영광에 이르지 못하더니 그리스도 예수 안에 있는 구속으로 말미암아 하나님의 은혜로 값없이 의롭다 하심을 얻은 자 되었느니라 이 예수를 하나님이 그의 피로 인하여 믿음으로 말미암는 화목 제물로 세우셨으니 이는 하나님께서 길이 참으시는 중에 전에 지은 죄를 간과하심으로 자기의 의로우심을 나타내려 하심이니 곧 이때에 자기의 의로우심을 나타내사 자기도 의로우시며 또한 예수 믿는 자를 의롭다 하려 하심이니라" (로마서 3:21~26)

생애

루터는 1483년 11월 10일, 독일 작센안할트 주 아이슬레벤 시골집에서 조상 대대로 농부의 가문에서 태어났다. 아버지 한스는 고향을 떠나 광산에서 광부 노릇을 하고, 후에는 시의회원까지 되는 출세를 했다. 그의 어머니는 독실한 기독교인으로 자녀 교육에 엄격한 분이었다. 루터는 어렸을 때 남의 호두 열매 한 개를 훔친 벌로 피가 나도록 매를 맞아, 그 결과 어머니가 무서워서 수도원에 도망쳤다고 고백했다.

18세에 독일 최고 학부인 에르푸르트 대학에 입학하여 철학과 고전 연구에 몰두했다. 그 후 법률가가 되기를 원하는 부친의 뜻을 따라 법률 공부를 시작하였으나 취미가 없어 두 달 만에 그만두었다. 루터는 웅변가인 동시에 음악을 잘해서 '음악가'라는 별명을 들었으며 학생들 사이에서 인기가 높았다. 학생시절 그가 거리를 지나가며 부르는 노랫소리는 듣는 사람을 감동시켰다고 한다. 어느 날 친구와 함께 길을 가다가 갑자기 천둥번개와 함께 세찬 소나기가 쏟아지자 혼비백산한 그는 땅에 엎드려 그가 존중하는 광부의 수호신을 부르며 "거룩하신 안나여, 구원하소서! 좋은 수도사가 되겠습니다" 하고 서원하였다. 또한 함께 있던 친구가 곁에서 벼락 맞아 죽자 인생의 허무를 느낀 루터는 어거스틴 수도원에 들어가게 된다.

수도원에서 노동, 탁발, 고행 등을 하면서 원장 슈타우피츠에게서 "사람은 신의 은총이 아니면 자기 힘으로는 구원을 얻지 못한다"는 사상을 배워 마음에 위로를 받았고, 안수를 받고 교직자가 되었으며, 후에 신학박사 학위도 받았다.

1508년 어느 날, 어거스틴 수도원 밀실에서 독서와 명상하는 중에 로마서 1장 17절의 "오직 의인은 믿음으로 말미암아 살리라"는 말씀에서 그리스도에 대한 절대 신뢰를 깨달았고, 이 깨달음이 루터 일생의 메시지로 느껴져 오랜 고민에서 벗어나 광명을 얻었다.

1511년 10월에는 처음으로 로마에 순례차 갔다가, 유명한 빌라도의 계단 28개 층을 남들이 하는 대로 자기도 무릎으로 올라가다가 중도에서 "의인은 믿음으로 산다"는 마음의 소리를 듣고 벌떡 일어서서 올라가기를 중단했다. 이 계단에서 일어선 사람은 역사상 루터 한 사람밖에 없다.

그 당시 로마 교황 레오 10세는 성 베드로 교회를 증축하는 데 막대한 비용이 모자라자 유럽 일대에 수도승들을 파견하여 속죄권을 팔아 교회 건축 비용에 보충하려 했다. 도미니크회 수도사 요한 테첼이 비텐베르크에 와서 속죄권을 판매하는 것을 보고 루터는 분개하여 1517년 10월 31일 12시에 비텐베르크 교회 대문에다가 교황과 속죄권에 반대하는 95개조 선언문을 써서

붙이고 정면 도전했다.

이 소식이 삽시간에 전 독일에 퍼져 종교개혁의 기운을 부채질했다. 로마 교황 당국자는 루터를 순교자 허스와 같은 이단자로 몰고 웚스회의에 호출해서 저서를 취소하라고 강요했다. 그러나 루터는 "나는 양심을 어기고 아무것도 취소할 수 없다. 나는 이곳에 섰다(Here I Stand). 하나님이여 도우소서" 하고 맞섰다.

풍전등화같이 위태로운 루터의 생명을 색슨 후작이 기사를 보내어 구출했다. 그 후 루터는 바르트부르크 성에 숨어 있으면서 이미 불타오른 종교개혁을 의식하면서 여러 가지 저작을 하였는데, 그중에서도 3개월 동안 신약전서를 통속적 독일어로 번역한 일은 그의 큰 공적이었다. 이로써 독일어에 항구적 문학적 형식을 주게 되었고, 또 그 시대 지방 사투리의 혼란을 공통 표준어로 통일시키는 기반을 세웠다. 그는 다시 구약성경을 히브리어에서 번역하기도 했다. 이로써 루터의 명성은 더욱 높아졌다.

루터는 그의 복음운동에 자극 받고 수도원에서 탈출한 아홉 명의 수녀 중에서 보라와 결혼하고, 5남매를 낳았다. 그의 복음운동은 북 독일 전부와 프랑스, 스웨덴까지 퍼져 갔다.

그는 최후까지 문필로써 로마 교황청과 싸우다가 1546년 2월 18일 63세로 세상을 떠났다. 임종하는 머리맡에서 제자들이 "스승이여, 당신은 그리스도의 가르침과 스승 자신의 교리를 고수합니까?" 하고 묻자 "그렇다!" 하고 눈을 감았다. 그의 유해는 95개조 항의문이 게시됐던 비텐베르크 교회에 매장되었다.

영성

루터는 그리스도의 십자가를 '희생'과 '모범'으로 이해하였다. 그리스도의 희생은 '나를 위하여' 그리고 '우리를 위하여' 대신해서 당하신 고난이다. 즉 "그리스도의 수난 이야기를 듣거나, 명상하거나, 읽을 때에 그리스도와 함께 울고, 떨고, 고통당하고 괴로워해야 한다"는 것이다. 우리가 그리스도를 만드는 것이 아니라 하나님이 우리를 그리스도 닮게 인도하시기 때문이다.

수도원 시절 루터는 구원을 얻기 위해 가혹한 금욕주의적 경건훈련을 실시하였다. 그는 금식과 자선, 기도, 철야 고행 등을 통해 자신의 구원을 완성하려고 노력하였다. 그는 동료들로부터 "경건의 기적"을 이룬 "젊은 성자(聖者)"로 불릴 정도로 수도에 정진하였다. 루터의 경건훈련의 목적은 구원을 전제로 한 것이었다. 그러나 루터는 신비주의를 통해 자기의 마음 깊은 곳을 바라보았을 때 하나님을 발견하지 못하고 자신의 이기심만 발견하게 되었다.

루터는 종교개혁사상 초기에는 신비주의의 영향을 받았지만 후에는 구원의 길을 추구하는 데 있어서 신비의 길을 버리고 신앙의 길을 택하였다. 그 이유는 신비와 신앙은 각기 다른 길과 목표가 있기 때문이다. 첫째, 신비주의에서는 죄를 이기심, 자기애(自己愛) 등으로 보았는데, 루터는 하나님께 대한 불순종을 죄로 여겼다. 둘째, 신비주의에서는 그리스도의 중재적 사역이 약화되었으나 루터의 신학 기반은 "오직 믿음으로"다. 은혜 자체는 하나님의 것이다. 믿음 자체도 하나님이 주시는 것이다. 셋째, 신비주의에서는 하나님과 인간의 질적 합일을 추구하는데, 루터는 인간과 신의 질적 차이와 간격의 차이를 주장한다. 넷째, 신비주의의 위험은 기독교 역사를 신화로 변절시켜 버리는 것이었다. 하나님과 직접적 접촉으로 성서적 계시가 약화되고 그리스도의 수난 사건이 하나의 상징으로 화(化)해 버린다. 루터는 로마 가톨릭에 대항하는 한편 신비적 성령주의자들에게도 대항하며 "오직 성서만으로"라는 명제를 강조하였다. 다섯째, 신비주의에서는 성례전적 은총과 교회의 역할과 교직제도가 과소평가되는 경향이 있었다. 그러나 루터는 성례전이나 교회의 역할을 결코 과소평가하지 않았다. 루터는 교회의 사람이었다.

영·성·의·향·기

1. 독서와 명상의 사람인 루터는 성서연구를 통하여 빗나간 구원의 진리를 성서적 진리로 회복시킨 개혁의 기수였다.
2. 신비의 길을 버리고 신앙을 택하였다. 특히 신비주의가 죄를 이기심, 자기애 등 윤리적 차원의 개념으로 보았을 때 그는 하나님께 대한 불순종을 죄의 시원으로 밝혔다.
3. 신비주의의 영향으로 기독교 역사를 신화로 변질시키는 것을 거부하는 한편 로마 가톨릭에 대항하여 "오직 성서만으로", "오직 믿음만으로"란 기독교 역사를 전환시키는 위대한 개혁을 수행했다.

생·활·의·적·용

1. 성경을 읽고 묵상하는 시간을 규칙적으로 가져 진리의 기쁨을 발견하자.
2. 구원의 근거를 말씀에 입각하고 있는지 확인하고, 감사한 마음에서 비롯된 경건생활로 나아가자.
3. 내 인생에 역사적 전환점을 가져올 만한 믿음의 역사를 체험하자.

존 칼빈 John Carvin
1509~1564

"영원부터 만물을 창조하신 하나님 속에 감취었던 비밀의 경륜이 어떠한 것을 드러내게 하려 하심이라 이는 이제 교회로 말미암아 하늘에서 정사와 권세들에게 하나님의 각종 지혜를 알게 하려 하심이니 곧 영원부터 우리 주 그리스도 예수 안에서 예정하신 뜻대로 하신 것이라"(에베소서 3:9~11)

생애

존 칼빈은 1509년 7월 10일, 북부 프랑스 피칼디주 노와이온 시에서 교회의 서기와 회계를 맡은 제라르 코반의 아들로 태어났다. 칼빈은 아버지에게서 지식욕과 조직적 두뇌를 물려받았고, 어머니에게 경건한 영성을 물려받았다. 부유하고 다복한 가정에서 자란 칼빈은 귀족의 자녀들과 함께 공부하여 그의 성격과 품위는 다른 개혁자 루터나 츠빙글리와는 다른 점이 있었다.

그는 파리에 유학 가서도 귀족의 자제들과 같은 대학에서 공부했다. 논리, 철학, 신학 등을 공부하는 동안 그는 총명하고 조숙하며 변론에서도 의사표시가 정확하여 교수와 학생들의 총애를 받았고, 루터의 영향을 많이 받아

종교경험 이후 교회를 그 본래의 순결로 회복시킬 사명을 받은 줄로 믿어진 인물이다.

칼빈은 몬케그 대학으로 옮겨가서 4년간 철학을 전공하고 문학사 학위를 받았는데, 그곳에서 우연히 예수회 창설자로 유명한 이냐시오 로욜라와 만났다. 그러나 그들은 후에 하나는 가톨릭 절대 옹호자로, 하나는 개혁 신학자로 적대의 길로 갈라졌다.

1532년 칼빈은 오를레앙으로 이전하여 대학 학사 감사의 대리직을 1년 동안 맡아 보았는데, 그 동안 그는 자신을 하나님께 헌신할 것을 결심하였다. 자기의 평생 사업은 인문주의 학문도 아니고, 법학도 아닌, 다만 하나님께서 지시하시는 것을 무엇이나 할 용의를 갖추는 회심의 기간이었다.

이듬해부터 그는 열렬한 복음주의 신앙을 공표하며 행동했다. 그는 로마교회를 기만과 모순된 기관이라고 보고, 따라서 그 교회와 갈라지는 것이 불가피하다고 생각했다.

당시 국왕 프랑소아 1세가 개신교의 박해자로 변절한 이후 칼빈은 프랑스 국경을 넘어서 스위스의 바젤로 피신했다. 그 동안 프랑스에서는 충직하고 거룩한 신도들이 화형에 처해져 순교를 많이 당했다.

1536년 3월, 칼빈은 27세의 나이에 그의 유명한 대작「기독교 강요」를 출판하였다. 이 책은 그가 체득한 깊은 신앙 경험에 준하여 이루어진 것이다. 이 책이 프랑스 왕 프랑소아 1세에게 헌정되면서 신교도에 대한 정치적 관용을 호소하는 데 매개가 된 사실은 의미 깊은 일이었다.

칼빈은 이 책 출판 후에 더 숨어서 공부하려고 스트라스부르에 가던 도중 제네바에서 하늘로부터 내리는 힘에 붙잡히고 말았다. 이 소명의 날부터 칼빈에게는 영적 전투가 맡겨졌다. 그는 고요히 숨어 은거하기를 사랑하는 평화의 사람으로 싸움을 피하고 꺼려했지만, 이 같은 성격임에도 불구하고 영적 전투를 계속하지 않을 수 없었다.

제네바 공화국은 칼빈을 성서교사로 초빙하여, 그는 매 주일 설교하고,

「기독교 강요」를 프랑스어로 번역하면서 시민들의 일상생활이 신조에 부합되도록 지도에 노력했다.

불경건한 시민은 징계하고, 사교댄스는 엄금되고, 도박장을 경영하는 자는 골패를 목에 걸고 거리로 끌고 다녔고, 사치스러운 화장을 시킨 미용사는 감금당하고, 간음한 남녀는 함께 끌려가 거리를 돌고 시외로 추방당했다.

이 같은 일이 처음에는 환영을 받았으나, 후에는 반동세력이 강해져서 오히려 칼빈이 동지들과 함께 추방당했다. 칼빈은 유랑생활 중에 이델레타 데 부레와 결혼하고 가정의 위로를 받았다. 그 여자는 친구의 미망인으로 남매의 자녀를 거느리고 칼빈과 결혼하였으나 정숙하고 경건한 내조자였다.

1541년 칼빈은 한때 추방당했던 제네바 정부와 시민의 열광적 환영을 받으며 다시 돌아왔다. 그의 나이 32세의 청년이었다. 제네바에 돌아온 후 교회의 조직과 훈련, 치리에 힘쓰는 한편 신학적 대적과 논쟁을 했다. 셀베드와도 신학적 논쟁을 하였는데 셀베드는 화형에 처해졌다. 그 후 제네바는 극히 평온하여 칼빈의 교리와 그 교회조직으로 지배되는 질서 있는 도시이자 복음주의 신앙의 피난처가 되어, 유럽 각국에서 망명객들이 몰려와 그 수가 날로 더했다. 그들에게 특수한 보호와 특권을 부여하는 법령도 제정되었다.

1564년 4월, 칼빈은 과로로 병상에 누운 뒤 다시 일어날 수 없을 것을 알고, 유언서를 작성하였다. 28일에는 제네바 교직자를 전부 모으고, "나의 사후에도 사업을 굳게 지속하라" 부탁하고, 5월 27일 고요히 눈을 감고 하나님 나라로 갔다. 그의 동료 파렐에게 보낸 최후의 편지에는 "그리스도, 사나 죽으나 그리스도! 그에게 있어서는 삶이나 죽음이나 다 유익한 것이오"라고 고백하였다.

영성

1) 칼빈의 성경관

"누구든지 성경을 바로 읽지 않고서는 참되고 올바른 가르침을 알 수 없다." 칼빈에 의하면 교회가 할 수 있는 것은 유일한 진리이신 그리스도에 의해 항상 인도되고 새로워지도록 자신을 내맡기는 일이라고 하였다. 그리스도는 성령으로서 역사하시므로 교회는 항상 움직이고 성장하고 새로워져야 한다는 것이다.

2) 칼빈의 핵심사상

칼빈은 다른 신학자들처럼 단순한 사변가가 아니다. 그가 1536년 불후의 명작「기독교 강요」를 완성한 것은 기독교를 올바른 궤도에 올려놓기 위한 실천적인 것이지 사변적인 신학사상을 저술한 것은 아니다. 그의 핵심사상이라고 일컬어지는「예정론」도 성경과 그의 종교적인 체험을 토대로 하여 오직 하나님만이 구원의 주인공이라는 사실을 주장한 것이다. "나의 구원은 하나님께로부터 오며, 하나님의 은총으로 말미암은 것이다. 구원의 최종적인 원천은 인간을 죽음에서 건지기를 원하시는 하나님의 뜻에 달려 있다." 그는 그리스도 안에서 하나님의 은총으로 구원받을 사람과 그 은총에 참여하지 못할 사람을 구분하는 예정설을 주장했는데 다음과 같다.

"예정은 하나님의 영원하신 제정을 의미한다. 하나님은 모든 사람들에게 일어날 것을 당신께서 원하는 대로 결정하셨다. 만물은 동일한 조건으로 창조된 것이 아니다. 어떤 사람은 영생으로 예정되고, 어떤 사람은 영원한 파멸로 예정되었다. 인간은 이 둘 중의 하나로 창조되었다."

3) 칼빈의 회심과 제네바 신조

1529년 칼빈은 그의 나이 20세에 회심을 체험했다. "나는 보았다. ······ 마치 빛이 내 위에 막 쏟아져 비치는 것같이······ 나는 내가 지금까지 얼마나 오류의 돼지우리 속에서 뒹굴고 있었는가를, 그리고 내가 얼마나 부정하고 더러워졌는가를 밝히 보았다. 내가 빠져 들어간 그 비참한 상태에 대한 두려움 때문에 나는 한 시도 더 참을 수 없었다. 그리하여 나는 즉시 주님이 지시하시는 길을 걷게 되었다. 나는 후회와 눈물로 나의 과거를 저주하면서 여기서 떠났다." 이리하여 칼빈은 신앙인으로서 새 출발을 하게 된 것이다.

칼빈은 놀라운 하나님의 섭리에 붙잡혔다. 그 결과 순수한 학자인 그가 제네바에서 자유·질서·훈련 세 가지 점에 유의하며 그를 동지로 강청한 파렐과 함께 제네바를 훌륭한 복음주의 도시로 만들기 위한 개혁 실천자가 되었다.

그는 1537년 성찬식의 집행과 여기 참여할 수 있는 신도의 자격을 엄격히 제한하여 도덕적·신앙적으로 흠이 있거나 회개치 않는 자를 참석치 못하게 하였다. 그는 '제네바 신조'를 공포하여 교회생활훈련에 대한 지침을 세웠다.

 영·성·의·향·기

1. 칼빈은 평신도 신학자로서 하나님의 섭리대로 자신을 맡겨 하나님이 쓰시는 대로 그 뜻을 따랐다.
2. 그는 하나님의 주권의식에 철두철미한 신앙을 가졌으므로 '예정론'을 통해서 하나님의 주권을 증거하였다.
3. 그는 "사나 죽으나 그리스도"를 외친 그리스도 중심의 인생을 살았다.
4. 한 도시를 복음주의 도시로 만든 신앙실천가였다.

 생·활·의·적·용

1. 나는 하나님이 구원해 주셨음을 확신하는가? 그렇다면 무엇으로 증거할 수 있는가?
2. 내게 있어서 그리스도는 어떤 위치에 계신가? 중심인가, 변두리인가?
3. 나는 우리 동네, 우리 지역을 복음주의 지역으로 만들려는 신앙적 비전을 품었는가?

블레이즈 파스칼 Blaise Pascal
1623~1662

"아버지여 내게 주신 자도 나 있는 곳에 나와 함께 있어 아버지께서 창세 전부터 나를 사랑하시므로 내게 주신 나의 영광을 저희로 보게 하시기를 원하옵나이다 의로우신 아버지여 세상이 아버지를 알지 못하여도 나는 아버지를 알았삽고 저희도 아버지께서 나를 보내신 줄 알았삽나이다" (요한복음 17:24~25)

생애

 수학자·물리학자·철학자인 블레이즈 파스칼은 1623년 6월 19일 프랑스의 중부지방인 클레르몽페랑에서 세무원장의 아들로 태어났다. 어머니는 경건한 신앙심과 자비심이 깊은 부인이었으나, 28세 때 어린 세 자녀를 남겨 두고 일찍 세상을 떠났다. 그의 어린 시절 이야기는 누이인 질베르트에 의해 전해진다. 허약한 체질 때문에 집에서 간호를 받아야 할 형편이었으므로 그는 정규교육을 받지 못했다. 대신 세 자녀에게 헌신적인 아버지로 인해 파리로 나와서 아버지에게 교육을 받았다.
 부친은 학문을 좋아한 학자로서 많은 학자들과 교제를 돈독히 하였다.

아이들에게 언어 공부를 먼저 시키면서 수학은 15세 이전에 가르쳐서는 안 된다고 생각하였다. 그러나 학문에서 수학을 제외시킨 것이 파스칼에게는 호기심을 불러일으켜 가정교사에게 기하학의 특성에 대해 질문하도록 했으며, 수학에 대한 아버지의 금지령과 가정교사의 도형에 대한 설명은 상승작용을 일으켜 몇 주 안에 기하학적 도형의 많은 성질을 이해하고 드디어는 삼각형의 내각의 합이 평각과 같다는 사실을 은밀히 발견했다. 파스칼은 뛰어난 재능의 소유자였고, 12세 때 혼자서 유크리드 기하학 정리 32까지 추론하였고, 16세 때 '원뿔곡선시론'을 발표하여 데카르트를 비롯한 많은 수학자들의 주목을 받았다.

21세 때 기압에 관한 토리첼리의 책에 관심을 갖고 '진공에 관한 새 실험'을 발표해서 아리스토텔레스의 권위에 기초한 '자연은 진공을 아주 싫어한다'는 전통 개념을 뒤집는 결과를 낳았다. 이는 유체정역학에 영향을 미쳤으며, 압력에 관한 원리인 '파스칼의 원리'를 발견하게 되었다. 이것은 오늘날 고등학교 물리시간에 널리 가르쳐지고 있다. 1651년 아버지의 죽음 이후 사교계에 잠시 드나들 때 노름꾼들의 제안으로 판돈을 분배하는 데 수학계의 확률론이라는 새 분야를 개척하기도 했다. 그러나 곧 사교계에 발을 끊고 금욕생활로 접어들었으며 1658년에는 적분법의 토대가 되는 '사이클로이드의 문제'를 완성하였고, 그 뒤 「그리스도교 변증론」을 집필하다가 지병으로 1662년 8월 19일 사망하였다.

영성

1646년 아버지의 삔 발목을 치료하다가 얀세니스트를 알게 된 것을 계기로 그와 가족들은 얀세니즘의 개혁운동에 참가하였는데, 이것을 파스칼 최초의 회심이라고 한다. 1651년 아버지의 죽음 이후 그는 잠시 상류사

교계에 드나들었으나 곧 그들과 교류를 끊고 금욕생활로 돌아갔다. 1654년 마차 사고에서 살아나는 기적을 겪었고, 그 해 11월 23일 밤 은총의 불을 경험하였는데 이를 결정적인 회심이라고 하며, 이때의 기록 〈메모리얼〉을 죽을 때까지 몸에 지니고 있었다. 1655년 1월 포르루아얄 수도원에서 은둔하였으며, M. 드 사시와 이야기를 나누어 「에피코테토스와 몽떼뉴에 관한 드 사시와의 대화」가 나오게 되었다. 당시 프랑스 가톨릭교회의 정치적 주도권을 잡고 있던 예수회(제수이트)와 포르루아얄파(얀세니스트) 사이에 신학 논쟁이 벌어졌는데, 파스칼도 그 논쟁에 가담하여 1656~57년 「시골 친구에게 보내는 편지(프로뱅시알)」의 〈제1의 편지〉에서 〈제18의 편지〉까지 여러 서한을 익명으로 간행하였다. 예수회의 타락한 도덕과 비양심적인 윤리관을 신랄하게 비판한 이 서한들은 출판되자 곧 로마 가톨릭교회의 금서록에 올랐으나 뒷날 프랑스어 문체 형성에 큰 영향을 끼쳤다.

그는 「그리스도교 변증론」을 집필하다가 죽었으나 1670년 동료들에 의해 「종교와 그 밖의 몇 가지 주제에 관한 파스칼의 사상(팡세)」이 출간되었다. 이 책의 주제는 크게 두 부분으로 나뉘는데 하나는 타락한 인간의 본성을 다룬 것이고, 다른 하나는 성서 속에 나타난 구세주의 존재를 증명한 것이다. 파스칼은 데카르트의 합리주의 사상과 다른 주체적·존재론적인 사고를 바탕으로 하는 실존주의사상을 추구하였다. 신앙적 입장은 주지주의(主知主義) 교의학(敎義學)이 갖는 교부철학(敎父哲學)과 다른 의지의 결단, 내면성을 중시하였으며, 그가 현대 가톨릭시즘의 선구자로 평가되는 계기가 되었다.

그가 1654년 이후부터 1662년 죽는 날까지 가지고 다니던 〈메모리얼〉, 곧 신앙선언문은 다음과 같은 것이었다.

"아브라함의 하나님, 이삭의 하나님, 야곱의 하나님.
철인과 현자의 하나님이 아니신 분. 안심, 감정, 환희, 그리고 평화!

예수 그리스도의 하나님!
내 아버지, 곧 너희 아버지. 내 하나님 곧 너희 하나님(요 20:17).
당신의 하나님이 곧 내 하나님(룻 1:16). 오직 하나님뿐.
세계와 일체의 망각.
다만 복음서에서 가르친 길에 의해서만 찾을 수 있는 하나님.
위대한 인간의 영혼이여.
의로우신 아버지여, 세상이 아버지를 알지 못하여도 나는 아버지께서 나를 보내신 줄 알았습니다(요 17:25).
환희, 환희, 환희, 눈물의 환희.
나는 지금까지 그와 떠나 있었도다.
나의 하나님, 어찌하여 나를 버리시나이까(마 27:46).
내가 영원히 당신에게서 떨어지지 않기를 원하나이다.
영생은 곧 유일하신 참 하나님과 그의 보내신 자 예수 그리스도를 아는 것이니이다(요 17:3).
예수 그리스도, 예수 그리스도.
나는 지금 그에게서 떠나 있었도다.
나는 그를 피하고, 그를 버리고, 그를 십자가에 달았도다.
원컨대 내가 영원히 그에게서 떠나지 않기를 바라나이다. 하나님은 다만 복음서 가운데 가르친 길에 의해서만 내 마음에 영존하시옵니다.
완전하고 유순한 자아 포기, 예수 그리스도 및 나의 지도자에 대한 완전한 복종.
땅 위의 근행의 하루에 대해 영원히 환희 있으라.
주의 말씀을 잊지 아니하리이다(시 119:16)."

파스칼의 하나님과의 만남은 인간학, 곧 인간 인식에서부터 시작한다. 인간의 위대함과 허무함을 통찰함으로 인간이 모순덩어리임을 지적한다.

인간의 양면성에 있어서 불확실, 오류, 불행, 공허 등으로 인간에 대한 비관적 인식을 갖고 뒤이어 하나의 새로운 인간 범주를 발견한다. 그것은 '사유'로서 인간의 존엄과 위대를 이룬다고 선언한다. 여기서 그가 말하는 '사유'는 완성으로서의 사유가 아니다. 그가 말하는 사유는 본질적으로 자신의 비참함에 대한 인식이며 나아가서는 인간의 전적인 비참함의 의식이다.

"인간은 자신의 비참함을 아는 점에서 위대하다. 나무는 자신의 비참함을 모른다. 그러므로 자신의 비참함을 아는 것은 비참한 일이다. 그러나 자신이 비참하다는 것을 아는 것은 곧 위대하다." 파스칼의 저 유명한 "생각하는 갈대"가 의미하는 것도 바로 이것이다.

안다는 것, 이것은 인간이 자신을 넘어서는 절대적인 우주 앞에서 깨어 있는 것, 즉 명철한 자아의식 그 이상도 이하도 아니다. 그런데 이 비참함의 의식은 어디서 오는가? 파스칼은 짐승은 인간과 다름없는 비참함을 가졌지만 이것 때문에 괴로워하지는 않는다고 말한다. 그것이 곧 그의 본성이고 자연의 상태이기 때문이란 것이다. 그렇다면 인간이 비참함을 의식한다는 사실은 위대함을 반증하는 것이 아니고 무엇이겠는가?

그래서 파스칼은 인간의 모순됨을 느끼며 탄식한다. 파스칼은 인간을 '비참'과 '위대'의 풀 수 없는 혼잡, 역설, 이중성의 극적 존재라고 본다. 그는 이렇게 인간에 대한 현상학적 고찰에서부터 출발하여 갖가지 이성적 해결을 시도한 결과 마침내 초이성적인 차원으로 넘어간다. 그리고 인간은 인간 자체로서 설명될 수도 없고 충족될 수도 없다고 한다. 철학에 절망한 파스칼은 신적인 빛에 호소하며, 그 빛을 이렇게 설명한다 :

"인간은 과거 위대와 행복의 상태에 있었다. 그러나 죄로 말미암아 이 상태에서 실추하였다. 만약 타락하지 않았다면 무죄 속에서 확실히 진리와 행복을 누렸을 것이고, 인간이 애당초 타락한 존재였다면 그에게는 진리와 행복의 아무런 관념도 없었을 것이다. 우리는 행복의 관념을 가지고 있지만 이에 도달할 수 없고, 진리의 영상을 느끼고 있지만 오직 허위만을 낳는다.

결국 이 신비, 가장 불가해한 신비(죄 및 죄의 전승)가 없다면 우리는 우리 자신에 대해 불가해한 것이 된다."

파스칼이 뜻하는 바는 극히 명백하다. "인간 안의 위대란 독단론자들이 생각하듯이 실제의 능력으로 주어진 것이 아니라, 이미 상실된 것에 대한 하나의 추억, 환영, 관념으로 남아 있을 뿐이다. 따라서 이것을 회복할 길 없는 인간으로서는 현실의 비참 속에 오직 공허한 향수만을 안고 허덕일 수밖에 없다. 비참, 이것만이 인간의 현실적인 모습이며, 그의 위대는 다른 차원에 속한다."

이런 설명을 통해서 볼 때 파스칼의 인간학은 엄격히 성서적 인간학과 일치하는 것을 알 수 있다. 처음에 그는 인간 현실을 비참과 위대, 어둠과 빛의 양면으로 관찰하며 모순의 원리를 설정하였다. 이것은 마치 인간을 상반되는 두 요소의 양립으로 보는 철학적 이원론과 동일한 것으로 보이게 할지도 모른다. 그러나 우리는 더 이상 환상을 가질 수 없다. 왜냐하면 이 이원론의 범주에 머무는 것을 거부한 데 파스칼의 인간학의 본질이 있다는 것을 알기 때문이다. 그는 철학이 인간이라는 한 주제 가운데 수평적으로 설정했던 두 개의 대립적 항목을 '은총'과 '자연'이라는 상이한 차원 위에 수직적으로 설정함으로써 기독교적 인간학에 합류하였다. 그에게 있어 "인간은 무한히 인간을 초월하는 존재"다. 인간의 인식에 있어서나 완성에 있어서나 하나님의 개입, 즉 자연 속에 임하는 은총의 개입을 절대적으로 요청하는 파스칼에 있어서 인간의 역사는 동시에 하나님의 역사가 되며, 그의 인간학은 절대자와의 관련하에 비로소 완성되는 것이다.

인간으로는 절대로 인간을 알 수 없다는 이와 같은 결론에서 이성과 신앙의 관계가 밝혀진다. 이성은 신앙을 설명할 수 있는 것도 아니고 신앙을 위한 필연적인 발판이 되는 것도 아니다. 다만 이성은 자신에 대한 변증법적 비판을 통해 자신을 부인하고 신앙에 복종할 것에 동의하는 것뿐이다. "이성의 부인, 이보다 더 이성에 합당한 것은 없다"라는 말의 뜻은 이와 같은 것이다.

이성의 부인이라 함은 전적인 부인의 뜻이 아니라, 이성이 자처하기를 즐기는 절대적인 기능에 대한 부인이다. 그리하여 진정한 이성의 능력을 깨달은 자는 "회의해야 할 때 회의하고 확신해야 할 때 확신하며 복종해야 할 때 복종할 줄 안다."

이성의 이와 같은 복종은 한편 논리와 질서를 초월한 '마음의 질서'가 있다는 확신에 의해 크게 밑받침되어 있다. 우리가 진리를 아는 것은 이성에 의해서만은 아니다. 가령 공간, 시간, 운동이 존재한다는 것과 같은 제일 원리는 마음의 인식이며, 이것은 이성적 추론에 못지않게 확실한 것이다. 실상 이성의 추리란 이와 같은 마음을 통한 직관적 원리 위에 비로소 가능한 것이 아닌가. 파스칼에 있어 이성은 이미 밝혀진 원리 위에서 이를 조정하고 추리를 이끌어나가는 방법적인 도구에 불과하며 그 자신으로서는 아무런 진리의 인식도 불가능하다. 진정한 인식은 오직 감정(본능)에 속해 있다. 즉 추리의 결과가 아닌 직접적이고 포괄적인 인식, 이 판이한 논리와 방법을 가진 마음을 통하여 우리는 신을 느끼고 신을 아는 것이다. "신을 느끼는 것은 마음이며, 이성이 아니다. 이것이 곧 신앙이다. 이성이 아니라 마음에 느껴지는 하나님이다."

다시 한번 밝혀두자. 여기서 마음이라 함은 허황된 감상적 도취나 신비주의적 열광이 아니다. 적어도 파스칼에 있어 그것은 확실한 인식의 수단이며, 이성의 타락은 이 마음을 신앙의 유일한 기관으로 만든 것이다. 따라서 마음을 통해 신에게서 신앙을 받은 자는 진정 행복할 뿐만 아니라 정당하게 확신하고 있다. 마음의 확신이 따르지 않은 신앙은 인위적인 것이며 구원을 위하여 무익하다. 그렇다면 이성을 통해 일할 수밖에 없는 우리는 모든 노력을 포기해야만 할 것인가? 아니다. 다만 노력의 성격이 달라진 것뿐이다. 이성을 통해서는 신앙을 줄 수 없을 뿐만 아니라 만약 줄 수 있었다면 이것은 신앙의 본질에 어긋난 것이 된다. 이제 이성은 자신에 대한 내면적 비판을 통해 모든 것을 판단하고자 하는 자신의 오만을 꺾으며 복종에 스스로 동의케

해야만 한다. 이것이야말로 이성의 진정한 의무며, 원죄에 대한 속죄다. 이때 비로소 신이 마음속에 신앙을 넣어주실 것을 우리는 기대할 수밖에 없다.

신앙으로 들어가는 데는 이성과 영감과 습관 등 세 길이 있다. 그러나 마음만이 신을 느낄 수가 있다. 이성은 신을 느끼지 못한다. 이것이 신앙의 본질이다. 신앙은 마음에 느껴지는 것이지, 이성에 느껴지는 것이 아니다.

그리고 신앙을 확립하는 것은 신앙의 습관이다. 우리가 죽음을 두려워하는 것은 습관의 힘에 의해 확립된 공포 때문이다. 이와 같이 부동의 신앙은 습관의 힘에 의하지 않으면 확립되지 않는다. 낙원 시대의 행복이 마음 안에 새겨져 있는 까닭에 현재의 비참함을 깨닫고 그 비참한 고통에 우는 동시에 죄를 통회하고 영원한 복을 찾는 것이다. 인간의 비참과 위대의 근원은 원죄에 있다.

 영·성·의·향·기

1. 파스칼은 인간의 현실을 비참과 위대, 어둠과 빛의 양면으로 관찰하며 인간 모순의 원리를 설명했다. 이것은 철학적 이원론과 다르다. '은총'과 '자연'의 관계를 수평과 수직의 체계로 설정하고 인간의 인식에서나 완성에 있어서나 신의 개입, 자연 속에 임하시는 은총의 개입을 절대적으로 요청하는 인간학을 수립하였다.
2. 이런 인간에 대한 그의 인식은 인간의 역사는 동시에 하나님의 역사가 되며 인간은 절대자인 하나님의 은총을 받음으로써 비로소 행복에 이를 수 있음을 천명하였다.
3. "인간의 위대는 자신의 비참함을 아는 점에서 위대하다." 우주 가운데 인간만이 자신의 비참함을 아는 존재라는 파스칼의 선언은 절망 중에서도 우리를 겸손하게 한다.

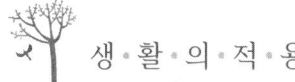 생·활·의·적·용

1. 그리스도 안에서 내가 무엇이든지 할 수 있다는 긍정적인 자긍심이 앞서서 때때로 내 자신이 비참함을 알아야 할 모순투성이의 존재라는 인식을 소홀히 여기고 있지 않은가 생각해 본다.
2. 파스칼이 인간의 인식문제에 많은 정열을 쏟은 만큼 하나님을 아는 데 많은 시간을 사용하자. 나를 아는 것은 알수록 절망이지만, 하나님에 대해서는 알수록 희망이 생기기 때문이다.
3. 하나님을 인식할 수 있는 것이 마음이라 하였다. 그렇다면 마음가짐을 어떻게 갖는 것이 항상 하나님을 느낄 수 있는 것인지 마음의 훈련에 더 정진하자.

존 번연 John Bunyan
1628~1688

"미쁘다 이 말이여 모든 사람들이 받을 만하도다 이를 위하여 우리가 수고하고 진력하는 것은 우리 소망을 살아 계신 하나님께 둠이니 곧 모든 사람 특히 믿는 자들의 구주시라 네가 이것들을 명하고 가르치라 누구든지 네 연소함을 업신여기지 못하게 하고 오직 말과 행실과 사랑과 믿음과 정절에 대하여 믿는 자에게 본이 되어 내가 이를 때까지 읽는 것과 권하는 것과 가르치는 것에 착념(着念)하라 네 속에 있는 은사 곧 장로의 회에서 안수 받을 때에 예언으로 말미암아 받는 것을 조심 없이 말며 이 모든 일에 전심전력하여 너의 진보를 모든 사람에게 나타나게 하라 네가 네 자신과 가르침을 삼가 이 일을 계속하라 이것을 행함으로 네 자신과 네게 듣는 자를 구원하리라"
(디모데전서 4:9~16)

❦ 생애

비천한 사람이었으나 성경 다음으로 많이 읽히는 「천로역정」(The Pilgrim's progress)을 쓴 존 번연은 영국 청교도가 낳은 가장 천재적인 문인이요, 목사로서 감옥을 자기 집 드나들 듯하며 진실된 복음을 전파하기에 무진 애를 썼다. 땜장이의 아들로 태어나 주위의 멸시를 받으면서도 성자에 가까운 경건의 삶을 산 사람이다.

그는 1628년 영국 베드포드의 한 작은 고을 엘베토에서 태어났다. 그의 생애는 내란, 공화정, 왕정복고의 어려운 시기를 두루 걸쳤다. 파란만장한 생애였으며, 명예혁명 전날 밤에 60 평생의 일기를 마친다.

존 번연의 부친은 땜장이였으며, 번연 자신도 땜장이였다. 그는 일찍이 17세에 크롬웰 군대에서 군인생활을 한 일도 있고, 비국교도파인 침례교의 설교자였다. 국교파의 모함으로 베드포드 감옥에서 12년 동안이나 생활하면서 구두끈의 쇠를 만들어 생계를 유지하였다. 감옥에서 석방된 후에는 베드포드 교회의 목사가 되었는데 여기서 그는 16년 동안 근속하였다. 그 동안 번연은 세계적인 걸작「천로역정」을 저작케 된다(1672).

영성

존 번연의 사상을 결정지은 것은 크롬웰 휘하에서의 군대생활 때였다. 그 당시 번연과 같은 부대에 있던 동료 한 사람이 전쟁 중에 날아오는 총탄에 맞아 쓰러지게 되었다. 눈앞에서 죽음을 목격한 번연은 크게 충격을 받고 앞으로 자기의 생명은 특별한 사람을 위하여 바쳐야 되겠다는 굳은 결심을 하였다.

번연은 1647년 제대 후 1649년 사이에 메리와 결혼한다. 그녀가 혼숫감으로 가져온 것은「평민의 천국 길」과「믿음과 행위」란 단 두 권의 책이었다. 번연은 이 책을 읽으면서 고통을 느꼈지만, 크게 감동되어 회개하고 나쁜 습관을 고쳐갔다. 그러나 아내의 헌신적인 사랑과 기도에도 불구하고 어렸을 때 받은 상처들을 극복하지 못했다. 설교를 들은 다음은 늘 죄책감이 뒤따랐다.

어느 안식일 오후 번연은 어느 때와 같이 친구들과 어울리기 위해 집을 나섰다. 그리고 공터에서 친구와 게임을 하기 위해 막대기를 잡는 순간 갑자기 공중에서 크리스토퍼 홀 목사의 찢어지는 듯한 설교소리가 들려왔다. 그는 이 메아리치는 뜻하지 않은 소리로 온 몸이 완전히 위축되어 버렸다. 그는 말하기를 "하늘에서 두 번째 들려오는 목소리는 내 영혼에 화살같이 날아와 '너는 죄악에서 떠나 하늘에 속하여라. 그러잖으면 지옥에 떨어질 것이다' 라고 외쳤다. 나는 이 목소리를 듣고 하도 당황하여 어쩔 줄을 몰랐다." 그는 즉시 친구들을 떠났다. "나는 예수께서 나를 긍휼히 여기시는 것을 분명히 알 수 있었다"고 술회했다. 이것을 계기로 존 번연의 성격은 급변하였다. 이 결과 "나는 가장 큰 죄인인 것을 알게 되었으며, 내 영혼이 주께 사로잡혀 있음을 깨닫게 되었다"고 말했다.

그의 회심은 이렇게 해서 이루어졌다. 그러나 그가 이 회심을 통해서 거듭난 것은 아니었다. 여전히 술자리와 춤추는 밤을 끊지 못했다.

그러나 그에게 거듭되는 하늘의 음성은 그의 타락된 생활을 변화시켰다. 그가 체험한 하나님의 음성들은 이런 것이다. "내가 살고 있기 때문에 너도 또한 살고 있는 것이다", "너는 그의 십자가의 피로 말미암아 평화를 얻었다", "그는 죽음으로써 죽음의 노예가 된 자를 두려움에서 건져주셨다", "내가 너를 영원히 사랑한다."

그는 이런 음성을 듣고도 '그리스도의 피가 내 영혼을 구원하기에 과연 충분할까?' 하고 낙심하기도 했다. 그러나 주님은 더 많은 음성을 그에게 들려주셨다. 결국 가슴 깊이 깔려 있던 의심의 안개가 걷히고 시험은 물러갔다. 그래서 그는 "그리하여 나는 그리스도를 통한 하나님의 평화 속에서 행복하게 살아갔다"고 고백하게 된다. 다른 한편 그는 구원에 대한 진리를 성경에서 깨닫고자 하였으나 그것도 좀처럼 되지 않았다. 그러자 하나님은 그의 눈이 하나님의 아들을 볼 수 있도록 그를 불 아궁이에 던져서 일곱 번이나 연단시키셨다. 그리하여 그는 드디어 인간의 행위에서가 아니라 오직 그리스도에 의해서만 구원받을 수 있음을 분명히 깨닫게 되었다.

1655년부터는 교회집사로 임명되고 자기가 깨달은 진리와 함께 받은 은혜를 사람들에게 증거하기 시작했다. 호사다마란 말과 같이 그를 극진히 섬기던 아내가 세상을 먼저 떠났다. 그는 4남매의 어머니 노릇까지 하면서 열심히 설교했다. 참으로 열심히 했다. 그는 이런 고백을 했다. "내가 설교를 하게 되면 하나님께서 영혼을 구원하시기 위해 능력의 말씀을 주셨다."

존 번연을 지극히 아끼던 기퍼드 목사도 세상을 떠났다. 생전에 기퍼드 목사가 존 번연을 가리켜 했던 유명한 말은 "번연은 하늘의 대학을 나온 사람"이란 말이었다. 존 번연은 바로 이 진리를 고집하다가 옥에 갇히는 세월이 길었다. 드디어는 옥중에서 저 유명한 「천로역정」을 쓰게 되었다.

프라우데라는 사람은 말하기를 "성경만 통달하면 훌륭한 문학자가 될 수 있다. 「천로역정」에는 성경의 각 부분과 사상과 지식이 잘 포함되어 있는데 바로 존 번연이 이 말이 진리임을 증명한 사람이다"라고 하였다. 어떤 사람은 그를 제2의 바울이라고 하였다. 그는 설교집, 자서전 등 도합 60여 권의 책을 세상에 내놓고 1688년 어느 사이가 나쁜 부자(父子)관계를 화해시키고 돌아오다가 폭풍우를 만나 독감에 걸려 세상을 떠났다.

그는 청교도 중의 청교도, 하나님을 향해 불타는 사랑과 신앙과 말씀의 깊은 묵상으로 살아가던 영성의 사람이었다.

영·성·의·향·기

1. 땜장이요, 춤꾼이요, 놀이꾼이요, 의심쟁이요, 고집불통이었던 번연도 하나님은 위대한 기독교 진리의 성자요, 성경박사요, 불타는 신자로 바꾸어놓으셨다.
2. 진리를 위해 목숨을 내놓는 사람에게서 위대한 영성의 발자취가 남는다.
3. 성경의 통달은 학문이 없던 사람도 위대한 문학가가 될 수 있게 한다.

생·활·의·적·용

1. 시련은 위대한 사람을 낳는다. 지금 내가 시련을 겪고 있다 해서 낙심 말라. 위기는 또 다른 기회임을 생각하라.
2. 학문과 성경에 무식함을 탄식하지 말라. 당신이 진리를 깨닫기를 사모하면 주님은 음성을 들려주시며 직접 가르쳐주신다. 주의 음성 듣기를 사모하라.
3. 자꾸 신앙의 글을 써라. 위대한 메시지를 발견할 것이다. 그것을 번연처럼 목숨 걸고 전파하라. 위대한 능력이 나타날 것이다.

친첸도르프 Ludwig von Zinzendorf
1700~1760

"내가 그리스도와 함께 십자가에 못 박혔나니 그런즉 이제는 내가 산 것이 아니요 오직 내 안에 그리스도께서 사신 것이라 이제 내가 육체 가운데 사는 것은 나를 사랑하사 나를 위하여 자기 몸을 버리신 하나님의 아들을 믿는 믿음 안에서 사는 것이라" (갈라디아서 2:20)

출생과 성장

오직 그리스도의 이름과 그의 영광만을 위하여 산 모라비안교회의 지도자 친첸도르프는 1700~1760년 어간에 살았다. 작센 공화국 고관의 집안에서 태어났지만 부친은 그가 태어난 직후 세상을 떠났고, 모친은 어린 그를 할머니께 맡기고 다른 데 재혼했다. 할머니 손에서 자란 친첸도르프는 어려서부터 인생이 적막함을 아는 사람으로 자랐다. 그의 모친은 친첸도르프 출산 직후 남편을 잃고 성경책 속에 이렇게 기록해 두었다. "자비로우신 아버지 하나님께서 이 아이의 마음을 주장하사 그가 정직하고 바른 길을 걷게 하옵소서. 결코 죄가 그를 지배하지 않게 하시며, 그의 발걸음이 하나님의 말씀에 굳게 서게 하옵소서. 그리하면 그가 이제와 영원토록 행복할 것입니다."

할머니는 독일 경건파 지도자인 스페넬의 열심 있는 공명자였기 때문에 그는 어려서부터 경건한 신앙 분위기 속에서 성장했다. 따라서 당시 귀족사회의 부패한 분위기에 물들지 않고, 전심으로 그리스도를 사랑하고 그리스도에게 올리는 고백의 글을 쓰기도 했다.

10세부터 17세까지 경건파 프랑케가 창립한 학교에서 교육을 받았으며, 그로 인해 프랑케의 감화를 많이 받았다. 그 시절부터 그는 동급생들과 함께 '겨자씨단'이란 단체를 조직하고, 그곳에서 신앙적 우두머리 역할을 했다.

복음 전도를 위하여 일생을 주께 바치려는 것이 그의 본 뜻이었지만, 할머니와 가족들의 권면에 못이겨 장차 공직에 나설 준비로 비텐베르크 대학에 입학하여 법률 공부를 했다. 그러나 그는 틈만 있으면 신학 연구에 몰두하였다.

영성의 사람으로 변화

1719년부터 네덜란드와 프랑스를 두루 여행하는 도중에 '야센파(예수회와 대립한 엄격한 도덕 주장)' 사람들과 교제를 가졌다. 특히 이 여행에서 친첸도르프 생애에 큰 전환의 계기를 가져온 사건은 주셀돌프의 미술관에서 '에케 호모(이 사람을 보라)'라는 성화를 구경한 일이다.

십자가에 달려 피를 흘리는 예수님의 거룩한 화상 옆에 "나는 이 모든 일을 너를 위해 겪었다. 너는 나를 위해 무엇을 했느냐?"라고 쓴 글을 읽고 친첸도르프는 발이 떨어지지 않아 그 그림 앞에 엎드려 가슴이 찢어지는 듯한 감동을 받았으며, 그 성화 앞에서 회개하고 자기의 남은 여생을 완전히 주님께 바치기로 결심했던 것이다.

"산 신앙의 씨앗 하나는 역사적 지식 한 파운드보다 더 가치 있는 것이요, 사랑의 한 방울은 과학의 태평양보다 더 낫다"는 말대로 그는 신앙과 사랑에서 살기로 결심하고, 그리스도만 믿고, 그리스도만 사랑하고, 그리스도와 사귀고 봉사하는 기쁨을 느껴, 일체 모든 것을 그리스도의 이름과 영광만 위해서 살기로 했다.

여행에서 돌아온 후 친첸도르프는 친구의 권면으로 보헤미아와 모라비아에서 망명해온 두 가족을 자기 소유지에 받아들여 정착케 했다. 그들은 루터 이전의 개혁자인 존 후스의 정신과 신앙을 따르는 사람들로 신앙의 자유를 위해 친척과 고향을 버리고 이웃 나라에 망명해 와서 친첸도르프 소유지에 '헤른후트(Herrnhut : 주님의 보호)'라는 마을을 건설했다. 따라서 자연히 친첸도르프는 이들 모라비안파의 지도자가 됐다. 친첸도르프는 그들을 그리스도 안에 있는 형제들로 여기고 사랑했으며, 한 몸의 지체들로서 그들과 함께 살기를 원했다.

그들의 조직은 수도원적이고, 감독 1명 아래 12명의 장로가 있었다. 이 단체를 움직이는 정신은 예수님과의 친밀한 융합 일치요, 특히 그리스도의 고난과 죽음에 생각을 집중했다. 친첸도르프의, "나의 신학은 피의 신학이다. 우리 교회는 십자가의 교회다. 다른 사람들은 피 없는 은혜를 받았지만, 우리는 피 있는 은혜를 받았다"는 정신을 따라 그들은 열렬하였다.

조직은 10명씩 조를 짜서 한 지도자 밑에 살고, 자녀는 육아원에서 기르고, 세속과 타협하지 않고, 주의 부르심이면 세계 어디나 복음 선교를 위해 떠났다. 그 후 헤른후트에서 파송한 선교사는 10년 동안 600명이나 됐다. 그들은 벌의 둥지같이 헤른후트에 모였다가는 흩어지고 했다.

 영·성·의·향·기

1. 친첸도르프는 영성에 탁월한 감화력을 느끼는 영혼의 소유자였다. 성화 앞에서 남들이 느끼지 못하는 감동을 느끼며 회심한 그는 그리스도의 생애를 따르기로 결심하였다.
2. 세속의 좋은 여건을 버리고 고난과 고통이 동반되는 예수 그리스도만 따르는 길을 스스로 선택한 그는 분명히 거룩한 생활에 대한 가치를 존귀히 여기는 영적 사람이었다.
3. 자신의 소유와 자신을 그리스도를 전파하는 선교 사역에 바친 친첸도르프는 18세기의 사도였다.

 생·활·의·적·용

1. 나는 영적 감화력에 얼마나 예민하게 열려 있는 영혼인가? 세상에 민감한 영혼인가, 예수 그리스도에게 민감한 영혼인가?
2. 나는 영성의 생활을 얼마나 존귀하게 여기나? 그리스도만 따르기 위해 나를 얼마만큼 던지려고 몸부림치고 있는가?
3. 친첸도르프처럼 내 소유와 나 자신의 남은 생애를 선교 사역을 위해 바칠 수 있는가?

조나단 에드워드 Jonathan Edwards
1703~1757

"율법의 선생이 되려 하나 자기의 말하는 것이나 자기의 확증하는 것도 깨닫지 못하는도다" (디모데전서 1:7)

생애

18세기에 있어서 미국 대각성 운동의 선구자요, 우수한 형이상학적 철학자이며, 마지막 청교도인 조나단 에드워드는 1703년 미국의 코네티컷(Connecticut) 주 이스트윈저에서 회중교회 목사의 11남매 중에서 외아들로 태어났다. 그의 가정은 정통 청교도의 전통을 물려받아 신앙과 도덕적인 면에서 엄격했고, 생활은 성실과 검소하게 사는 것을 철칙으로 하였다. 그의 아버지는 청교도의 자손답게 언제나 넘치는 열성으로 60여 년 간의 목회를 훌륭하게 해낸 믿음의 사람이었다. 에드워드는 이렇듯 경건한 삶의 분위기 속에서 자라났다.

그는 예일 대학에서 공부했으며, 매사추세츠의 노샘프턴(Northampton)에 있는 교회에서 23년간 목회했다. 후에 그는 스톡브리지(Stockbridge)에 있는 인디언을 위해 선교사가 되었다.

1757년, 54세가 되던 해에 프린스턴 대학의 총장으로 오라는 부탁을 받았다. 그간 새로운 개척지에서 어렵게 목회하던 그는 억지로 끌려가다시피 하여 그곳의 총장직을 맡게 되었다. 그러나 5주일도 채 못 되어 당시 새로이 개발되어 임상단계에 있던 천연두 예방주사를 맞고 그 병에 걸려 지상에서의 삶을 마쳤다. 그는 마지막까지도 사랑하는 성도들에게 봉사하는 청교도적 삶을 보이며 자신의 몸을 실험대상으로 바쳤던 것이다. 하나님의 종으로서 사명에 대한 뜨거운 확신이 있었던 그는, 자신의 삶이 고통스러워도 절대 주권자이신 하나님의 뜻을 행하는 것이 가장 큰 기쁨이었기 때문이다.

하나님의 진실된 종 조나단 에드워드! 그는 죽기 전 침대 곁에 있는 딸들에게 "하나님을 의지하라. 그러면 두렵지 않을 것이다"라는 마지막 말을 남기고 조용히 눈을 감았다.

🌸 영성생활의 순례

일곱 살 되던 해의 어느 날, 그는 하나님과의 만남을 체험하였다. 그때부터 그는 자신의 영혼 구원과 하나님을 위하여 70가지의 신앙수칙을 세워 놓았다. 그중에서 가장 먼저 기록된 것은 첫째, 모든 사람은 자신이 아닌 하나님의 영광을 위해 살아야 한다는 것이다. 둘째는 다른 사람들이야 이를 행하든 말든 나는 꼭 할 것이라는 것이었다. 그래서 그는 하루에 다섯 번씩 은밀히 기도하며 계속적인 실천을 위하여 숲 속의 외진 곳에 기도의 오두막을 지었다. 그리고 그는 늘 선을 행하기에 힘쓰고 자신의 의를 세우기 위해 애썼다. 그러나 그의 이러한 행동은 결국 그를 바른 신앙에서 떠나게 하였다. 그는 그 사실을 나중에서야 깨닫게 되었다.

열세 살 되던 해 예일 대학에 입학한 그는 4년 후 수석으로 졸업하였다. 그는 라틴어, 히브리어, 헬라어 등에 능통하였고, 이미 그때 「날으는 거미들」이란 뛰어난 논문을 발표하여 주위 사람들을 놀라게 한 바 있었다. 모두 다 그의 신앙의 깊이나 학문의 천재성, 그리고 성실함을 들어, 그를 장래가 촉망되는 목회자나 교육자로 기대하고 있었다. 그러나 그의 마음속에는 말할 수 없는 고민이 있었다. 신앙적 열정이 식어버리고, 어린 시절에 하루 다섯 번씩 드리던 기도도 어느새 형식적으로 남아 있을 뿐이었다. 무엇보다도 선행에 대한 의욕이 많이 사라졌음을 알게 되었다. 그는 자신의 무력한 모습을 보면서 "이렇게도 내가 무능하다니! 기도하고 선행하는 것은 인간이 하는 것이 아니란 말인가? 인간은 로봇에 불과하단 말인가?" 그러나 하나님께서는 고뇌에 찬 그에게 디모데전서 1장 17절의 말씀을 주셨다. 그 말씀으로 그의 마음은 다시 기쁨으로 벅차오르기 시작하였다.

그는 놀라운 진리를 깨닫게 되었다. 그것은 하나님이 원하시는 수준의 삶은 내 힘으로는 가능하지 않고 오직 하나님의 도움으로만 가능하다는 하나님의 절대주권 사상이었다. 여기까지 깨달았을 때, 그는 땅에 엎드려 오랫동안 울고 또 울었다. 이제 그는 하나님의 주권 섭리를 이해하였고, 믿음은 강하게 되었다. 그는 주님께 이렇게 다짐하였다. "나는 나의 모든 것을 하나님께 드린다. 이제부터 나는 사람의 존영을 구하지 않는다. 나 자신은 아무런 권리가 없는 사람이기에 하나님만을 의지하리라."

그는 스물네 살까지 모교에서 강의하다가 목사로 안수받았다. 그리고는 외할아버지의 교회에 부목사로 부임하여 2년간 사역하였고, 외할아버지가 돌아가신 후에 담임목사가 되어 그곳에서 21년간 봉사하였다. 그의 엄청난 저작들은 모두 목회기간 동안 이루어진 것이다.

에드워드는 하루 열두 시간씩 성경을 연구하면서 목회에도 충실하였다. 그의 설교는 두 시간 이상이 보통이었다. 그는 한 손에는 원고를 움켜쥐고,

다른 한 손에는 촛불을 들고 외쳤다. 그는 음성을 높이거나 제스처도 없이 간절한 열정을 갖고 갈급한 사슴처럼 설교하였다. 즉 미국 땅에 대각성 운동이라고 불리는 대부흥 운동이 일어나기 시작한 것이다.

미국의 대각성 운동은 1734년 에드워드가 고린도전서 13장으로 말씀을 전할 때부터 시작되었다. 단지 200가구뿐인 에드워드의 작은 마을에서 무려 300명이 회개하고 그리스도를 영접하였다. 당시 청교도의 후손인 미국인들은 선조들의 신앙을 버렸고, 도덕적으로 타락하였다. 그로 인하여 교회마다 교인의 숫자는 줄어들고 경건의 모양은 있으나 경건의 능력은 없는 교회로 전락해 가고 있었다. 하지만 거의 동시에 전국에서 부흥 운동이 일어나고 교회마다 회개하고 부흥하는 일이 일어나게 되었다.

그의 설교 내용은 준엄하였다. 그는 사람들이 청교도 조상들의 신앙을 떠나 하나님을 사랑하지 않고 죄 속에 빠져 있음과 하나님께서 이를 영원한 형벌에 처할 것을 경고하였다. 그리고 인간의 구원은 하나님의 절대 주권과 그로부터 나오는 완전한 은총임을 전하였다. 에드워드는 바로 이 부흥 운동의 지도자였다. 그의 명백한 논리, 뜨거운 헌신, 영적 통찰력, 날카로운 메시지는 사람들의 마음을 쪼개었고 많은 이들을 주님께 돌아오도록 하였다.

「신앙과 정서」(Religious Affection)에서 발췌한 에드워드의 강론의 한 부분을 소개한다 : "만일 우리가 신앙에 열심을 품지 않거나 우리의 의지나 성품을 강하게 훈련하지 않으면 우리는 아무것도 아니다. 신앙의 중요성은 너무나 커서 반쪽의 헌신으로는 충분치 않다. 신앙에서만큼 우리의 마음상태가 중요한 곳은 아무 데도 없고, 신앙에서만큼 미지근한 것이 보기 싫은 곳도 아무 데도 없다. 참된 신앙은 능력 있는 것이다. 신앙의 힘은 먼저 우리의 마음 속에서 나타난다. 우리의 마음이 모든 신앙의 처소이기 때문이다. 그러므로 참된 신앙은 외적 형태 즉 단순한 '모양' 과는 대조적으로 '경건의 능력' 이라 불린다. '경건의 모양은 있으나 경건의 능력을 부인하는 자' (딤후 3:5)라는 말씀은 그것을 가르쳐준다. 하나님의 영은 건전하고 굳건한 신앙을 가진 사람들의 삶 속에서 역사하는 능력이 있고 거룩한 사랑의 영이다."

그 후 조지 휫필드에 의해서도 여기저기서 대단한 열정 속에 부흥 운동은 요원의 불길처럼 퍼져나갔다. 1724년이 대각성 운동의 제 1기였다면, 1740년은 조지 휫필드에 의하여 점화된 불꽃의 제 2기였다. 에드워드의 설교 '하나님의 진노와 손 안에 든 죄인'은 바로 이 시기에 유명해진 것이다. 이 부흥 운동은 사람들의 마음속에 하나님에 대한 경외와 그리스도로 인한 구원의 은총을 감사하게 하였다. 그러나 에드워드는 그것으로 만족하지 않았다. 그는 청교도들처럼 철저한 헌신과 절대주권자이신 하나님을 기쁘게 해드리기를 원했다. 그의 강직한 주장은 편안하게 생활하고 쉽게 믿기를 원하는 사람들에 의해 극심한 반발을 사게 되었고, 끝내 교회에서 쫓겨났다. 성찬식에 회개하지 않고 신앙 체험이 없는 이들의 참여를 허락하지 않은 일이 화근이 되어 사람들의 분노를 샀기 때문이었다.

철두철미한 하나님 중심의 사람 에드워드는 54세의 길지 않은 생애를 살았지만, 미국에 대각성 운동을 일으킨 영성의 사람이었다. 그의 뜨거운 신앙은 아직도 우리 곁에 남아 숨 쉬고 있다.

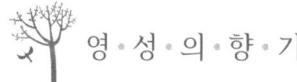 영·성·의·향·기

1. 일곱 살의 어린 나이에 하나님과의 만남을 체험하고 70가지 신앙수칙을 세워 놓고 행한 에드워드는, 하루에 다섯 번씩 기도에 힘쓰고 선행에 힘쓴 그 자체로 구원에 이르는 것은 아니었지만 영적 생활을 갈망하는 신자의 모델이 된다.
2. 식어진 신앙과 열정에 몸부림치는 에드워드, 그는 하나님의 절대주권 앞에서 자신의 모든 것을 하나님께 드리고, 사람의 존영이 아닌 하나님만을 의지하려는 회심으로 땅바닥에 엎드려 울며 회개하였다.
3. 하루에 12시간 성경공부, 2시간의 뜨거운 설교, 200가구의 마을에서 300여 명을 회개시킨 영성은 에드워드와 같이 하나님에 대한 절대충성, 거침없이 죄와 타락상을 지적하고 회개시키는 순결한 신앙의 사람이 아니고는 할 수 없는 일이다.

 생·활·의·적·용

1. 영성생활을 위해 오늘 좀더 애써야 하지 않겠는가? 나의 신앙수칙, 기도시간, 성경읽기 시간을 다시 정리하자.
2. 나는 주님 앞에 엎드려 눈물을 흘린 적이 언제인가? 우리에게서 눈물이 마른 것은 아닌가? 다시 눈물의 기도에 이르기까지 겸손히 엎드려보자.
3. 우유부단한 신앙은 아무런 영성 체험을 가져오지 못한다. 강한 신앙의 소유자가 되도록 스스로 일어서자.

존 웨슬리 John Wesley
1703~1791

"우리가 알거니와 무릇 율법이 말하는 바는 율법 아래 있는 자들에게 말하는 것이니 이는 모든 입을 막고 온 세상으로 하나님의 심판 아래 있게 하려 함이니라 그러므로 율법의 행위로 그의 앞에 의롭다 하심을 얻을 육체가 없나니 율법으로는 죄를 깨달음이니라 이제는 율법 외에 하나님의 한 의가 나타났으니 율법과 선지자들에게 증거를 받은 것이라 곧 예수 그리스도를 믿음으로 말미암아 모든 믿는 자에게 미치는 하나님의 의니 차별이 없느니라 모든 사람이 죄를 범하였으매 하나님의 영광에 이르지 못하더니 그리스도 예수 안에 있는 구속으로 말미암아 하나님의 은혜로 값없이 의롭다 하심을 얻은 자 되었느니라 이 예수를 하나님이 그의 피로 인하여 믿음으로 말미암는 화목 제물로 세우셨으니 이는 하나님께서 길이 참으시는 중에 전에 지은 죄를 간과하심으로 자기의 의로우심을 나타내려 하심이니 곧 이때에 자기의 의로우심을 나타내사 자기도 의로우시며 또한 예수 믿는 자를 의롭다 하려 하심이라 그런즉 자랑할 데가 어디뇨 있을 수가 없느니라 무슨 법으로냐 행위로냐 아니라 오직 믿음의 법으로니라 그러므로 사람이 의롭다 하심을 얻는 것은 율법의 행위에 있지 않고 믿음으로 되는 줄 우리가 인정하노라" (로마서 3:19~28)

생애

부패한 영국을 경건 운동으로 건진 감리교 창설자이자 평생에 42,000

번 설교한 존 웨슬리는 1703년 6월 13일 링컨 주 엡웟에서 가난한 목사의 아들로 태어났다. 그의 아버지 사무엘은 엡웟의 교구장으로 박봉에 많은 자녀를 거느리며 빚에 쪼들리는 생활을 했지만 훌륭한 목회자였다. 어머니 수산나는 청교도 목사 아네슬리의 스물다섯 번째 딸로 10대 소녀시절에 희랍어, 라틴어, 불어를 익힌 재원이었다. 그녀는 19세 때 사무엘과 결혼하여 19명의 자녀를 낳았는데, 존은 열다섯 번째 아이이며 아들로는 둘째고, 열일곱 번째가 셋째 아들 찰스였다.

1709년 2월 9일, 사무엘 목사 사택에서 화재가 났을 때 어린 존 웨슬리는 간신히 불 속에서 구출되었다. 그래서 그는 어른이 된 후에도 "나는 불 속에서 끄집어낸 그루터기다"라고 말했다.

존은 모친 수산나에게서 5세부터 알파벳, 구구단, 수학, 문법, 역사, 영어, 불어, 라틴어, 희랍어, 히브리어의 기초문법을 충분히 익히고 11세 때 명문 차터하우스에 입학했다. 존은 1719년 옥스퍼드의 크라이스처치에 입학했고, 공부를 마친 후 1725년 22세에 집사 안수를 받았다.

웨슬리는 1720년 옥스퍼드 대학에 입학하였다. 청년 시절에 그에게 가장 큰 감화를 끼친 이는 어머니 수산나였으며, 신비적 수도사 토마스 아 켐피스의 「그리스도를 본받아서」, 제레미 테일러의 「거룩한 죽음」, 윌리엄 로의 「엄숙한 소명」과 「크리스천의 완전」 등은 그를 깊은 사색으로 이끌었다. 이런 영향으로 그는 결국 완전한 헌신을 결심하게 됐다.

옥스퍼드에 머물고 있던 그는 풍부한 음식을 섭취하지 못하여 건강이 좋지 않았고, 밤마다 몸이 아파 고생하였다. 그는 체인 박사가 쓴 「건강과 장수를 누리는 책」을 읽고 섭양하는 방법을 배웠다. 그 후 46년이 지나 이렇게 회상했다. "하나님께서 하시는 방법은 얼마나 놀라운지 알 수 없다. 하나님은 어렸을 때부터 나를 철저히 보호해 주셨다. 체인 박사의 글을 읽은 후로 나는 음식을 절제해서 먹고 마셨다. 이것은 내가 건강을 유지하는 비결이었다. 그 후 나는 죄를 토하기 시작했다. 그러나 따뜻한 조지아의 기후가 이것을 고쳐주었다. 얼마 후 나는 열병으로 죽을 뻔했으나, 오히려 이로 인하여 건강이 좋아졌다. 11년 후 나는 폐병 3기가 되었다. 그러나 석 달이 지나자 그것도 완쾌되었다. 그 후로 나는 고통도, 아픔도 모르고 살았다. 지금 나는 40년 전보다 더 건강하다." 당시에 폐병 3기 환자가 다시 나았다는 것은 기적이 아닐 수 없었다.

존 웨슬리는 동생 찰스와 함께 옥스퍼드 대학 시절에 '홀리 클럽'이라는 모임을 만들었는데 존이 그 지도자였다. 처음 회원은 불과 4명뿐이었으나, 그들은 엄격한 규칙을 만들어 실행했고, 매일 성서를 읽고, 경건한 생활을 했기 때문에 주위의 친구들이 이들을 '메도디스트(규율가)'라는 별명으로 불렀다.

결국 이것이 후에 존 웨슬리가 일으킨 메도디스트 운동의 시작이요, 산실이 되었다. 그 무렵 영국의 도덕생활은 말할 수 없이 부패하여 퇴폐했고, 빈부의 차이가 심하여 사회는 혼돈 속에 있었다. 영국의 어린아이들은 "우리는 우리 아버지가 누구인지 알 수 없다"고 할 만큼 부녀자들의 성도덕은 타락했다.

18세기 이전의 영국 사회를 평하여 "영혼은 죽고, 밥주머니만 활발한 시대"라고 했다. 그런 속에서 일으킨 웨슬리의 경건 운동은 영국 교회를 건질 뿐만 아니라, 영국 사회를 건져낸 것이다.

1735년, 그의 부친이 세상을 떠난 뒤, 두 형제는 북미 조지아 주의 식민지 선교사로 가게 됐다. 대서양 항해 도중에 큰 폭풍우를 만나 배 안에 있는 모든 사람들이 죽음의 공포에 사로잡혀 있었는데도 모라비안파 교도들은 배 한구석에서 태연자약하게 찬미하며 예배하고 있는 광경을 보고, 존 웨슬리는 크게 감동되어 그 후 모라비안 교회를 자주 드나들며 많은 격려를 받고 배우기도 했다.

북미 선교가 실패로 돌아가자, 그는 본국으로 귀국했다. 1738년 어느 날, 런던 올더스게이트의 작은 집회에 참석했다가 그날 예배 인도자가 루터의 로마서 주석 서두를 낭독하는 소리를 듣다가 그는 전 심령이 죄에서 벗어나 그리스도 안에서 평안과 구원의 기쁨을 느끼는 체험을 가졌다.

그 이듬해인 1739년, 브리스톨에서 처음 야외설교를 하여 성공을 거두고 그는 비범한 조직능력으로 메도디스트파를 창설하였다.

그의 결혼생활은 매우 불행했으나 그 대신 종교 활동에 열을 올려 평균 일주일에 15회나 설교를 했고, 해마다 8,000km 여행을 다니며 전도했으며, 빈민 구제, 병자 위문, 감옥 방문을 통한 전도에도 힘썼다.

그는 생전에 391권의 저서를 남기고 복음전선에서 끝까지 활동하다가 1791년 3월 2일에 88세의 나이로 세상을 떠났다. 그는 "나의 교구는 전 세계다"라는 유명한 말을 남기기도 했다.

영성

웨슬리의 정신과 신앙에 큰 도움을 준 것은 토마스 아 켐피스(1380~1471)의 「그리스도를 본받아」란 책이었다. 그는 "나는 이 책을 읽고 참된 종교는 인간의 심령 속에 깊이 뿌리를 박고 있다는 사실과 하나님의 섭리의 손길은 인간의 언행뿐 아니라 사상에도 미친다는 것을 깨달았다"고 했다. 그는 이전에 모르고 있던 그리스도인의 '헌신과 성결의 도리'를 알게 되었다. 그가 훗날 쓴 「그리스도인의 완전론」의 기본 사상도 이 책의 영향을 많이 받았다. 이어서 그는 제레미 테일러(1613~1663)의 「거룩한 삶과 죽음」에서도 큰 감동을 받았다. 그는 이 책을 읽고 "내 생명 전체를 하나님께 바치기로 결심했다"고 했다. 그리고 테일러의 영향을 받아 그때부터 일기를 쓰기 시작했다. 그는 대학시절 새벽 4시에 일어나는 습관을 붙여 80세가 지나도록 기상 시간을 어긴 적이 없었다.

1735년 부친 사망 후 웨슬리 형제는 미국 조지아 주로 선교 여행을 떠났다. 웨슬리는 그곳에서 강한 금욕생활과 함께 엄격한 규칙생활을 하였으며 영성가들의 서적을 계속 읽으면서 연구와 실천에 전력하였다. 그러나 그가 목적한 미국 원주민 선교는 완전히 실패하고 심한 좌절감을 안은 채 2년 4개월 만에 런던으로 돌아오게 되었다. 조지아 주에서 돌아온 후, 항해 도중에 알게 된 모라비안 교도들, 특히 그들의 지도자 피터 빌러(Peter Böhler)와 사귐을 가지며 그들의 경건하고도 확고한 신앙에 접하고 있을 무렵이다. 1738년 5월 24일 저녁 올더스게이트 거리에 있는 그들의 한 집회소에 참석한 웨슬리는 그의 마음이 이상하게 뜨거워지는 경험을 하게 되었다. 웨슬리는 여기서 그리스도를 통한 하나님의 속죄의 은혜에 대한 확실한 체험을 하였다. 웨슬리의 신비주의와 내면적 영성생활에 대한 관심은 그의 종교 체험 이전뿐 아니라 그의 전 생애에 걸쳐 계속되고 있음을 볼 수 있다.

그날의 경험을 그는 일기에 이렇게 남겼다.

1738년 5월 24일(수)

오전 5시경 신약을 열고 "이로써 그 보배롭고 지극히 큰 약속을 우리에게 주사 이 약속으로 말미암아 너희로 정욕을 인하여 세상에서 썩어질 것을 피하여 신의 성품에 참예하는 자가 되게 하려 하셨으니"(벧후 1:4) 하는 말씀을 읽었다. 또 외출하기 전에 성경을 펴니 "너는 하늘나라에서 멀지 않았다"는 말씀이 나왔다. 하오에 성 바울 성당에 갔다. 그곳에서 찬송가를 들었다. 주여, 내가 깊은 곳에서 주께 부르짖사오니 주여, 내 목소리를 들으시옵소서. 귀를 기울이사 나의 부르짖는 소리를 들으옵소서. 주여, 만일 주께서 모든 불의를 주시하시면 누가 감히 주 앞에서 서리이까? 그러나 주께서 자비가 있으시매 사람들은 주를 경외하나이다. 이스라엘아, 주를 위하라. 주 안에 자비가 있으며 풍족한 구속이 있으니 이스라엘을 그 모든 죄로부터 구원하여 내시리로다.

저녁에 나는 올더스게이트 거리에서 모이는 집회에 별로 마음이 내키지 않았으나 그저 갔었다. 집회에서 어떤 사람이 루터의 〈로마서 서문〉을 읽었다. 9시 15분 전쯤 그가 하나님께서 그리스도를 믿는 신앙을 통하여 우리 마음속에서 역사하사 일으키시는 변화를 말할 때, 내 마음이 이상하게도 뜨거워지는 것을 느꼈다. 나는 그리스도를 의지하였다. 구원에 있어서 오직 그리스도만을 의지하였다. 그리하여 그리스도께서는 나 같은 죄인의 죄까지도 없이하시고 사망과 죄의 율법에서 나를 구원하셨다는 확신을 얻게 되었다.

그 후로 나는 나를 모욕하고 핍박하던 자를 위해 정성껏 기도하였다. 그리고 나는 그곳에 모인 사람들에게 내가 새로이 얻은 신앙 체험을 모두 말했다. 집에 돌아온 후 여러 가지 유혹이 나를 위협하였다. 그러나 소리를 치니까 다 달아났다. 그러나 그것들은 또다시 찾아왔다. 유혹이 올 때마다 하나님을 바라본즉 하나님께서는 그 성소로부터 도움을 보내주셨다. 여기서 나는 나의 과거 상태와 현재 상태가 서로 다름을 발견하였다. 과거에는 은혜 아래 있으면서도 또한 율법에게 속하였으므로 비록 전력을 다하여 싸웠을지라도 패한 때가 많았다. 그러나 지금 나는 늘 승리하는 자다.

웨슬리의 영성의 핵심은 '성화'와 '그리스도인의 완전'이라고 할 수 있다. 웨슬리는 신앙인의 삶, 즉 그리스도인의 영성적 삶을 완전을 향해 날마다 거룩하게 변해가는 성화의 과정으로 보았다. 그는 온전한 구원을 위해서는 의롭다 인정받는 데 그치지 않고, 실제로 의롭게 즉 성결되게 변해야 할 것을 강조했다.

웨슬리의 영성에 잊을 수 없는 말이 있다. "나는 메도디스트라고 불리는 교회가 유럽이나 미국에서 없어질까봐 염려하지 않는다. …… 그러나 내가 염려하는 것은 그 교회가 능력 없이 종교의 형태만 지닌 채 한갓 죽은 단체로 존재할까봐 염려한다. 만일 교회가 우리가 시작할 때에 지켰던 그 교리와 정신과 훈련을 굳게 지키지 않는다면 의심할 것 없이 그렇게 되고 말 것이다."

웨슬리에 의하면, 성화는 두 단계로 나누어진다. 첫째 단계는 초기의 성화로서, 우리가 거듭남으로 성화의 단계에 들어섰으나, 아직은 온전한 성화에 이르지 못한 영적인 상태를 말하며, 둘째 단계는 온전한 성화로서, 깊은 영적(하나님의 사랑) 체험에 의해서, 죄 된 생각으로부터 완전히 떠나고, 온전한 변화를 이루는 경지에 도달하는 것을 말한다. 웨슬리는 이 온전한 성화를 기독자의 완전이라 부르고, 모든 그리스도인은 이 온전한 성화, 즉 기독자의 완전으로 나가야 한다고 말했다.

성결한 자가 지켜야 할 조항은 다음과 같다. ① 자만하지 않도록 경계하여 기도할 것 ② 자만심의 열매인 열광을 경계할 것 ③ 도덕 무용론자를 주의하여 방종한 생활을 삼갈 것 ④ 게으름을 멀리할 것 ⑤ 하나님 이외의 것을 열망하지 말 것 ⑥ 그리스도 교회를 분열케 하는 당을 짓지 말 것 ⑦ 범사에 남의 모범이 되고 등불이 될 것.

 영·성·의·향·기

1. 존 웨슬리는 엄격한 목회자의 가정에서 자라 한평생 경건한 삶을 살았고, 그러면서도 뜨거운 열정으로 영국 사회를 구원한 복음주의적 영성을 지닌 사람이었다.
2. 학문과 성령의 충만함을 겸비한 영성의 사람이었다.
3. "세계는 나의 교구"라고 외칠 만큼 전도자의 열정으로 일생을 산 사람이다.
4. 42,000번의 설교와 391권의 저서를 남길 만큼 설교와 학문연구에 모범적인 인물이었다.

 생·활·의·적·용

1. 우리는 웨슬리의 후예답게 성령 충만한 삶을 사는가?
2. 나의 신앙적 규칙생활은 어떤가?
3. 사회구원을 위한 나의 참여의식은 어떤가?
4. 내가 남길 마지막 말은 무엇일까?

조지 휫필드 George Whitefield
1714~1770

"너희가 믿음에 있는가 너희 자신을 시험하고 너희 자신을 확증하라 예수 그리스도께서 너희 안에 계신 줄을 너희가 스스로 알지 못하느냐 그렇지 않으면 너희가 버리운 자니라" (고린도후서 13:5)

생애

기독교 역사상 위대한 설교자들 중 한 사람인 조지 휫필드는 1714년 영국 글로스터에서 태어났다. 글로스터는 개신교의 진리 수호를 위해 일생을 바친 믿음의 사람들이 많이 배출된 곳이었다. 가난한 집안에서 출생한 그는 어린 시절에 불량 청소년과 어울리며 카드놀이와 연애 이야기, 그리고 주일을 범하고 극장에 다니는 등 매우 어두운 생활을 하였다. 그래도 이따금 양심의 가책을 느끼면서 경건한 의지가 솟구치곤 하였다.

그는 글로스터에 살고 있었기 때문에 공립중학교에서 무상으로 좋은 교육의 혜택을 받게 되었다. 그는 공립중학교를 해마다 방문하는 시 자치위원들 앞에서 학생 대표로 연설할 정도로 웅변술과 기억력이 뛰어났다. 15세 때 휫필드는 학교를 떠나 어머니를 도우며 여관 일을 잠시 돌보기도 하였다. 그러나 동창생의 권유로 옥스퍼드에 진학할 마음을 갖고, 공립중학교에 복학하여 학업을 새로 시작하였다. 계속되는 하나님의 손길은 끊이지 않았고, 18세 때 마침내 옥스퍼드의 펨브록 대학에 근로 장학생으로 입학하였다. 그 후 하나님의 도우심 가운데 복음 전도자로서의 사명을 다 마치고 1770년 9월 29일 하나님의 품에 안기게 된다.

영성

옥스퍼드로의 진학은 휫필드의 생애에 큰 전환점이 되었다. 대학에 진학하기 전까지 그는 믿음의 확신과 경건의 훈련이 매우 약하였다. 그러나 펨브록 대학에 입학한 때부터 그의 확신들이 확고한 신앙으로 무르익게 되었다. 특히 훗날 최고의 감리교인으로 알려졌으며 '성경구락부'를 조직한 웨슬리 형제들과 교제를 나누며 복음주의적인 회심을 체험하게 되었다.

그 후 그는 맹목적인 신앙으로부터 해방되어 시 교도소를 찾아 죄수들에게 책을 읽어주는 등 남을 섬기는 일에 힘쓰게 되었다. 열린 마음으로 성경을 무릎 위에 놓고 읽고 묵상하며 될 수 있는 대로 성경말씀 한 줄 한 줄 읽을 때마다 기도하였다. 그것은 젊은 그의 영혼에 살이 되고 피가 되었다. 그의 영혼은 날마다 위에서 내리시는 새로운 생명의 빛과 힘을 얻었다. 그리스도의 복음이 주는 영광스러운 자유를 맛본 휫필드는 금욕주의, 율법주의 등을 단호히 배격하고 값없이 주시는 은혜의 교리에 마음 깊이 뿌리를 내리게 되었다. 이것은 쓰라린 갈등을 통해 얻은 값진 믿음의 자산이었다. 옥스퍼드의 작은 무리들 중에서 그처럼 신속하게 그리스도의 복음에 대해 명백한 견해를 확립한 사람은 없었다.

1736년 22세의 젊은 휫필드는 글로스터의 벤슨 주교로부터 성직의 임직을 받고, 그가 태어난 글로스터의 성 마리 레크립트 교회에서 첫 설교를 했다. 그 후 휫필드는 그 동안의 전도방식을 완전히 바꾸어 야외전도 방식을 채택하게 되었다. 왜냐하면 수많은 사람들이 예배에 참석하지도 않고 주일에 빈둥대거나 죄를 짓고 있었고, 설교조차 접할 수 없었기 때문이었다.

　그는 거룩하고 진취적인 정신으로 주 예수의 복음의 원리에 서서 잃어버린 양들을 찾아 나섰다. 그는 전도에 나가기 전 열심히 기도하고 사람들이 무리를 지어 모이는 곳마다 찾아가 그리스도를 증거하는 열변을 토했다. 이렇게 선포된 복음은 많은 사람들에게 순수한 신앙의 동기로 진척되었으며 사망의 불길에서 구원받는 사람들은 매일 늘어나게 되었다. 이 같은 변화는 영국 교회에 감당할 수 없이 빠르게 전파되었다.

　그러나 당시의 영국 교회는 그를 사랑하지 않았고 성직자들은 이 낯선 전도자를 외면해 버렸다. 그의 설교 주제는 인간의 치유될 수 없는 죄악성과 그리스도의 구원의 능력에 관한 근본적인 복음주의적 메시지였다. 그의 설교는 천국과 지옥에 대한 환상을 생생하게 묘사하여 각 영혼들에게 영원한 내세에 대한 소망을 심어주었다. 특히 그는 순수하며 간결하고 솔직하며 담대하게 열정과 연민을 가지고 설교하였다. 그는 강단에서 눈물을 흘리지 않고 설교를 끝낸 적이 거의 없었다. 그의 눈물은 사람의 마음을 감동시켰고 감추인 심령의 샘을 건드렸다. 그것은 논증과 사변으로는 움직일 수 없는 영역이었다. 그의 이 같은 다정다감한 자세는 많은 사람들이 그에 대하여 쌓았던 편견의 벽을 허물어 버렸다.

　무엇보다도 휫필드는 주 예수 그리스도를 불같이 사랑하며 전하였다. '모든 이름 위에 뛰어난' 그 이름은 그의 모든 서신에 빠지지 않았고, 예수에 관하여 무엇인가 말하지 않고는 도무지 못견뎌했다. 주의 사랑과 대속, 주의 귀한 피, 의로우심, 주의 인자하심 등은 그에게 항상 새로운 주제가 되었다.

　이 위대한 전도자의 최후는 그의 일생 역정과 딱 들어맞는 종결이다. 그는 30년간을 한결같이 전도하면서 살았듯이 마지막 순간까지도 전도하다가 죽었다. 그는 평상시 그가 말하던 대로 죽어갔다. "돌연한 죽음은 돌연한 영광이다. 옳건 그르건 나는 돌연히 죽기를 바란다."

그는 죽기 전날인 1770년 9월 28일, 마지막 설교를 하였다. 그는 자기의 두 손을 마주잡고 하늘을 우러러 이렇게 기도하였다. "주 예수여, 저는 주의 일을 다 하다가 지쳤습니다. 그러나 주의 일에 지친 것은 아니옵니다. 저의 갈 길이 아직 남았다면, 저로 하여금 가서 들에서 다시 한번 주를 위해 말하게 하시고 주의 진리를 인봉하게 하시고 돌아와 죽게 하소서." 그는 모여 있던 많은 무리들에게 고린도후서 13장 5절의 본문으로 거의 두 시간 가량 설교하였다. 그것이 그의 마지막 설교였고, 그의 전 생애에 합당한 결론이었다.

설교를 마친 뒤 휫필드는 촛불을 한 손에 들고 이층으로 올라가면서 자꾸만 뒤를 돌아보며 그를 만나려고 모여 있던 친구들에게 무엇인가 말을 하였다. 그에게 하나님의 부르시는 때가 온 것이다. 그 후 그는 침실로 들어가 하나님의 부르심을 받았다. 100년 전 위대한 복음 전도자들 중에 으뜸이었던 휫필드의 일생은 이렇게 조용히 마무리 지어졌다.

19세기의 위대한 설교가 스펄전은 이렇게 말했다. "조지 휫필드 같은 사람에게 끌리는 관심은 끝이 없다. 그의 생애에 관한 책을 읽을 때마다 나는 각성하며 그때마다 돌아선다. 그는 진정 살아 있는 신앙인이었다. 다른 사람들은 반쯤 살아나는 정도였으나, 휫필드는 온전히 살아 있었다. 그는 불과 바람과 폭포 같은 삶을 살다 간 위대한 신앙인이었다."

 영·성·의·향·기

1. 휫필드는 최초의 감리교인들의 조직인 '성경구락부'를 통해서 존 웨슬리 형제들과 교제를 나누며 복음주의적인 회심을 가졌다. 대학에 있어서 신앙 그룹은 젊은이들의 영성 변화에 지대한 영향을 줄 수 있다.
2. 휫필드가 성경말씀을 열린 마음으로 묵상하며 한 줄 한 줄 읽을 때마다 기도한 것이 그의 영혼에 피가 되고 살이 되었다.
3. 휫필드는 금욕주의 율법주의에서 맛볼 수 없는 영광의 기쁨을 은혜의 교리에서 찾았다.
4. 휫필드의 야외설교는 양을 찾아 나선 목자의 뜨거운 사랑이었으며 사망의 불길에서 영혼을 건지는 최고의 전도 방법이었다.

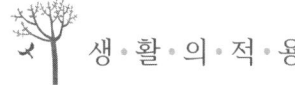 생·활·의·적·용

1. 휫필드가 성경을 한 줄 한 줄 읽을 때마다 기도했던 그 열정과 사모하는 마음을 배우자.
2. 예수 그리스도를 불같이 사랑한 그의 뜨거운 복음주의 가슴을 본받자.
3. 오직 전도로 살고 마지막까지 전도의 열정으로 끝마친 휫필드의 전도 열정을 우리 것으로 삼자.

존 뉴턴 John Newton
1725~1811

"다만 우리를 핍박하던 자가 전에 잔해하던 그 믿음을 지금 전한다 함을 듣고 나로 말미암아 영광을 하나님께 돌리니라" (갈라디아서 1:23~24)

생애

많은 기도를 받은 어린이요, 방황했던 젊은이며, 부도덕하고 악의가 가득 찼던 소년 선원이요, 죄를 깊이 뉘우친 개심가요, 행복한 그리스도인이며, 성별된 목사요, 출중한 성직자이자 감미로운 찬송가 작가인 존 뉴턴은 1725년 7월 24일 영국 런던에서 태어났다. 그의 어머니는 경건한 그리스도인으로 뉴턴을 어릴 적부터 신앙으로 교육하였으므로, 그는 4세 때 이미 웨스트민스터 교리문답을 외울 수 있었고 아이작 왓츠의 찬송들을 많이 외워 부를 수 있었다. 그러나 불행히도 그가 7세 되던 해에 어머니는 폐병으로 인해 세상을 떠나고 말았다. 지중해 무역에 종사하는 선장인 아버지는 뉴턴을 에섹스에 있는 기숙학교로 보냈다. 11세에 그는 엄격한 규율의 학교에서 벗어나 부친을 따라 선원생활을 시작하였다. 어린 소년 뉴턴은 거친 선원들 틈에서 그들의 언어와 행동을 그대로 배우며 부도덕한 방탕생활을 하였다.

한편 그의 마음 한구석에는 어머니가 심어준 신앙의 싹이 여리게 자라고 있었으나, 가시덤불과 같은 환경 속에서는 도저히 열매를 맺지 못하였다. 다행히도 그는 14세의 어린 소녀 메리 카틀렛을 만나 사랑을 느꼈는데, 그녀는 그가 선원생활을 하는 7년간 줄곧 배후에서 그의 무사함과 하루속히 회개하고 주님의 품으로 돌아올 수 있도록 열심히 기도하였다. 하나님께서는 그녀를 기도의 파수꾼으로 세우셔서 그를 보호하시는 넘치는 사랑을 보여주셨다.

1743년 우연히 해군 군함을 구경하러 간 것이 해군 소위 후보생을 지원하는 계기가 되었다. 그곳에서 그는 편안한 생활과 존경을 얻을 수도 있었으나 규칙적이고 엄격한 생활에 싫증을 느껴 탈영하였다. 그러나 곧 체포되어 철창에 갇히는 신세가 되었고, 아프리카로 가는 노예상선에 팔아 넘겨지게 되었다. 노예로 전락한 그는 더욱 방탕생활을 하였다. 그는 죽도록 일하였지만 노예의 수가 늘어나 먹을 양식이 부족해 항상 굶주림으로 허기져 있었다. 설상가상으로 노예주인 흑인 부인은 그를 무자비하게 학대했고, 아프리카의 뜨거운 태양은 그를 더욱 괴롭혔다.

변화

1747년 2월 어느 날 오후, 고도(孤島)에서 일하고 있던 그는 지나가는 한 척의 배를 보고 열심히 연기로 SOS 신호를 보내 15개월 만에 노예생활에서 벗어나 극적으로 구출될 수 있었다. 드디어 그에게 주님이 때가 다가왔다. 계속되는 항해 속에서 그는 토마스 아 켐피스의 「그리스도를 본받아」를 읽던 중, 죄의 깊은 밤에서 깨어나 회개하며 새롭게 변화되었다. 바로 그날 주님은 높은 데서 내려오셔서 그를 깊은 물 가운데서 건져내셨다. 그 후 그는 말씀을 가까이하며 묵상과 기도의 시간을 규칙적으로 갖게 되었다.

특히 신약의 말씀을 묵상하면서 무화과나무(눅 13장), 사도 바울의 경우(딤전 1장), 탕자의 비유(눅 15장) 등의 말씀 속에서 자아를 발견하고 특히 탕자와 자기의 너무나도 흡사한 점을 발견했다. 아니 그보다도 탕자를 받아들이는 아버지의 선하심과 그와 같은 아들을 맞으러 달려 나가는 모습이 그의 마음을 완전히 사로잡고 말았다. 이때쯤 해서 그는 기도를 들으시고 응답하시는 하나님이 계시다는 사실을 확실히 알게 되었다. 이 위대한 구원의 사건 이래로 하나님은 그에게 수 없이 나타나주셨고, 더 큰 사랑을 부어주셨다.

런던으로 돌아온 그는 선원생활의 경험을 바탕으로 노예선의 선장이 되었다. 그러나 그곳에는 큰 위험이 따랐다. 폭풍과 질병, 선원들의 배신행위, 그리고 노예의 반란 등 많은 위험이 있었다. 뉴턴은 죽음의 위기가 한두 번이 아니었다. 새롭게 변화된 뉴턴은 이런 때마다 신앙으로 이겨내려고 힘쓰며, 30여 명의 선원들과 함께 매주일 두 번씩 예배를 드리며 하나님의 인도하심을 간구했다. 그러나 1754년, 그의 나이 29세 때 심한 열병으로 고생하며 영적 고독과 갈등으로 어려움을 겪던 중 그는 다시 한번 주님을 생각하게 되었다. 과거의 위험들과 구출의 사건들, 고통 중에 드렸던 진지한 기도들, 성만찬 때 주님 앞에서 드린 엄숙한 서약들, 그리고 주님의 모든 선하심에 감사치 못한 배신행위들이 그의 머리에 가득 차게 되었다.

영성의 길로

마침내 그는 비인도적인 노예사업을 포기하고 사랑하는 메리 카틀렛과 결혼하여 단란한 가정을 이루었다. 그는 리버풀 항에서 파고(波高) 측량사로 생계를 유지하면서 히브리어와 헬라어를 배우며 열심히 목회를 준비하였다.

이제 그는 사랑하는 어머니의 소원이었던 목사의 길을 걷게 된 것이다. 그는 갈라디아서 1장 23~24절을 묵상하면서 목회의 소명을 받았다. 그리고 하나님의 은혜의 풍성하심을 여러 사람에게 증거하며, 주님의 사랑을 재확인하면서 이러한 찬송시를 읊었다. "황량한 숲 속에서 나의 하나님 당신과 함께, 여기 인간의 발이 한 번도 닿지 아니한 곳에서 나는 얼마나 행복한지요! 당신은 근심으로부터의 나의 평안, 밤의 어두움 가운데 나의 빛이요, 고독한 중에서 나의 벗이니이다."

그 후 그는 올니의 목사가 되어 15년간 목회 사역을 감당하였다. 당시에는 찬송이 많이 없었기 때문에 그가 직접 찬송시를 썼는데, 무려 281편을 썼다. 대부분 방탕한 생활에서 구원받은 은혜와 사랑의 감사가 넘치는 찬송들이다. 1780년 그는 런던의 성 메리 울노스 교회로 옮겨 세상을 마칠 때까지 28년간을 성도들의 신앙 성장을 위해 심혈을 기울였다. 그는 목회 사역을 하는 동안 남녀노소 할 것 없이 모든 성도들에게 끊임없이 회개를 촉구하였고, 하나님의 은혜에 대한 설교로 큰 은혜를 끼쳤다.

82세의 나이에도 강건한 몸과 건강하고 맑은 정신, 기억력과 이해력을 갖고 있었던 존 뉴턴, 주님을 뜨겁게 사랑하고 주님의 뜻에 만족하며 살아온 그는 1811년 12월 21일, 한 장의 유언장을 지상에 남긴 채 하늘나라의 영원한 시민이 되었다.

영·성·의·향·기

1. 어릴적 심어놓은 신앙의 씨앗은 노예선의 선장처럼 거친 인생을 살아도 영성의 고향으로 돌아오게 한다.
2. 하나님이 쓰시는 사람은 언제나 그 배후에 기도의 사람을 은밀히 준비해 놓으신다. 엘리야가 나만 남았다고 할 때 하나님은 바알에게 무릎 꿇지 않은 당신의 종이 7,000명이나 있다고 하셨듯이, 뉴턴에게는 메리 카틀렛이 있었다.
3. 험하고 방탕했던 세월도 참회하고 주님 품에 안기면 찬송시를 쓸 위대한 자료가 된다. 존 뉴턴의 최고 걸작 405장 "나 같은 죄인 살리신"이 바로 그런 찬송이다.

생·활·의·적·용

1. 나에게 있는 불행한 환경을 탓하지 말자. 만일 그 가운데서 주님의 뜻을 따라 살려 하면 하나님이 친히 건져주시고 그 길을 인도하신다.
2. 나에게 기도의 배후자가 있는가? 반드시 있다. 실망치 말고, 낙심치 말라.
3. 하나님의 손에 잡히면 목동이 민족의 인도자가 되고(모세), 목동이 왕이 되고(다윗), 핍박자가 전도자가 되고(바울), 겁쟁이가 순교자가 된다(베드로). 나 자신이 예수의 손에 잡혀 살기를 열망하자. 그 길이 무엇인가? 예배 출석, 성경묵상, 기도, 전도, 순종, 헌신, 열심이다.

영성가들과의 만남과 영성훈련

초대 교회에서부터 현대에 이르기까지
하나님의 뜻에 따라 살았던 위대한 영성가들의 생애와 신앙

근·현대

윌리엄 케리·그룬트비·아도니람 저드슨·찰스 피니·찰스 하지·조지 뮐러·쇠렌 키에르케고르·데이비드 리빙스턴·찰스 스펄전·드와이트 무디·로버트 하디·헨리 아펜젤러·폴 틸리히·칼 바르트·주기철·이용도·디트리히 본회퍼·위르겐 몰트만·볼프하르트 판넨베르그

윌리엄 케리 William Carey
1761~1834

"그런즉 우리는 그 능욕을 지고 영문 밖으로 그에게 나아가자"
(히브리서 13:13)

"네 장막터를 넓히며 네 처소의 휘장을 아끼지 말고 널리 펴되 너의 줄을 길게 하며 너의 말뚝을 견고히 할지어다 이는 네가 좌우로 퍼지며 네 자손은 열방을 얻으며 황폐한 성읍들로 사람 살 곳이 되게 할 것임이니라" (이사야 54:2~3)

🌿 생애와 회심

근대 선교의 아버지요, 영국 선교의 첫 관문을 연 윌리엄 케리는 런던에서 북쪽으로 약 80마일 떨어진 노샘프턴 주(Northamptonshire)의 작은 마을 파울러스퍼리에서 태어났다. 그의 아버지는 마을학교의 교장을 지낸 덕망 있고 신앙심 깊은 사람이었다. 그러나 가정생활은 극히 가난하였다. 다행히도 파울러스퍼리에는 자선학교가 있어서 읽기와 쓰기, 산수와 종교 교육을 받을 수 있었다.

14세의 어린 나이에 피딩톤에서 구두제조업의 견습공이 된 케리는 이 일로 12년 이상 생계를 꾸려 나갔다. 그리고 거기서 동료 구두공 존 와르에 의해 그리스도를 영접하게 되었다. 그러던 중 케리는 영국이 1779년 국가적 위기를 맞이하여 정한 국가 기도 일에 샤클톤에서 모이는 비국교 조합교회에 참석했다가 그곳에서 히브리서 13장 13절 "그런즉 우리는 그 능욕을 지고 영문 밖으로 그에게 나아가자"는 설교를 듣고 평생을 그리스도에게 헌신하기로 결심하였다. 그것이 그의 나이 18세 때였다.

20세가 되던 1781년 피딩톤에서 도로시 플래깃 양과 결혼하여 가정을 이루었다. 후에 그는 영국 국교회를 떠나 어느 '이의자(異議者)들의 무리'에 참여하여 그 즉시 인근 교회에서 설교를 하기 시작했다. 그는 정식으로 목사가 되리라는 생각은 없었으나 그의 설교 능력이 인정되어 곧 목사로 초빙받게 되었다. 그래서 1789년 라이체스터의 하비 레인에서 침례교 목사로 목회를 시작하였다. 그는 설교자로서 뛰어나지는 못했지만 세심한 연구 없이는 한 번도 강단에 서 본 적이 없었다. 특히 성경을 원어로 공부하면서 늘 읽기와 묵상을 쉬지 않았다. 이런 동안에도 그는 구두 수선을 계속했다. 주말에는 학교에서 학생들을 가르쳤고, 주일에는 교회에서 성도들을 지도하였다. 소년시절 책벌레라는 말을 들을 만큼 지식 탐구욕에 불타 있던 그는 틈나는 대로 손에 잡히는 모든 책을 탐독하였다.

케리에게 선교 사업에 대한 관심을 처음으로 야기시킨 동기는 「쿡 선장의 마지막 항해」(The Last Voyage of Captain Cook)라는 책이었다. 태평양에서 미지의 섬들을 열심히 찾아다녔던 쿡 선장이 "아무도 그들에게 기독교를 전해 주려고 하지 않았습니다. 거기에는 명예도 이익도 뒤따르지 않기 때문이지요"라고 말한 것에서 케리는 "와서 우리를 도우라"는 부르심의 영감을 느꼈다.

케리는 이 책을 읽고 나서 한층 더 그들의 영적 상태에 깊은 관심을 갖게 되었고, 성경을 읽으면서도 그들에게 그리스도를 영접할 수 있도록 해야겠다는 결심을 굳히게 되었다. 그 후에 그는 해외에 관계된 모든 서적과 정보를 수집하고 그가 그린 지도의 구석구석에 이를 자세히 표시해 놓았다.

선교적 영성에로의 변화

1792년 케리는 「이교도의 회심을 위해 수단을 사용하는 그리스도인들의 책임에 관한 연구」(An Enquiry into the Obligations of Christians to Use Means for the Conversion of the Heathens)라는 긴 제목의 책을 출간하였다. 선교에 관해 저술된 다른 어떤 책보다도 가장 확신에 찬 선교적 호소를 하고 있는 이 책은 기독교 선교 역사의 이정표가 되었으며 교회사에 막대한 영향을 끼치게 되었다. 케리는 결단코 탁상공론에만 열중하는 전략가가 아니었다. 이론보다는 행동에 더 많은 관심을 보인 사람이었다. 그가 '선교는 주님의 지상명령'임을 역설했을 때 당시 교계 지도자들은 비난과 반박을 가하였다. 그러나 그는 당황하지 않고 기회가 주어질 때마다 교회를 향하여 그리스도를 모르는 세상에 복음이 얼마나 절박한가를 호소하였다.

1792년 5월 노팅햄파크에서 열린 침례교 교역자 연합회에서 케리는 이사야 54장 2~3절을 인용하여 놀라운 설교를 하였는데, 그 내용은 케리 일생의 좌우명이요 지금도 우리에게 감동을 주고 있다. 그것은 "하나님으로부터 큰 것을 기대하라. 그리고 하나님을 위하여 큰 일을 시도하라"다. 그의 설교는 모든 청중을 움직이는 호소력이 있었다. 그 다음날 케리는 많은 기도와 여러 번의 설득으로 드디어 이교도 복음을 위한 침례교 연합회 구성에 동의를 받아냈다. 이로써 1792년 10월 '이방 선교를 위한 침례교 특수 선교회(The Paticular Baptist Society for the Propagation of the Gospel amongst the Heathen)'가 발족되었다. 세계 복음화를 위해 투쟁하는 케리는 이제 고독하지 않았다. 그의 동역자들의 열정과 케리의 믿음의 용기가 잘 연결된 것이다. 그러나 그에게도 아직 풀리지 않은 난제가 사방에 산적하였으니 가정과 재정, 선교지 문제들이 남아 있었다. 그의 부친은 자기 아들을 미친 사람으로 취급하였고, 아내는 반대하며, 네 명의 아이들은 별로 기뻐하지 아니하였다.

또한 시간적으로 지체하는 기다림 속에서 적지 않은 실망도 있었다.

그렇지만 그 모든 것을 에워싼 문제들이 하나하나 해결되기 시작하여 드디어 1793년 6월 인도를 향해 출항하게 되었다. 5개월의 긴 여정 끝에 인도에 도착한 그에게는 또 다른 역경이 닥쳐왔다. 다섯 살인 아들 피터가 고열로 사망한 것이다. 이 충격으로 인해 아내 도로시 케리는 1807년 사망할 때까지 우울증에 시달렸다.

자립 선교

인도에 도착한 후 침례교 선교협회 실수로 선교비가 두절되는 사건이 생겼다. 케리의 가족은 의지할 데 없이 언어도 통하지 않는 이국 땅에서 버려진 자들이 되고 말았다. 그야말로 청천벽력이었다. 수일 동안은 케리마저도 낙심하여 누워 있었다. 그러나 말씀을 통한 굳건한 믿음은 그를 다시 일으켜 세웠고, 그 순간부터 케리는 자립의 길을 걸었다. 케리는 그의 주 임무가 사람들을 그리스도께로 이끄는 것임을 잊어본 적이 없다. 이 같은 목적으로 1801년 세람포어 출판사에서 벵골어를 배우고, 벵골어로 신약을 번역 출간하였다. 1807년에는 산스크리트어로 신약성경을 번역 출간하고 브라운 대학에서 신학박사 학위를 받았다. 그의 선교 사업은 인도에 교회를 세우는 일, 복음을 널리 전파하는 일, 다양한 언어와 방언으로 성경을 번역하여 출판하는 일, 젊은 청년들에게 성경을 가르치는 일에 역점을 두었다. 이러한 작업을 하는 과정에서 어려움과 고통, 시련, 특별히 어린 아들의 죽음, 아내의 허약함…… 이루 말과 글로는 표현할 수 없는 시련이 닥쳐왔다. 그럼에도 불구하고 살아계신 예수 그리스도의 복음과 사랑은 그가 그의 몸 전체를 주께 바쳐 최선을 다하도록 격려하였다.

1806년 윌리엄 케리가 인도 선교에서 보낸 하루의 일기를 소개한다.

"저는 오늘 새벽에 일어나 히브리어 성경 가운데 한 장을 읽고, 7시까지 개인 기도를 드렸으며, 이후 동료들과 함께 벵골어로 가족기도 모임을 가졌습니다. 차를 따르는 동안 저는 제가 침실에서 나오기를 기다리는 문시(Moonsh, 원주민 어학교사)와 함께 페르시아어로 된 글을 잠시 읽었습니다. 아침식사 전에는 힌두스탄어로 된 성경을 조금 읽고, 아침식사를 마친 후에는 산스크리트어로 된 라마유나를 산스크리트 학자와 번역했는데 이 작업을 10시까지 계속 했습니다. 그리고 저는 포드 윌리엄 대학에 가서 1시에서 2시까지 벵골어, 산스크리트어, 마라티어를 가르치는 수업에 참석했습니다. 집에 돌아와서는 저녁식사시간 전까지 예레미야서를 벵골어로 번역한 교정본을 검토했습니다. 저녁식사 후에는 대학 연구책임자의 도움을 받아 마태복음 8장을 산스크리트어로 번역했습니다. 이렇게 하느라고 6시까지 일해야 했습니다. 6시 이후에는 텔루구어 학자와 앉아서 텔루구어를 공부했습니다. 저녁에는 토마스 씨가 왔습니다. 7시에는 미리 품고 있던 생각들을 설교 형태로 구성하는 일을 시작해서 7시 30분에 영어로 설교했습니다. 모였던 사람들은 9시까지 모두 돌아갔습니다. 그리고 나서 당신에게 편지를 쓰기 위해 앉았습니다. 이 일을 마친 후에는 헬라어 성경을 한 장 읽고 저를 하나님께 맡김으로 하루를 마감합니다. 하는 일은 다양하지만 하루에 이 이상의 시간을 가질 수 없는 것이 안타깝습니다."

그는 조카 유스터스에게 이런 말을 남겼다. "내가 세상을 떠난 다음에 만일 누가 내 인생을 두고 쓸 만하다고 생각할 수 있겠지. 만일 그 사람이 나를 꾸준한 노력가라고 평한다면 제대로 평가한 것이다. 하지만 그 이상의 어떤 찬사도 과한 말이다. 나는 꾸준히 일할 수 있다. 어떤 구체적인 일에도 참을 수 있다. 덕분에 나는 지금까지의 일을 할 수 있었다."

지칠 줄 모르는 하나님의 일꾼 윌리엄 케리! 인도를 자기의 고향으로 알고 인도와 결혼한 그는 일생 안식년이나 휴가 없이 보낸 불굴의 사람이다. 그가 1834년 6월 9일 미명에 드디어 하늘의 부르심을 받았으니 이 세상의 모든 수고를 마치고 영원한 안식으로 들어간 것이다. 그의 묘비에는 그의 요구에 따라 다음과 같은 비문이 새겨져 있다.

"윌리엄 케리, 1761년 8월 17일에 나서, 1834년 6월 9일에 죽다. 천하고 불쌍하며 무력한 벌레는 당신의 친절한 팔에 안겨, 여기 누웠습니다."

이렇게 하여 뛰어난 믿음과 경건의 사람 케리의 사역은 끝이 났다.

 영·성·의·향·기

1. 인내, 겸손 그리고 일하는 사람 케리는 영국인 누구도 가능하다고 생각지 않은 식민지 국가 인도에 복음을 전하고 성경을 번역하고, 대학을 세웠다. 14세에 구두 직공이 되었으며 가난하고, 교육조건이라고는 열악한 것뿐이었다. 그러나 그의 열심을 하나님은 높이 쓰셨다.
2. 인도 선교사로 떠나 인도인이 되었고, 인도에서 죽은 그는 오늘 우리에게 선교를 어떻게, 전도를 어떻게 해야 하는지를 말해 준다.
3. 윌리엄 케리만큼 가정의 불운이 많은 사람도 없다. 아들과 두 번째 아내까지 사별하고 세 번째 아내를 맞이할 만큼 기구한 생애였으나, 그런 것에 연연치 않고 쾌활하게 도전적으로 선교 사역을 해나간 거인이었다.

 생·활·의·적·용

1. 하나님을 향한 비상한 열심과 노력이 있으면 하나님이 귀히 쓰시어 무명의 사람을 세기의 존귀한 인물이 되게 하신다. 우리의 자녀를 돌아보자. 우리 자신을 돌아보자. 부족해도 하나님을 위해 열심히 태울 그 무엇이 있지 않은가?
2. 불행한 운명 앞에 좌절하지 말고 꿋꿋하고 대범하게 목표를 향해 달리는 인내와 용기를 윌리엄 케리에게서 배우자.
3. 뜻을 품었으면 그것을 위해 모든 것을 불태우자.

그룬트비 N. F. S. Grundtvig
1783~1872

"너희는 먼저 그의 나라와 그의 의를 구하라 그리하면 이 모든 것을 너희에게 더하시리라" (마태복음 6:33)

생애

덴마크는 영국과 스웨덴 연합군의 전쟁에서 패배하고, 1864년 다시 프러시아와 오스트리아 연합군에게 무참하게 굴복하였다. 치명적인 이 전쟁으로 전체 국민이 실망에 빠져 있을 때, 그 어둠 속에 큰 횃불처럼 일어난 구국의 애국자가 있었으니 그가 곧 그룬트비였다. 그는 국회의원이요, 시인이요, 목사요, 역사 교수요, 철학자로서 애국심에 불타 비참한 조국의 운명을 딛고 일어나 덴마크 구국의 영웅이 된 것이다.

그룬트비는 1783년에 9월 8일 덴마크 슐렌드 섬의 우드비에서 4남1녀의 막내로 출생했다. 그의 할아버지와 아버지는 목사였다. 그는 아버지에게서 신앙을, 어머니에게서 강인한 성격을 물려받았다. 남달리 두뇌가 명석한 그는 8~9세 때부터 역사책을 탐독했다.

　23세 때 그는 조국의 자랑스런 덴마크 함대가 영국의 넬슨에게 격멸당하는 것을 보았고, 수도 코펜하겐이 영국군의 포격으로 불바다가 되는 조국의 수난을 겪었다.

　그 후 그룬트비는 영국을 시찰하면서 기계화된 공업의 눈부신 발달에 따라 농촌 청년들이 도시로 모여드는 것을 보고 농촌이 피폐해 갈 수밖에 없다는 것을 깨달았다. 그의 머리 속에는 조국이 나아갈 길이 번개같이 비쳤다. "우리 덴마크가 나갈 길은 확실하여 농업국으로 나아가는 길만이 조국을 건지는 길이다" 하고 그는 확신했다. 그리고 그는 "역사적으로 진실하게", "윤리적으로 고상하게", "심미적으로 순미하게", 이렇게 개조된 젊은 국민만이 조국을 이 역경 속에서 구원해 낼 수 있다고 하였다.

영성 운동

　그룬트비는 덴마크 사람에게 산 정신을 주기 위하여 형식화한 교회를 생명 있는 '산 말씀'의 교회로 개혁할 필요를 느끼고 신학교를 나온 후 28세에 목사가 되어 90세에 세상 떠날 때까지 60여 년 간 교회에서 설교자로, 신앙의 자유와 자유로운 교회 설립을 주장하며 책의 종교에 빠지지 않고, 살아 계신 그리스도에게 목표를 두고 모든 것을 그리스도에게 맡겨버린 신앙주의자였다.

　그는 교육의 목적을 인격 완성과 일반 백성의 문화수준을 높이는 데 두는 독특한 교육제도를 창안하였다. 이것이 덴마크를 살린 국민고등학교 교육이었다. 그에 의하면 글자에서 시작하여 지식으로 끝마치는 것은 죽은 교육이라는 것이다. 그리하여 교육의 실용화 내지 생명화를 부르짖었다. 이런 의미에서의 국민고등학교 구상은 매우 독창적이었다. 그런데 영의 불길은 죽은 책을 통해서 타오르는 것이 아니라 산 말을 통해서 불 붙는 것이다. 그러므로 교육의 본질은 '책 공부'에 있는 것이 아니라 자유로운 담화에 있는 것이다. "말은 영의 가장 직접적인 표현으로, 인간과 인간이 교육하는 가장 생명적인 무기다."

이런 견지에서 그가 구상한 국민고등학교는 적어도 다음과 같은 세 가지 목적을 가지고 있었다. 첫째, 덴마크의 국어를 가르치는 것이다. 덴마크어는 덴마크 국민의 영을 표현하는 직접적인 수단이다. 둘째, 북유럽 정신을 고취하여 용감하고 전투적이며 건실한 국민성을 바탕으로 그리스도적인 숭고한 봉사정신을 함양하는 것이다. 셋째, 민족의 저변 확대였다. 무지한 농민에게까지 민주적인 정치교육을 실시하는 것이다. 이것을 실천하기 위해 18~25세의 농촌 청년들을 농한기 5개월(11~3월, 여자는 여름 3개월)을 이용하여 교사도 책 없이, 학생도 책 없이 강연한다. 종교, 철학, 정치, 역사, 사회, 국어, 외국어 등을 통해서 산 생활을 접하게 되어 고도의 교양을 지닌 사회인으로서 농촌으로 돌아갔다.

그룬트비는 위대한 종교가였을 뿐만 아니라 정치가요, 교육가요, 또한 시인이며 애국 운동가였다. 그의 꿈은 덴마크를 하나님의 사랑이 넘치는 모범적인 나라로 만드는 것이었다. 그는 "먼저 덴마크 사람이 되고, 다음에 기독교인이 되라"고 부르짖었다. 참된 덴마크 사람이 되기 전에는 참된 기독교인이 될 수 없다고 하였다. 그의 국민을 향한 외침은 "하나님을 사랑하자", "조국을 사랑하자", "흙을 사랑하자"였다.

덴마크 사람에게 덴마크의 혼을 넣어주기 위하여 덴마크 말을 찾아 애용하게 하고, 덴마크 국사와 북 유럽사를 손수 편찬하여 조상의 용감한 정신을 본받게 했다. 그룬트비의 정신운동은 마침내 덴마크 국민들의 마음속에 새로운 힘과 소망을 주어 오늘의 부요한 덴마크를 이루었다.

그는 1848년 보궐선거에서 국회의원으로 무투표 당선된 이후 줄곧 의

석을 지켰으며, 1866년 83세의 고령으로 의정단상에 섰다. 그 개원식에 즈음하여 최고 연장자로서 다음과 같은 연설을 했다. "나는 처음 국회 때에도 최연소자로서 연설한 적이 있지만 그 후로 18년 동안 정치에서 여러 가지 개혁이 단행되어 언론과 출판의 자유 등이 이루어진 것을 하나님께 감사합니다. 오늘 이 인사말은 나로서는 마지막이 될지 모르지만 여러분과 함께 내가 기뻐하고 위로받는 것은 자유가 죽었던 옛날의 덴마크가 사라지고 자유가 살아있는 새로운 덴마크가 탄생한 것입니다."

그는 덴마크주의자로 단지 국가지상, 민족지상을 갈망하는 것이 아니라, 세계 속의 덴마크로서 인류에게 공헌하는 나라가 되어야 한다고 주장하였다.

영·성·의·향·기

1. 그룬트비는 살아 있는 교회, 살아 있는 교육, 그래서 덴마크를 살리는 생명운동가였다.
2. 그룬트비는 글자를 통한 학습을 지양하고 말, 즉 강연과 설교를 직접 듣고 사상에 변화 받는 생생한 커뮤니케이션 교육방법을 사용했다.
3. 그는 세 가지 사랑을 외쳐 덴마크의 신앙, 경제, 교육 전부를 다 살린 사람이다. "하나님을 사랑하자", "조국을 사랑하자", "흙을 사랑하자."

생·활·의·적·용

1. 그룬트비는 역사연구를 통해 자신의 뿌리, 그리고 자신이 처해 있는 오늘의 과제를 발견하였다. 오늘 나는 역사에 대하여, 나의 좌표에 대하여 얼마만큼 깨우쳤는가?
2. 그룬트비의 신앙은 자유와 책임, 그리고 생동감이 넘치는 열정으로 하나님 사랑, 그리스도 사랑, 사람 사랑에 초점을 맞추었다. 그때 교회는 초만원을 이루었다. 오늘 우리가 맞춰야 할 초점은 무엇인가?
3. 우리의 농촌을 살리는 길은 무엇인가? 어떤 교육, 어떤 정책이 시들어가는 농촌을 살릴 수 있을까?

아도니람 저드슨 Adoniram Judson
1788~1850

"네가 만일 네 입으로 예수를 주로 시인하며 또 하나님께서 그를 죽은 자 가운데서 살리신 것을 네 마음에 믿으면 구원을 얻으리니 사람이 마음으로 믿어 의에 이르고 입으로 시인하여 구원에 이르느니라 성경에 이르되 누구든지 저를 믿는 자는 부끄러움을 당하지 아니하리라 하니 유대인이나 헬라인이나 차별이 없음이라 한 주께서 모든 사람의 주가 되사 저를 부르는 모든 사람에게 부요하시도다 누구든지 주의 이름을 부르는 자는 구원을 얻으리라 그런즉 저희가 믿지 아니하는 이를 어찌 부르리요 듣지도 못한 이를 어찌 믿으리요 전파하는 자가 없이 어찌 들으리요 보내심을 받지 아니하였으면 어찌 전파하리요 기록된 바 아름답도다 좋은 소식을 전하는 자들의 발이여 함과 같으니라"(로마서 10:9-15)

생애

　버마(현 미얀마)의 사도이자, 미국 교회의 해외 선교사들 중 최초이며, 예수를 사랑했던 하나님의 사람 아도니람 저드슨은 1788년 미국 매사추세츠 주에서 출생하였다. 그의 아버지는 회중교회 목사요, 어머니는 단정한 모습의 신앙심 깊은 여인이었다. 그는 어려서부터 총명하여 세 살에 벌써 읽기를 배웠고, 더 나아가 히브리어와 헬라어를 유창하게 읽었다. 남다른 재능을 지닌 그는 16세에 신학 사상이 건전하고 복음적인 브라운 대학에 진학하였다.

그는 1813년 버마 선교사로 지원했고, 1840년에는 버마어로 성경 전권을 번역했다. 실로 위대한 일이었다.

1849년 어느 습기 찬 밤에 그는 감기에 걸렸고, 일주일도 안 되어 감기 바이러스는 폐로 번져갔다. 열이 오르고 기침이 그를 괴롭혔다. 그 후에는 이질까지 겹치게 되었다. 그는 주위의 모든 사람들에게 "두려워 마십시오. 죽음은 나를 놀라게 할 수 없고 나는 주님 안에서 더욱 강해짐을 믿고 있소"라고 말했다. 그 후 몇 달이 지난 이른 아침, 그는 하늘의 안식처로 평안히 갔다. 매사추세츠의 대리석 비문에는 다음과 같은 기록이 새겨져 있다.

"아도니람 저드슨 목사
1788년 8월 9일 탄생, 1850년 4월 12일 세상을 떠남.
멜든은 그가 태어난 곳이며, 그의 유해는 바다에 묻혔다. 그의 영원한 기념은 개종한 버마 사람들과 성경이다. 그의 기록은 하늘에 있다."

변화 그리고 영성의 길로

그는 브라운 대학에서 제이콥 이임스라는 재치 있고 논쟁을 즐기는 친구를 만났다. 이임스와 함께 미래의 삶과 정치와 철학을 토론하는 사이에 어느덧 그는 자신도 모르게 기독교 교리를 배척하는 이론가가 되었다. 가정예배를 드리는 것도 지루했고, 그 자체가 그를 위선자로 만들었다. 이렇게 급진적인 종교적 변화는 그 당시 저드슨의 가정에서는 도저히 용납할 수 없는 것이었다. 점점 아버지와 거리가 생기게 되었고, 세상적인 진리들을 주제로 아버지와 논쟁을 벌였다. 그러니 더 이상 신자라 할 수도 없게 되었다.

"노를 품는 자와 사귀지 말며, 울분한 자와 동행하지 말지니 그 행위를 본

받아서 네 영혼을 올무에 빠칠까 두려움이니라"(잠 22:24~25)

그는 오히려 뉴욕 극단에 뛰어들어 배우로 전전하며 쾌락 속으로 빠지게 되었다. 그날부터 그의 어머니가 엎드려 뿌린 눈물의 기도는 매사추세츠의 아름다운 들판과 나무들까지 적시기에도 충분했다. 몇 달 동안의 극단 순례는 그에게 허무와 환멸만을 남겼다. 그러나 그것으로도 직성이 풀리지 않은 저드슨은 유람을 떠나 여기저기 방황하며 세속적인 생활에 젖어 있었다. 어느 날 밤 그는 여관에 묵었는데, 옆방에서 병으로 신음하며 울부짖다 죽어가는 사람이 바로 무신론자였으며 저드슨을 세상의 길로 이끌어갔던 옛 친구 제이콥 이임스임을 알고 너무나 큰 충격을 받았다. 그 일이 도무지 믿기지 않아서 그는 여행도 포기하고 자신의 미래와 죽음에 대해 일대 격전을 벌이게 되었다. 그리고 12월의 어느 날, 자포자기의 심정으로 말을 탔는데 말의 발길은 아버지의 따뜻한 품으로 향하고 있었다. 그는 이제 이론가가 아니었다.

그때부터 죽을 때까지 그는 예수 사랑을 잊어본 일이 없다. 그는 아버지의 권유에 따라 안도버 신학교에 입학하였다. 이곳에서 접한 「동방의 별」이라는 설교집과 「아바 왕국으로 간 한 사절의 견문기」를 읽고 그는 선교사로 일생을 헌신하였다. 2년이 지난 2월, 아름다운 앤 하셀과 결혼한 지 12일 만에 그는 그녀와 함께 뉴욕에서 인도의 캘커타를 향해 출항하여 6월에 도착하였다. 그러나 영국의 동인도회사는 그의 선교 사역을 금지하였다. 그는 중대한 결정을 내려야 했다. "버마냐, 아니면 미국으로 돌아가야 하는가?" 그때 아내는 그에게 버마로 가기를 권유했다.

버마의 선교사

1813년 7월, 저드슨은 버마의 랑군에 상륙하였다. 그는 이곳에서 먼저 버마어를 습득하기에 전념하였고 후에는 능숙한 학자가 되었다. 그러나 버마에서 종교의 자유를 허락지 않았으므로, 말할 수 없는 고통과 궁핍 그리고 좌절에 부딪치게 되었다. 특히 생명보다 귀한 아이가 병들어 죽고, 또 사랑하는 아내를 먼저 보내야만 했다. 지병이었던 열병과 이질이 그녀의 고통을 가중시켜 끝내는 목숨을 잃고 말았다. 그녀는 선교 활동으로 투옥중인 남편에게 "나는 죽음을 두려워하지 않아요. 그러나 이 고통을 참을 수 없게 되는 것이 두려워요!"라는 편지를 남기고 뉴잉글랜드의 농가에서 결혼식을 올린 지 꼭 14년 만에 38세의 나이로 죽었다. 아내를 잃은 것은 그에게 엄청난 실의를 안겨주었다. 그러나 거기서 좌절할 수 없었다. 한 주일, 아니 단 하루라도 선교의 불꽃을 죽일 수 없었기 때문이다. 주님은 그에게 계속 말씀으로 새 힘을 주셨고, 그의 기도에 응답해 주셨다. 그러므로 그는 힘차게 전진할 수 있었다. 6년간의 고생과 분투 끝에 몽 나우라는 사람이 예수 그리스도를 영접하게 되었다.

저드슨에게 있어서 그는 최초의 개종자였고, 얼마 후 다른 이들도 속속 예수의 품으로 돌아왔다. 그는 그곳에서 열심히 일하는 동안 항상 주님께 감격과 기쁨에 차 노래를 불렀다. 그것은 하나님의 은혜에 대한 감사의 표현이었다.

마침내 1840년 10월, 그는 일생 추구해 오던 성경을 창세기에서 요한계시록까지 버마어로 번역하기를 끝마쳤다. 그가 번역을 시작한 지 정확히 23년 만의 쾌거였다. 그러나 이 세월은 결코 평안한 시간들이 아니었다. 1826년 아내 앤이 사망한 뒤 8년 만에 사라 보르벤과 결혼했으나 그녀 역시 11년 만에 천국으로 먼저 갔다. 그 다음해인 1846년 에밀리 처복과 결혼하였으나 이번에는 저드슨 자신의 건강이 악화되었다. 건강 악화로 미국으로 돌아와 잠시 쉬는 동인 한 젊은이와의 신앙상담에서 그는 자기의 신앙을 이렇게 고백했다. "이 세상에서 제일 재미있는 것은 예수께서 나를 위해 돌아가신 그 십자가의 이야기입니다. 그보다 더 재미있는 것은 없습니다. 나는 이것만 전하고 증거하기로 사명을 받은 사람입니다. 주께서 내게 주신 그 시간에 나의 보잘것없는 모험담으로 호기심을 추구하는 사람들의 만족의 대상을 삼을 수 없습니다. 내가 또 이야기한다면 예수님 외에는 아무도 없습니다." 저드슨은 진정 예수 그리스도의 사자요, 선교사였다.

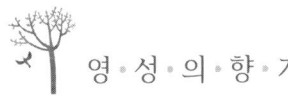 영·성·의·향·기

1. 저드슨은 목사의 자녀로 어머니의 단정한 신앙심과 세 살부터 성경원전을 읽어 건전한 신자의 모든 조건을 갖추었어도 청년 시절에 비종교인을 만나 교제하는 동안 교리를 배격하고, 부모와 논쟁을 벌이며 심지어 극단 배우가 되어 쾌락 속으로 빠져 전전했다. 성도의 교제는 신앙과 인생에 이만큼 큰 영향을 끼친다.
2. 하나님의 간섭은 실로 놀랍고 두렵다. 제이콥 이임스의 비참한 죽음을 목격한 저드슨은 비로소 모든 이론을 버리고 아버지의 따뜻한 품으로 돌아온다. 그 사이 모친이 뿌린 눈물의 기도는 매사추세츠의 아름다운 들판과 나무를 적시기에 충분할 만큼 뿌렸다고 한다. 얼마나 많은 눈물의 기도를 드렸으면 이렇게 표현했을까?
3. 선교지에서 어린 자녀와 젊은 아내를 잃었지만 하나님은 힘을 주셨고, 열정이 식지 않은 그는 6년 만에 한 영혼을 얻었고, 23년 만에 버마어로 성경을 완역했다. 영적 싸움에서 그는 끝내 승리했다. 명예와 생명과 재산을 다 빼앗긴다 해도 진리를 붙잡고 전파하고 그대로 산 승리자 저드슨의 생애는 승리의 생애였다.

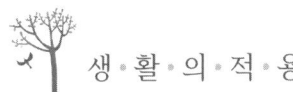 생·활·의·적·용

1. 건전한 성도의 교제(交際)를 추구하자. 인간은 서로에게 매우 훌륭한 영향을 끼칠 수 있고, 한 인간을 망하게 하는 데도 영향을 끼칠 수 있다.
2. 나의 삶과 현실의 역사에도 하나님의 간섭이 있음을 두려워하자. 또한 눈물의 기도의 자녀는 결코 망하지 않는다는 사실을 기억하며 다시금 엎드려 자

녀를 위해 기도하자.
3. 선한 길을 갈 때 밀려오는 개인적 역경과 불운을 이상한 불 시험을 당하듯 생각지 말자. 큰 일을 하면 그만큼 사단도 큰 대적과 훼방으로 다가온다. 그러나 성령님은 가혹한 시련에서도 뒤로 물러가지 않고 믿음의 길을 달려가려는 자에게 이길 힘을 주신다.

찰스 피니 Charles G. Finny
1792~1875

"너는 말씀을 전파하라 때를 얻든지 못 얻든지 항상 힘쓰라 범사에 오래 참음과 가르침으로 경책하며 경계하며 권하라" (디모데후서 4:2)

🌸 생애와 회개

　　18세기 신앙 부흥 운동의 기수, 찰스 피니는 1792년 미국 코네티컷 주 리치팔드에 있는 와렌이란 곳에서 한때 독립전쟁에 참전했던 농부의 아들로 태어났다. 그의 가정은 가난했고 부모님은 신앙인이 아니었다. 그렇기에 피니 자신도 스스로 기도드리기 전까지는 그의 집에서 기도 소리를 들어본 적이 없고, 성경도 읽어본 적이 없었다. 그러나 1818년 26세 때 뉴욕 아담즈의 라이트 판사 밑에서 법률을 연구한 후 변호사 자격을 얻게 되있는데, 그가 읽던 법률 서적에 모세의 율법서나 성경 인용문들이 자주 나와 하루는 성경 한 권을 사서 직접 조사도 하고 여가 시간에 읽기도 하였다. 그때부터 그의 신앙이 싹터 조금씩 자라갔고 홀로 성경을 읽는 동안 성령께서 그의 영혼 속에 주시는 엄숙한 부르심에 순종하게 되었다. 그러나 그는 아직도 죄의 문제를 해결하지 못하였다. 그 문제를 해결하지 못한다면 죽어서 천국에도 갈 수 없는 것으로 느껴졌다.

드디어 1821년 늦가을 어느 날, 피니는 무서운 죄책감에 얽매여 깊은 산속으로 기도하러 갔다. 그러나 아무리 기도하고 엎드려도 말이 나오지 않았다. 억지로 몇 마디 중얼거려 보았지만, 그것은 진정에서 우러나오는 기도가 아니었다. 피니는 너무 안타까워서 부르짖기를, "오! 나는 이제 기도할 수 없다. 내 심령은 아주 죽어버렸구나" 하며 탄식과 절망의 늪으로 빠지고 말았다. 바로 그때 마음속에 울리는 음성, "도대체 무엇을 더 기다리고 있느냐! 네 의로움을 네 노력으로 성취하겠느냐?" 그 순간 그의 영안은 떠지고 그리스도의 얼굴이 마주 보였다. 주님이 피니를 보고 계신 것이 아닌가! 감격에 넘친 피니는 주님 발 앞에 엎드려 소리쳐 울고 통회하면서 전 심령을 바쳤다. 그의 눈물은 주님의 발을 흠뻑 적셨다. 계속 음성이 들려왔다. "나를 오늘 당장, 아니 지금 당장 영접하겠느냐?" 피니는 대답했다. "네, 주님. 지금 당장 영접하겠습니다. 아니라면 이를 위해서 죽겠습니다." 그의 가슴은 확신과 주님의 사랑으로 넘쳐흘렀다. 바로 그날부터 그의 인생은 다시 시작된 것이다.

영성의 생활

그는 법률서적들을 영원히 덮어버렸고 대신 성경을 펼쳤다. 그리고 주인 되시는 주님의 변호사로 세상에 그리스도의 구원의 복음을 증거하는 일이 최고의 값있고 보람된 수고임을 믿었다. 그는 그의 가슴에 새겨진 신성한 사명감에 불타 신학수업을 마친 후 1823년 목사 안수를 받았다. 하나님이 예비하시고 인도하신 하나님의 사람 피니는 그분이 맡기신 큰 일을 할 준비가 되었다. 불쌍한 영혼들을 하나님께로 인도하는 거대한 기회의 문이 그에게 활짝 열린 것이다.

그는 모든 일에 있어서 하나님께서 당신의 계획을 그의 마음속에 펼쳐 주시기 전에는 행동하지 않았고 먼저 기도하며 기다렸다. 그러나 일단 보여 주시면 민첩하게 행동하는 '기도하는 행동가'였다. 그가 신앙 부흥을 위해 떠날 때마다 하나님께서 영적인 빛으로 그의 앞길을 환히 비춰주셨다.

그에게도 주위에서 헐뜯는 비난의 소리는 적지 않았다. 그렇지만 그때마다 피니는 하나님만을 바라보면서 그분이 지도해 주시고 해결해 주시기를 간절히 기도하였다. 이렇게 부딪치는 모든 어려운 상황 속에서 항상 성령의 인도하심을 받으며 기도로 해결하였다.

그는 다년간 성공적인 부흥사로서 도시와 도시를 전전하면서 수많은 영혼들을 하나님께로 인도하였다. 그는 19세기 후반 미국 북부지방 대부분을 휩쓴 종교 각성 운동의 주요 인물이었다. 처음에는 장로교인이었지만 결국 교파를 떠났는데, 이는 그가 엄격한 칼빈주의와 달리 모든 개인에게는 회개할 능력이 있다고 가르쳤으며, 모든 사람은 회개해야 한다고 설교했기 때문이다. 전도자 생활의 절정기에 그는 뉴욕시를 본부로 삼았는데, 어디서나 구원의 기치를 드높여 예수 그리스도만을 증언하였다. 또한 하나님께서는 그에게 젊은 청년들을 교육하는 자질도 주셨다. 후에는 그를 위해 세워진 브로드웨이 태버나클(Broadway Tabernacle) 교회를 중심해서 활동했다.

그는 중년기부터 노년기까지 남녀 공학과 흑백인 공학에 있어서 선구적인 역할을 한 오하이오(Ohio) 주에 있는 오벌린(Oberlin) 대학에서 신학 강의를 했다. 그는 학생들을 가르치면서 항상 그들의 영혼을 사랑하는 마음으로 학생들을 하나님께로 이끌었다. 수업시간에도 성령이 충만해질 때면 갑자기 기도모임으로 바꾸어서 학생들에게 영적 도전을 주곤 했다.

대학교수 시절에도 그의 신앙 부흥에 대한 열정은 여전하여 그의 집회는 밤이면 밤마다 기쁨이 충만하여진 형제들과 두려움에 떨며 상담하려는 자들로 가득 찼다. 뿐만 아니라 죄악을 깊이 뉘우치고 회개의 눈물을 흘리는 자들과 복음의 진리 속에서 자유함을 얻는 자들의 수는 이루 헤아릴 수 없었다. 그는 이런 비결이 오직 말씀과 풍성한 기도, 주님을 사랑하는 사모함 속에 흘러나온 것이라고 역설하였다. 그의 영광스러운 삶과 활기 있는 영적 생활은 그가 나이들어도 결코 줄어들지 않았다. 오히려 해를 거듭할수록 그는 더욱 성숙한 믿음의 경지에서 하나님과 동행하는 삶을 체험하고 있었다. 그는 오하이오 주에서 제일조합교회(The First Congregational Church)의 목사였고 15년 동안 대학 학장을 역임했다.

1875년, 그의 나이 83세, 참으로 아름다운 주일 아침이었다. 새벽의 어둠이 걷힌 언덕 위에는 눈부신 태양이 떠올랐고 피니는 아침의 즐거운 새소리에 귀를 기울이며 행복해했다. 저녁이 되어 그는 바로 옆에 있는 교회에 가고 싶었으나 가슴이 몹시 아팠으므로 문 밖에 걸어 나와 교인들의 찬송소리에 귀 기울이며 따라 불렀다. "사랑하는 우리 주, 나를 품어주소서……." 이것이 성인 피니가 지상에서 부른 마지막 찬송이었다. 고통스러운 몇 시간이 지난 후 그는 기쁨에 찬 얼굴로 조용히 그리고 편안히 잠들었다.

그가 섰던 강가에 세워진 조그마한 비문에는 "이곳에서 찰스 피니는 오랜 세월을 이 마을과 전 세계에 그리스도의 한없는 풍요를 전하다"라고 적혀 있다. 그의 영혼의 불꽃이 타오른 것이다. 그는 지금도 죽지 않았다. 다만 그의 영광스러웠던 삶이 개가를 울리고 있는 동안 잠시 자고 있는 것뿐이다.

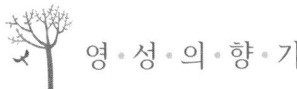 영·성·의·향·기

1. 찰스 피니는 기도의 사람이었다. 모든 일에 있어서 하나님께서 당신의 계획을 그의 마음속에 펼쳐주시기 전에는 행동하지 않았고 먼저 기도하며 기다렸다.
2. 대중 부흥사면서도 대학 교수로, 학장으로 활약하면서 젊은이들을 거듭나게 만드는 목자였다.
3. 그는 늙어감에 따라 영성생활이 더욱 성숙해져서 깊은 경지에서 하나님과 동행하는 삶을 체험하였다.

 생·활·의·적·용

1. 기도의 사람이 되자. 어려운 상황에서 항상 성령의 인도하심을 받으며 기도로 해결하는 하나님의 사람이 되자.
2. 젊은이들이 죄악을 깊이 뉘우치고 회개하는 성령이 충만한 뜨거운 교회, 뜨거운 예배시간이 되게 기도하자.
3. 나도 피니같이 오직 말씀 충만, 풍성한 기도, 주님을 사모하는 갈급한 심령이 되는 영성의 생활로 나가자.

찰스 하지 Charles Hodge
1797~1878

"항상 기뻐하라 쉬지 말고 기도하라 범사에 감사하라 이는 그리스도 예수 안에서 너희를 향하신 하나님의 뜻이니라" (데살로니가전서 5:16~18)

🌱 생애

경건한 복음주의 신학과 신앙의 모범이 된 프린스턴 대학의 영적 교수인 찰스 하지는 1797년 미국 필라델피아에서 한 장로교 가정의 다섯 아들 중 막내아들로 태어났다. 태어난 이듬해 아버지를 여의고 어머니의 손에서 키워졌다. 어머니는 아이들을 말씀과 기도로 키우고 매일 몇 번이고 신앙고백을 반복해서 가르치며 암송케 하였다. 하지의 영성은 어린 시절부터 어머니에 의해 형성된 것이다. 그는 1819년 전도사로 임명받은 동시에 신학교에서 성경교사로 초빙을 받아 목사와 교수의 삶을 살게 되었다.

정식으로 교수가 되던 1822년, 그는 자신이 전도한 사라 바하와 결혼하여 신학교 옆에 지은 새 집으로 이사를 하였다. 그는 그곳에서 반세기 이상을 살면서 복음을 위하여 평생을 바쳤다. 신학 교육에 대한 그의 열정은 자녀 교육에서부터 시작하였다. 자신의 어린 시절을 회고하면서 어머니처럼 자기도 하나님의 사업에 합당한 인물로 키우겠다고 약속하고, 신앙적 터전 위에서 자녀들을 양육하였다. 자녀들도 아버지인 하지를 사랑하였다. 훗날 그의 아들은 「찰스 하지의 생애」라는 책에서 "그의 성품은 사랑과 흔들리지 않는 믿음과 쇠하지 않는 소망으로 찬란하게 빛나고 있었다"고 회상하였다.

1878년 여름, 하지는 일생을 프린스턴에서 경건한 목사로 교수로 봉직하다가 영원한 안식에 들어갔다. 참으로 많은 사람을 감동시켰고 복음으로 주님께 인도했던 주의 종의 삶이었다. 그의 말과 글들은 아직도 경건한 신자들에게 신앙적 삶의 지침서와 이정표가 되고 있다. 마지막 눈을 감으면서 그는 조용히 말했다. "몸을 떠나는 것은 주와 함께 있는 것이요, 주와 함께 있는 것은 주를 뵙는다는 것이요, 주를 뵙는다는 것은 그분처럼 되는 것이다."

영성

그는 어린 시절부터 "쉬지 말고 기도하라"는 사도 바울의 명령을 준행하며, 모든 것을 하나님께 감사하고, 필요한 것이 있으면 모두 그분께 구하는 습관을 가지게 되었다. 그는 작은 소지품을 잃어버렸을 때조차도 그것을 다시 찾게 해달라고 기도할 정도였다. 그리고 그는 길을 걷거나 학교에서 공부할 때도 늘 기도하였다. 그것은 어떤 정해진 규율에 따라 행해진 것이 아니라 아주 자연스럽게 이루어졌다. 이러한 체험들은 그의 영성생활의 시작을 의미하는 것에 지나지 않았다. 그의 체험은 해를 거듭할수록 더욱 깊어갔다.

기도의 사람 하지는 만 14세에 명문 프린스턴 대학에 입학하여 물리학을 연구하게 되었다. 그러나 그에게 더 큰 감명을 준 사람은 신학교의 교수들이었다. 특히 알렉산더 교수의 영향을 받아, 결국 그는 목사로 헌신하게 된다. 이 일은 4년 뒤에 구체적으로 이루어졌다. 신학교에 입학한 그는 영적 생활에 열중하였다. 그의 생활은 누가 보아도 성실하였다. 스승을 존경하고 동료들을 사랑하며 모든 사람들과 따뜻한 대인관계를 유지하였다. 그러나 그의 최대 관심은 언제나 영적 문제였다.

1819년, 신학을 마친 그는 한 달 뒤에 전도사로 청빙되었다. 그리고 학교로부터는 성경신학의 강사가 되어 달라는 제안을 받았다. 이렇게 하여 그의 삶은 목사와 교수로서 살도록 인도된 것이다. 그의 마음속에 언제나 자리 잡고 있는 것은 전도의 뜨거운 불길이었다. 그는 그리스도를 높이고 영혼을 구하는 열정이 너무 강하여 자신의 육신의 일에는 거의 무관심한 편이었다.

하지는 찬송도 많이 불렀다. 그가 불렀던 찬송은 언제나 복음적이고 영적인 것들이었고, 주님에 대한 찬양과 감사로 가득 차 있었다. "예수, 나의 하나님, 당신의 피만이 속죄에 충만한 능력을 소유하고 있습니다. 그리고 당신이 짊어지셨던 짐을 내 영혼이 되돌아봅니다. 저주의 나무에 달리신 그 모습, 내 영혼의 죄악이 거기 있나이다." 이렇듯 그의 찬송은 속죄, 화목에 관한 성경을 그대로 인용한 것이었다. 뿐만 아니라 자신의 한 자녀, 한 자녀를 위해 무릎을 꿇고 드리는 기도는 자녀들의 마음을 녹이기도 하였다.

1826년, 그는 신학교의 명예와 자신의 발전을 위해서 신학분야에 있어 뛰어난 독일과 프랑스의 학자들 밑에서 2년 정도 배우기로 결심하였다. 그는 신학교의 허가를 받아 가족들을 필라델피아에 있는 어머니와 형에게 맡기고 유럽으로 향했다.

오랜 공부 끝에 그는 자신이 믿고 있는 신앙이 바른 것이라는 확신을 더욱 굳히게 되었다. 그는 청교도적인 유산에 긍지를 가지고 하나님이 주신 은혜에 만족했다. 또한 경건은 목사의 생명이라고 믿고 언제나 변함없이 기도하고 성경을 읽고 묵상하며 학생들을 가르쳤다. 그는 독일 대학에 유학하면서 자유신학을 공부했지만 그의 신학적 입장은 전혀 변하지 않았다. 그는 언제나 하나님 중심, 성경 중심, 교회 중심에서 한치도 벗어나지 않았으므로, 그의 수많은 논문들은 정통신학을 추구하는 이들에게 좋은 자료가 되었다.

 영·성·의·향·기

1. 하지는 일찍 아버지를 여의었지만 모친의 경건한 신앙과 사랑을 받고 자랐으며 기도를 쉬지 않았으므로 한평생 그의 삶은 경건하며 따뜻한 성품과 인격으로 일관하였다.
2. 어린 시절 기도 중심, 성경 암송 중심의 삶은 성장해서도 주위 환경의 영향을 받지 않고 철저한 하나님 중심, 성경 중심, 교회 중심의 목사요, 교수로서 살게 하였다.
3. 학문 중심에 치우치기 쉬운 환경에서 주님을 찬양하는 뜨거운 마음과 열정을 쏟아 전도한 그의 생애는 모든 신학교 교수들에게 본이 되었는데, 이것은 어린 시절부터 몸에 배인 기도생활의 결과다.

 생·활·의·적·용

1. 나의 기도생활을 점검해 보자. 기도의 열정이 식으면 난로에 불이 꺼진 것과 같다. 생활 속에서 날마다 무시로 기도하자.
2. 나의 신학과 신앙이 실천적인 것이 되게 하자. 명목상의 교인이 되지 말고 하나님을 찬양하고 전도하는 주님을 따르는 제자가 되자.
3. 경건의 능력을 사모하는 생활이 되게 나를 일으키자.

조지 밀러 George Müller
1805~1898

"너희가 내 이름으로 무엇을 구하든지 내가 시행하리니 이는 아버지로 하여금 아들을 인하여 영광을 얻으시게 하려 함이라 내 이름으로 무엇이든지 내게 구하면 내가 시행하리라" (요한복음 14:13~14)

생애

믿음과 기도의 사람 조지 밀러는 1805년 독일 크로스 펜스타트에서 태어나 1828년 영국에 귀환하였다. 그는 고아의 아버지로서 일생을 보내며 기도에 응답하시는 하나님의 위대하심을 모든 이에게 보여준 사람이었다. 그의 아버지는 신앙이 없는 세무서 직원이었고 어머니는 그가 어릴 적에 돌아가셨다. 일찍 어머니를 여읜 슬픔 속에서 밀러는 해야 할 공부보다 대중소설이나 저속한 문화, 세속적 쾌락 속에서 자기의 길을 분별치 못하는 문제아가 되고 말았다.

그러나 하나님은 여기도 개입하셨다. 밀러가 20세 되던 어느 날, 우연한 기회에 베티라는 친구와 함께 매주 토요일에 열리는 성경공부 모임에 참석케 되었다. 그곳에서 부르는 찬송 소리와 성경공부, 특별히 무릎 꿇고 기도하는 그리스도인들의 진지함은 뮐러의 가슴속에 사라질 수 없는 깊은 인상을 남겼다. 참으로 그 시간은 그 동안 살아온 모든 삶보다 행복했고, 그런 기쁨은 난생 처음 맛보는 것이었다. 그의 일생에 베티라는 친구는 하나님의 뜻을 위해 보내신 사람이었다. 그를 통해 회개와 새로운 변화가 이루어졌기 때문이었다. 그는 이제 과거의 사람이 아니었다. 말씀과 기도 속에서 하나님을 만난 청년 뮐러는 올바른 길을 걷게 되었다. 말씀을 읽고 묵상하고 기도드릴 때마다 마음속에서 솟구치는 사랑과 기쁨은 말로 표현할 수 없는 것이었다. 어찌나 기쁨과 감격이 컸던지 그의 복음의 열정은 다른 이들의 비웃음을 받을 정도였다. 이러한 전도의 불꽃은 날로 더해 드디어 세상의 모든 것을 포기하고 자신을 하나님께 맡기며 목사로 헌신하게 되었다.

영성의 생활 – 고아의 아버지, 기도의 사람

그러나 하나님은 뮐러를 더 연단시키셨다. 그것은 그가 오래 전부터 앓던 병을 재발케 하신 것이다. 그는 여러 주일 병상에 눕게 되었다. 하나님께서는 절망해 있는 그를 다시 기도하도록 인도하셨다. "오, 주님. 나에게 긍휼을 베풀어주옵소서." 비록 이 기도의 응답은 늦게 왔지만 투병생활을 통하여 하나님이 인도하시는 대로 그의 믿음은 자라갔다. 여기서 뮐러는 새로운 교훈을 얻게 되었으니 그것은 성경을 읽고 묵상하며 주님을 믿고 맡길 때 하나님은 필요를 따라 채워주신다는 진리였다.

이런 후 하나님은 뮐러를 믿음의 사도로서 당신의 포도밭으로 보내셨다. 마침내 뮐러는 일생의 사역인 고아원의 운영을 놓고 응답을 받을 때까지 기도하였다. 그리고 하나님께서 명하신 때를 깨닫자 일순간이라도 늦추지 않고 시작했다. 고아의 아버지 뮐러는 그 순간부터 집 없는 부랑자의 친구요, 아버지가 되었다. 이 중대한 사역은 매일 매순간 뮐러로 하여금 기도하며 주님을 의지토록 했다. 이와 같이 막대한 사업을 해 나가야 했지만, 뮐러에게는 일정한 수입도 없었다. 오직 기도의 응답에만 의지하였다. 그야말로 한 시간 기도 후에 네 시간 일하는 것이 기도 없이 다섯 시간 일하는 것보다 더 많은 일을 할 수 있다고 믿고 그것을 실제로 충실하게 실천한 사람이었다. 그는 일생 동안 받은 기도의 응답을 노트에 기록해 두었는데 모두 5만 가지가 넘었다. 그때마다 그는 기도 응답으로 주어지는 기쁨보다 하나님의 살아 계심에 대한 감사가 더 컸다.

이러한 뮐러의 확고한 신앙은 많은 사람을 회개시켰는데, 그는 늘 이렇게 말하였다. "가장 중요한 일은 진심으로 회개하고 그 마음을 하나님께로 향하는 것이다. 내적으로 변화되기 전에는 결코 다른 사람을 회개시킬 수 없다. 주 예수를 직접 아는 지식이 없으면 안 된다." 그러면 이러한 뮐러에게는 시련과 고통이 없었을까? 그의 전 인생은 가난과 궁핍으로 얼룩졌지만, 그의 영혼은 평화와 안식을 누렸다.

그의 일기를 인용하면 "지금은 신앙의 시련이다. 그러나 신앙은 승리했다. 내가 이 커다란 고통을 겪는 동안 나는 주님의 섭리가 따르는 만큼 평화로웠을 뿐만 아니라 불행의 원인에 대해서도 완전히 평화를 느꼈다. 그것은 미지근한 상태로부터 내 영혼을 끌어내어 무한한 지혜와 사랑으로 채워주시기 위해 주어지는 아버지의 회초리였다"라고 고백하고 있다. 그의 영혼을 의심과 불안, 시련의 후유증으로부터 하나님의 보좌로 인도하는 대로(大路)는 바로 기도였다. 그렇다. 하나님은 살아계셔서 그 사랑하는 자녀들의 부르짖는 기도에 응답하신다. 엘리야의 하나님, 조지 뮐러의 하나님, 나의 하나님, 그분은 이제나 오늘이나 영원토록 변함없으신 분이다.

믿음과 기도의 사람, 조지 뮐러! 그의 나이 93세, 그는 30세 때보다도 90세에 더욱 더 성경을 사랑했다. 그의 성경에 대한 사랑은 나이와 함께 더

해갔다. 그는 말씀에서 지고한 기쁨을 맛보며 하루하루를 말씀과 기도로 살았다. 그는 마지막 찬송을 이렇게 불렀다. "우리는 죽은 양을 노래하리라. 우리를 위해 죽은 양을! 지극한 그의 사랑이 시련을 당하나 바위처럼 꿋꿋이 서 있도다. 수많은 사람들이 높은 곳에서 예수의 이름으로 노래 부르며 자신의 공로를 다 감추고 예수의 귀하심만을 찬송하네."

그러나 모든 생명에는 반드시 시작과 끝이 있듯이 이 위대한 신앙인의 삶에도 그 끝이 다가와 황금빛 기도의 쇠사슬들이 마침내 덜커덩 멈춰 섰다. 그의 생애는 담담하고 은혜롭게 끝났다. 에녹처럼 하나님과 동행하면서……. 그의 기념비에는 이렇게 기록되어 있다. "조지 뮐러, 1898년 3월 10일에 93세의 나이로 잠들다." 화강석보다도 더 영구한 기념비, 그것은 하늘나라의 영구한 뮐러의 기념비였다.

영·성·의·향·기

1. 모친의 사랑을 더 이상 받을 수 없는 환경에 처한 젊은이는 대체로 방황의 세월을 살게 됨을 발견하게 된다.
2. 방황했던 사람은 진정으로 회개하고 그리스도를 영접할 때 탁월한 감격과 기쁨을 간직한다.
3. 뮬러는 기도의 사람이었다. 기도로 응답받고 고아 사업에 착수해서 5만 번 이상의 기도 응답을 받고 그 많은 고아들을 길러냈다. 기도는 하나님의 후원금이 된다.

 생·활·의·적·용

1. 지체하지 말고 기도의 삶으로 돌아가자.
2. 응답의 역사를 체험하자. 뮬러는 5만 번 응답받은 체험가였다. 어제나 오늘이나 동일하신 주님(히 13:8)께서 지금 우리에게 더 많은 응답을 주실 수 있음을 믿자.
3. 뮬러가 한 사업은 고아 사업이다. 그러나 진정한 그의 업적은 전도였던 것임을 잊지 말고 전도하자. 전도의 열정이 있는 곳에 기도의 기적이 일어난다.

죄렌 키에르케고르 Søren A. Kierkegaard
1813~1855

"무리와 제자들을 불러 이르시되 아무든지 나를 따라 오려거든 자기를 부인하고 자기 십자가를 지고 나를 좇을 것이니라"
(마가복음 8:34)

"베드로가 돌이켜 예수의 사랑하시는 그 제자가 따르는 것을 보니 그는 만찬석에서 예수의 품에 의지하여 주여 주를 파는 자가 누구오니이까 묻던 자러라 이에 베드로가 그를 보고 예수께 여짜오되 주여 이 사람은 어떻게 되겠삽나이까 예수께서 가라사대 내가 올 때까지 그를 머물게 하고자 할지라도 네게 무슨 상관이냐 너는 나를 따르라 하시더라 이 말씀이 형제들에게 나서 그 제자는 죽지 아니하겠다 하였으나 예수의 말씀은 그가 죽지 않겠다 하신 것이 아니라 내가 올 때까지 그를 머물게 하고자 할지라도 네게 무슨 상관이냐 하신 것이러라"
(요한복음 21:20~23)

생애

현대 실존주의 철학(existential philosophy)의 아버지요, 개신교의 개혁자인 키에르케고르는 1813년 5월 3일 덴마크의 수도 코펜하겐에서 부유한 모직물 상인 미카엘 페르텔젠 키에르케고르와 안네의 8남매 중 막내로 태어났다.

이때 그의 아버지 미카엘 키에르케고르는 57세였고, 어머니 안네는 45

세였다. 미카엘은 가난한 시골 태생으로 코펜하겐의 모직물 상인의 집에서 점원 노릇을 하다가 상업에 눈을 떠 거부가 된 사람이다. 전처가 아이 없이 죽자 모직물 상인의 하녀로 있던 안네와 정식 결혼을 하였다. 미카엘은 믿음이 두터운 사람으로 인생과 신앙의 근본문제에 대해 비상한 관심을 가졌고 죽음과 구원에 대하여 깊은 상념이 머리에서 떠나지 않았다.

미카엘은 12세 때 집안이 가난하여 유틀란드의 황량한 벌판에서 양을 치는 목동을 하였다. 추위와 굶주림에 못이긴 미카엘은 언덕 위에 올라 자기에게 이런 괴로움을 안겨준 하나님을 저주하고 원망했다. 그 후에 모든 것이 잘되어 거부가 되고 남부럽지 않게 살게 되었으나 어렸을 때에 하나님을 저주한 이 쓰라린 기억이 한평생 그에게 죄책감을 갖게 하였다. 키에르케고르는 그런 아버지에 대해서 이렇게 쓰고 있다.

"어렸을 때, 유틀란드의 거친 벌판에서 양을 치며 추위와 굶주림에 시달린 나머지 언덕 위에 올라 하나님을 저주한 사나이의 두려운 운명, 그는 82세가 되어도 이것을 잊을 수가 없었다."

미카엘은 이처럼 엄숙하고 우울한 종교적 성격의 소유자였으며 예리한 지성과 풍부한 상상력과 재치 있는 언변의 재능도 아울러 지니고 있었다. 키에르케고르는 이런 아버지의 성격을 그대로 물려받았다. 그는 아버지에 대하여 이렇게 말했다.

"아버지는 대단히 엄격한 사람이었다. 언뜻 보면 무뚝뚝하고 산만했다. 그러나 그는 풍부한 상상력을 갖고 있었다. 늙어서도 그 상상의 날개는 무디어지지 않았다. …… 옛날에 아버지와 아들이 있었다. 이들은 아버지와 거울이다. 아버지와 아들은 즐겁고 재미있는 이야기를 자주 주고받곤 했다. 아버지는 때때로 걱정스러운 얼굴로 아들의 얼굴을 들여다보면서,

'가엾은 일이야, 너는 절망 속에서 살고 있구나' 하고 말했다. …… 우울한 아버지가 나의 우수를 걱정스러운 눈초리로 바라볼 때 그의 소원은 예수를 올바로 사랑할 줄 아는 사람이 되어야 한다는 것이었다."

키에르케고르는 어려서부터 우울한 아이였다. 그의 「우수의 철학」은 이런 성격의 산물이기도 하다.

그는 1830년 17세 때 코펜하겐 대학에 입학하여 신학과 철학을 공부했다. 1841년 "아이러니 개념에 대하여"라는 논문으로 학위를 받았다. 그사이 1837년 14세 된 발랄한 소녀 레기네 올센과의 사랑, 약혼, 파혼 등의 정신적 갈등을 겪은 뒤 1843년 「이것이냐 저것이냐 : 삶의 단상」, 「반복」, 「두려움과 떨림」, 1844년 「불안의 개념」, 1845년 「인생행로의 여러 단계」 등을 저술하였다. 그 후 저작 활동에 허무함을 느껴 시골에서 '경건한 목사'로서 하나님 앞에서 고독자의 길을 걷는 조용한 생활을 원했으나 풍자 신문으로 인해 다시 문필로 변증하는 자가 되었다.

그는 자신에 대한 비평과 싸우는 동안 그리스도인으로서 새로운 정신 활동과 저작에 대한 의욕을 가지게 되었다. 그는 특히 레기나와의 파혼으로 인하여 받는 조소, 그의 작품에 대한 오해들로 인해 고통을 겪으면서도 굴하지 않고 대중의 비자주성과 위선성을 혹독하게 비판했으며, 절망 속에서도 단독자(單獨者)로서 하나님을 간절히 찾는 이상적인 자세를 「죽음에 이르는 병」(1849)과 「그리스도교의 수련」(1850)에서 추구하였다. 그는 당시 세상과 타협하는 사이비 기독교인들을 통렬히 비난하고 진정한 기독교가 무엇인가, 그리스도인으로 살아가는 것이 무엇인가를 분명히 밝히려고 애쓰다 극렬한 논쟁의 싸움에 지쳐 1855년 10월 2일 거리에서 쓰러졌고, 그 해 11월 11일 43세를 일기로 세상을 떠났다.

영성

키에르케고르는 실존의 발견자다. 이것이 철학사상사에서 차지하고 있는 그의 위치요 공적이다. 우리는 키에르케고르를 떠나서 실존주의를 운운할 수 없고, 또 실존주의를 떠나서 키에르케고르를 논할 수 없다.

실존이란 무엇인가? 그것은 인간의 개별적 존재, 곧 현실존재 또는 참된 진실의 존재로서의 본래적 자아를 의미한다. 그러면 어떤 내용의 자아가 진실된 존재냐? 실존이라는 그릇에는 여러 가지 내용들을 담을 수 있다.

신 앞에 서는 단독자, 이것이 키에르케고르의 종교적인 실존이다. 하이데거처럼 신과는 관계 없이 양심의 입장에 서는 윤리적인 실존이나, 니체나 사르트르처럼 신을 부정하고 자유로운 행동적인 실존을 주장하는 것이 아니라, 야스퍼스나 마르셀과 같이 '홀로 신 앞에 서는 실존'을 내세운다. 이와 같이 종교적·신앙적 실존의 우위성을 주장하는 것이 키에르케고르의 실존주의다.

키에르케고르의 평생의 과제는 '사람은 어떻게 하여 기독교인이 될 수 있는가'였다. 그에게 있어서 참된 기독교인이라는 것은 항상 '신 앞에 나서는 사람(Existenz von dem Gott)', '신의 독생자인 예수와 동시적으로 있는 사람'을 말하는 것이다. 본래 신에 관계하고 있는 자기가 신과의 관계에서 떠나 있는 것은 참된 자기를 소외하고 있는 상태, 곧 죄이며 죄 속에 있는 인간은 필경 절망 속에 사는 수밖에 없다. 따라서 인간은 참된 자기가 되려고 욕구하는 한 항상 영원자를 구하여 조력하지 않으면 안 된다. 이 자기 복귀에의 노력 과정, 자기가 자기 자신이 되려는 생성 과정이 곧 실존하는 일이며 이는 벌써 단순한 이성의 문제가 아니고 인간의 특수한 존재빙식의 문제인 것이다.

키에르케고르는 인간의 자기 생성의 문제를 세 개의 실존 단계에서 전개시키고 있다.

최초의 단계는 인간이 자기의 실존 의의와 과제를 아직 명확히 의식하고 있지 않은 직접적인 생존의 단계다. 이를 미적 실존 또는 감성적 실존(asthetisch Existenz, der Asthetiker)이라고 한다. 미적으로 산다고 하는 것은 인간이 감성적으로 '기분에 따라서' 직접적으로 자기의 '있는 바 그대로 있다'고 하는 등의 생존방식이다. 인생은 향락하지 않으면 안 된다는 것이 이 단계의 모토(motto)다. 인간은 무한의 가능성과 부동성을 희롱하면서 끊임없이 향락을 찾아 헤맨다. 그러나 향락의 추구 뒤에 오는 것은 권태뿐이며, 마침내는 이러한 실존 자신에 실증을 내고 좌절해 버리고 마는 것이다. 인간은 누구나 이 단계에 살고 있는 한 절망뿐이다. 이와 같이 미적 실존의 단계는 그 자체가 모순이기 때문에 한층 고차원적인 실존 단계로 옮아가지 않으면 안 된다.

제 2의 실존단계는 인간이 자기의 실존 의의를 자각하고 있고 인간이 실존하면서 실현해야 할 보편적 인간적인 것, 곧 윤리적인 것을 의무라는 이름 밑에서 이해하고 있는 단계다. 이를 윤리적 실존(ethischex, der Ethiker)이라고 부른다. 윤리적으로 산다고 하는 것은 인간이 자기의 '되어야 할 것'이 되는 일이다. 그러나 이 단계도 궁극에 이르러서는 단순히 윤리적인 행위의 영역만으로는 해결할 수 없는 모순에 부딪히게 된다. 실존자가 제아무리 자기의 윤리적 사명에 충실하려고 해도 능력의 한계와 무력만을 깨닫게 되기 때문이다.

여기서 윤리적 실존의 철저한 추구에 의하여 그 근저에 있는 하나의 전제, 곧 인간은 누구나 보편 인간적인 것을 이 개별적인 자기 속에 실현시킬 수 있다고 하는 전제의 부조리가 폭로된다. 이 좌절은 불안과 절망을 통하여 윤리적 실존에서 종교적 실존에의 비약의 길을 가능하게 하여 준다.

제 3의 실존단계는 종교적 실존이다. 실존자는 자기 자신과의 변증법적인 싸움을 통하여 비로소 신과의 관계에 돌입한다. 이 단계에는 종교 A와 종교 B의 두 가지가 있다.

종교 A는 단순히 보편적 종교적인 것을 목표로 하는 종교적 실존이며, 개인이 신 앞에 있어서의 자기 부정에 의하여 내면을 향하여 변증법적으로 규정되는 경우다(이른바 내면화의 변증법). 키에르케고르는 이 단계를 내재의 종교라고도 한다. 종교 B는 모든 내재적인 입장에서의 단절이며, 따라서 역설변증법이라는 특징적인 성격을 지닌다. 여기서 신앙이라는 것은 영원한 신이 시간 가운데 수육(受肉; incarnatio)했다고 하는 객관적으로는 불확실하기 짝이 없는 이 역설을 주체성의 정열에 의하여 고수하는 일이다. 종교에 있어서는 인간이 단순히 일반적으로 신과의 관계에 있는 것이 아니라 개별적인 실존자의 한 사람 한 사람과 자기가 예수와의 관계에 놓이고 예수와 대면하게 되는 것이다. 단독자 주체성 실존적 사유 등의 여러 근본개념은 이러한 견지에서 헤겔(Hegel)적인 보편성 객관성 추상적 사유 등에 대립하는 것으로서 그에 의해서 확립된 것이다. 키에르케고르에 의하면 실존은 '객관성이 아니고 주체성', '외면성이 아닌 내면성', '보편자가 아닌 단독자', '영원한 필연성이 아닌 시간적 우연성' 이다. 전자가 헤겔의 입장이라면 후자는 이에 반한 키에르케고르의 입장이다.

그에게 신앙은 개인 문제이기 때문에 신 앞에 나서는 자는 단독자여야 하며, 종교적 진리는 무관일 수 있는 객관적 진리와는 달라서 사람이 그것을 위하여 살고 또 죽을 것을 뜻하는 것과 같은 주체적 진리여야 하며, 사유는 참된 자기가 되기 위한 사유로서 종교적이어야 하는 것이다. 그가 말하는 종교적인 실존이란 요컨대 신앙을 가지고 살아가는 주체를 말한다.

사실 키에르케고르의 생애와 저작들은 기성교회에 심각한 도전이 되었다. 그는 당시의 기성교회가 마땅히 지녀야 할 신앙의 도약과 헌신에 대한 개인적인 책임(대중의 책임과 반대되는 개념의 책임)을 도외시했다고 믿었다. 그의 모든 저작들은 인간과 하나님 사이의 간격을 최소화시킨 기성교회에 대한 일종의 심판 메시지였다. 키에르케고르는 하나님과 인간 사이에는 커다란 간격이 있고 그 둘 사이의 유일한 교량 역할을 하시는 이가 바로 예수 그리스도라고 믿었다. 이성이 신앙보다 우위를 차지하고 인간의 잠재력이 인간의 연약함보다 우위를 차지하던 소위 계몽주의 시대에 키에르케고르의 철학은 정체성을 잃어버린 세상과 교회에 바른 잣대 구실을 했다. 여기에 발췌된 부분은 키에르케고르의 많은 저작들에서 발견되는 일련의 기도들이다.

죽음에 이르는 병

하늘에 계신 아버지! 회중이 종종 병든 자와 슬픔을 당한 자를 위해 주님께 간구합니다. 우리 중의 어떤 이가 병들어 누웠거나 죽을병에 걸렸을 때 회중이 때때로 특별 기도를 하기도 합니다. 우리 한 사람, 한 사람에게 죽음에 이르는 병이 무엇인지 적시에 알 수 있는 은혜를 주시고, 우리 모두가 이 질병을 겪고 있다는 것을 알게 하여 주옵소서.

오, 주 예수 그리스도시여! 주님께서는 이 질병으로 고통당하는 자들을 구원하려고 이 땅에 오셨습니다. 이 질병으로 우리 모두가 고통당하고 있기는 하지만, 이 질병을 통해 주님께서는 이렇게 앓고 있다는 사실을 알고 있는 사람들의 목소리만을 들으실 수 있습니다. 이 질병 속에서 주님을 굳게 붙잡도록 도와주옵소서. 이 질병을 고침 받을 때까지 주님만을 붙들게 도와주옵소서.

오, 성령 하나님! 성령께서는 우리가 정직하게 고침 받기를 원하기만 하면 우리를 고치시기 위해 오셨습니다. 우리와 함께 거하셔서 우리가 단 한순간도 의사이신 성령님을 회피함으로 말미암아 파멸로 향하지 않게 하소서. 또한 우리도 성령님과 함께 거하여 질병에서 고침 받게 하소서. 성령님과 함께 거하는 것이 질병에서 고침 받는 것이며, 성령님과 함께 있을 때 모든 질병에서 구원을 얻기 때문입니다.

우리가 죄를 주장하게 하옵소서

하늘에 계신 아버지! 죄가 우리를 주장하는 것이 아니라 우리가 죄를 주장하게 하옵소서. 주님을 향한 우리의 생각이 우리의 영혼을 일깨울 때마다 우리가 저지른 죄가 생각나게 마옵시고 주님께서 베푸신 용서의 은총이 생각나게 하옵시며, 우리가 어떻게 그릇 행했는가가 생각나는 것이 아니라 주님께서 어떻게 우리를 구원하셨는가가 생각나게 하옵소서.

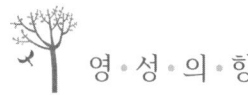 영·성·의·향·기

1. 인간 키에르케고르에게서 발견하는 것은 무엇보다 하나님 앞에서 자신을 진실하게 발견하고 진실하게 서려고 평생을 고독하게 싸워 나간 점이다.
2. 절망은 곧 '죽음에 이르는 병'으로 여겨졌으나 그는 역설적으로 절망은 우리로 하여금 높고 깊은 신앙의 세계로 비약할 수 있는 하나의 발판이 되고 계기가 된다는 신앙의 역설, 곧 패러독스를 발견케 하였다.
3. 키에르케고르의 기도문 속에서 하나님을 향한 인간실존의 불안과 절망의 실체를 순수하게 호소하는 점을 발견할 수 있으며 우리의 신실한 기도를 요청케 한다.

 생·활·의·적·용

1. 하나님을 단독자로 만나기 위해 얼마나 깊은 기도와 명상의 시간을 가졌는가 생각해 보고, 대충의 그리스도인(almost christian)이 되는 부패에서 깨어나자.
2. '절망'을 통해서 하나님에게 이르는 길을 발견하자. 낙심을 통해서 더 소망할 수 있는 하나님의 은총을 발견하자.
3. 더 진실하게 하나님과 만나자.
   더 순수하게 하나님 앞으로 나가자.
   더 간절히 하나님의 음성 듣기를 힘쓰자.

데이비드 리빙스턴 David Livingstone
1813~1873

"그러므로 너희는 가서 모든 족속으로 제자를 삼아 아버지와 아들과 성령의 이름으로 세례를 주고 내가 너희에게 분부한 모든 것을 가르쳐 지키게 하라 볼지어다 내가 세상 끝날까지 너희와 항상 함께 있으리라 하시니라" (마태복음 28:19~20)

"또 가라사대 너희는 온 천하에 다니며 만민에게 복음을 전파하라" (마가복음 16:15)

생애

"34년 동안 예수 사랑의 불씨를 가지고 오지의 밀림을 헤치고 헤치다 지쳐, 기도하며 잠든 데이비드 리빙스턴! 대리석은 무너질지라도 이 사람은 살아 있는(Living) 돌(Stone)이로다."

데이비드 리빙스턴은 1813년 3월 스코틀랜드의 블랜타이어라는 마을에서 태어났다. 그의 부모는 가난하고 낮은 신분이었으나 정직한 정신, 근면, 검소, 그리고 서로에 대한 사랑과 하나님에 대한 믿음으로 밝고 행복한 사람들이었다.

그는 가난했기 때문에 10세 때부터 면화공장에 나가 일을 해야만 했다.

그러나 지식에 대한 열렬한 탐구욕과 뚜렷한 목표의식을 갖고 있던 그는 어린 나이에 고된 노동 속에서도 지칠 줄 모르고 계속해서 공부하였다. 그렇게 그는 신학과 의학을 독학하였다.

회심과 선교의 영성

그리하여 16세 되었을 때, 그는 호레이스를 비롯한 수많은 고전의 저자들과 친숙해 있었다. 그는 어떤 책이든지 가리지 않고 탐독하였다. 여러 해 동안 종교에 관해 진지한 생각을 많이 했던 그는 20세에 토마스 딕의 「종교철학」과 「미래 국가의 철학」이란 책들에 눈을 돌리면서 그리스도를 영접하는 것이 개인의 의무요, 최고의 특권임을 깨닫고 영적 변화를 받게 되었다.

리빙스턴의 마음은 이제 변화된 새 생명으로 말미암아 진리를 이해하게 되었다. 그리고 진리가 그를 사로잡아 버렸다. 20세 전후에 그는 "나의 죄, 바로 이 상태로 그리스도의 구원을 받을 자격이 있다. 그렇다. 나도 특권 있는 사람이다. 나는 이 축복을 받을 의무가 있다"고 소리쳤다. 그때의 기쁨을 그는 이렇게 표현했다. "만일 색맹이 낫는 수가 있다면, 그때의 나만큼 기뻐했을 것이다." 그는 처음부터 선교사가 될 생각은 없었다. 그러나 귀츨라이프가 중국 전도를 하고 돌아와서 쓴 "중국을 위한 호소문"을 읽고 생의 방향을 전환시키게 되었으니, 곧 선교사로서 그의 생애를 바치기로 서원했던 것이다. 그로부터 그의 노력은 항상 변함없이 한 목적을 지향하였다. 그는 필수 불가결한 신학적 훈련 이외에 의사가 되는 데 필요한 훈련도 받기로 결심하고 글래스고에서 신학과 함께 의학을 공부하였다. 그는 의술을 베풀면서 독립하여 선교를 할 생각이었다.

1840년 중국에서 복음을 전파하려던 그의 계획은 아편전쟁으로 인해 좌절되고 말았다. 이러한 상황에 처해 있을 때 아프리카 선교사이며 성서 번역가인 로버트 모펫을 만나게 되었다. 모펫은 영국 젊은이들의 마음속에 그 당시 '검은 대륙'이라고 불렸던 아프리카의 그리스도를 모르는 수천의 부락들을 복음화시키려는 열망을 불러일으켰다. 이제 그는 아편전쟁이 끝나는 것을 기다릴 아무 이유가 없었다. "나는 곧 아프리카로 가겠습니다"라고 암흑대륙에 자신을 드리기로 결심한 그 순간부터 그는 영적으로 아프리카에 묻힌 셈이었다.

런던선교협의회는 1840년 11월, 그를 아프리카 선교사로 임명 파송하였다. 선교사로 떠나기 전날 밤 온 가족들은 밤을 지새우며 담소를 나누었다. 아침 5시에 그는 "여호와께서 너의 출입을 지금부터 영원까지 지키시리로다"라고 기록된 시편 121편을 읽고 기도했다. 아버지와 아들은 지상에서는 마지막으로 서로의 얼굴을 쳐다보면서 마음 가득히 슬픔과 기쁨이 뒤섞인 감정을 안고 서서히 걸어 나가며 전송하였다.

선교사 리빙스턴! 그는 모펫 선교사의 딸과 결혼하여 그녀와 함께 8년 동안 고난을 겪으면서 선교의 열정을 불태웠다. 그 결과 아프리카에 선교본부가 개설되었고, 그의 선교의 모범적인 사례 바카트라 부락의 바퀸스족 대추장 세첼이 헌신적인 기독교인이 되었다. 그는 34년간 아프리카를 종횡으로 누비며 복음을 전했다. 그가 여행한 거리만도 29,000마일이 넘었다. 그는 칼라하리 사막을 세 번이나 횡단하였으며, 누가미호, 잠베지강, 빅토리아 폭포를 발견하였다. 그 외에는 니아시호, 탕가니카호, 방체올로호 등을 발견하였으며 나일강의 근원을 찾기 위해 7년 동안이나 탐험을 하기도 하였다.

이 험한 선교와 탐험의 여정에서 그는 사자에게 물려 졸도했으며, 물소에게 받히기도 하고, 거머리에게 뜯겨 죽을 뻔한 적도 여러 차례 있었다. 소를 타고 400마일을 여행하다가 수렁에 빠져 고생하고, 밀림에서 길을 읽고 헤매기도 했고, 오랫동안 굶주림과 목마름을 겪기도 했다. 난폭한 원주민들에게 박해를 당하거나 열병과 이질에 걸려 사선을 헤맨 적도 한두 번이 아니었다.

그러나 그의 가슴속에 불타는 그리스도의 사랑은 결코 식지 않았다. 아프리카를 그리스도의 왕국으로 변화시키는 것이 그의 간절한 기도요 소망이었다. 그는 "내가 가지고 있는 것은 무엇이든지 하나님 나라와 관련성을 끊는다면 아무 가치도 찾을 수 없다. 지리적 탐험의 목적도 선교 사업을 시작하기 위함이다"라고 고백하고 있다.

그가 진실로 경건과 믿음의 사람임을 증명할 수 있는 글래스고 대학에서 행한 연설을 인용해 보면 아래와 같다.

"여러분! 저는 이 자리에서 16년 동안이나 언어도 통하지 않고 또 나에 대한 태도가 모호하며 대개는 적개심을 가지고 있는 아프리카 원주민들 속에서 사는 중에 누가 나를 돌보아주었는가를 말하고 싶습니다. 그것은 다름이 아니라 마태복음 끝절 말씀 곧 '내가 세상 끝날까지 너희와 항상 함께 있으리라' 는 말씀이었습니다. 이 말씀은 어떠한 어려운 처지에 있을 때에도 나를 붙들어주셨으니 주께서는 한 번도 이 언약의 말씀을 어긴 일이 없습니다."

그는 곧 가장 신실하시고 거룩하신 분을 눈에 보이지 않는 친구로 모시고 있었던 것이다. 그러니 어찌 두려워할 까닭이 있으랴!

1872년 3월, 그는 59회 생일을 맞이하여 이렇게 기도하였다. "나의 예수! 나의 왕! 나의 생명! 나의 모든 것! 나는 다시 한번 나의 모든 것을 당신께 바치나이다. 은혜로우신 하나님, 나를 받아주소서. 이 해가 다 가기 전에 나의 사업을 완성하게 하여 주소서. 예수의 이름으로 비옵나이다. 아멘." 그는 "이 해가 다 가기 전에"라고 기도하더니 1년 42일 만에 무릎을 꿇은 채로 하늘나라로 부르심을 받았다. 그때가 1873년 5월이었다.

그가 일생을 바친 세 가지 사업은 이제 모두 완성되었다. 그는 아프리카 선교의 길을 완전히 열어 놓았고, 그 악독한 노예상인들을 없이 하였으며, 또한 나일강의 근원이 방그웰 호수 근방에 있지 않다는 것을 증명하였던 것이다.

하나님의 사람, 리빙스턴! 그가 위대한 업적을 남겨 놓을 수 있었던 것은 "하나님을 경외하라. 그리고 열심히 일하라"라는 격언을 손과 발과 마음으로 몸소 실천하였기 때문이다.

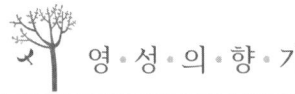 영·성·의·향·기

1. 리빙스턴은 낮에는 일하고 밤에는 공부하는 부지런한 종이었다. 하나님은 이런 기질의 일꾼을 아프리카의 선교사로 삼으셨다.
2. 리빙스턴은 선교의 소명을 느낀 후 신학과 의학을 오직 복음전도의 도구로 삼고 준비하였다. 스스로 주님께 헌신키 위해 자신을 준비시킨 일꾼이었다. 하나님은 이렇게 준비된 일꾼을 검은 대륙에 보내시어 34년을 봉사하게 하셨다.
3. 하나님이 주신 사명을 다 이루고자 죽는 순간까지 무릎 꿇고 기도하던 리빙스턴은 믿음, 기도, 헌신의 사람이었다.

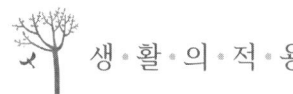 생·활·의·적·용

1. 하나님을 위해 우리 자신을 불태우는 열심을 가져보자.
2. 하나님의 사업을 위해 비전을 세우고 뭔가 준비해 보자.
3. 하나님의 사업을 위해 죽는 순간까지 무릎 꿇고 간구해보자.

찰스 스펄전 Charles H. Spurgeon
1834~1892

"형제들아 나의 당한 일이 도리어 복음의 진보가 된 줄을 너희가 알기를 원하노라 이러므로 나의 매임이 그리스도 안에서 온 시위대 안과 기타 모든 사람에게 나타났으니 형제 중 다수가 나의 매임을 인하여 주 안에서 신뢰하므로 겁 없이 하나님의 말씀을 더욱 담대히 말하게 되었느니라 어떤 이들은 투기와 분쟁으로 어떤 이들은 착한 뜻으로 그리스도를 전파하나니 이들은 내가 복음을 변명하기 위하여 세우심을 받은 줄 알고 사랑으로 하나 저들은 나의 매임에 괴로움을 더하게 할 줄로 생각하여 순전치 못하게 다툼으로 그리스도를 전파하느니라 그러면 무엇이뇨 외모로 하나 참으로 하나 무슨 방도로 하든지 전파되는 것은 그리스도니 이로써 내가 기뻐하고 또한 기뻐하리라 이것이 너희 간구와 예수 그리스도의 성령의 도우심으로 내 구원에 이르게 할 줄 아는 고로 나의 간절한 기대와 소망을 따라 아무 일에든지 부끄럽지 아니하고 오직 전과 같이 이제도 온전히 담대하여 살든지 죽든지 내 몸에서 그리스도가 존귀히 되게 하려 하나니 이는 내게 사는 것이 그리스도니 죽는 것도 유익함이니라" (빌립보서 1:12~21)

"시기오놋에 맞춘 바 선지자 하박국의 기도라 여호와여 내가 주께 대한 소문을 듣고 놀랐나이다 여호와여 주는 주의 일을 이 수년 내에 부흥케 하옵소서 이 수년 내에 나타내시옵소서 진노 중에라도 긍휼을 잊지 마옵소서 하나님이 데만에서부터 오시며 거룩한 자가 바란 산에서부터 오시도다(셀라) 그 영광이 하늘을 덮었고 그 찬송이 세계에 가득하도다 그 광명이 햇빛 같고 광선이 그 손에서 나오니 그 권능이 그 속에 감취었도다 온역이 그 앞에서 행하며 불덩이가 그 발 밑에서 나오도다 그가 서신즉 땅이 진동하며 그가 보신즉 열국이 전률하며 영원한 산이 무너지며 무궁한 작은 산이 엎드러지나니 그 행하심이 예로부터 그러하시도다" (하박국 3:1~6)

생애

19세기 영적 거인 찰스 스펄전은 1834년 에섹스 캘비던에서 태어났다. 그의 집안은 16세기에 위그노들을 핍박하던 네덜란드에서 건너온 후손들이었다. 그의 조부와 아버지는 모두 목사로서 어릴 적부터 그를 엄격한 교리 속에서 가르치는 칼빈주의자들이었다. 스펄전은 7세에 콜체스터에 있는 작은 마을학교에서 교육을 받고, 15세에 뉴마케트의 유명한 교수 존 스윈델의 학교에 등록하였다. 여기서 그는 조교로 일하면서 작문과 강독, 헬라어, 라틴어 문법과 철학에 있어서 상당한 수준에 이르게 되었다. 그는 어릴 때부터 탁월한 지혜와 논리 정연한 주장들로 많은 이들을 놀라게 하였다.

회심과 헌신

16세에 시골의 한 교회에서 첫 설교를 시작하여 19세에는 런던으로 사역지를 옮겨 세계적인 설교자와 저술가로 58년을 사역하였다. 그러나 그도 젊은이의 내적인 불안과 갈등에 사로잡혀 오랫동안 고뇌 속에 빠져 헤매고 있었다. 이때 하나님은 그를 인도하셨으니 조그마한 교회로 그의 발을 옮기게 하셨던 것이다. 그곳에서 한 평신도가 전하는 메시지가 가슴에 와 닿았다. "청년이여, 그대는 왜 고민하고 있는가? 주 예수 그리스도를 바라보시오! 바라보시오! 바라보시오!" 바로 그 순간 주님은 자신의 인(印)을 그의 영혼에 치셨다. 이제 그에게 영혼의 구름은 사라졌다. 어두움 또한 걷히게 되었다. 그리고 주님의 고귀한 부르심을 생각하며 감사하면서 그의 마음은 뜨겁게 불타올랐다. 회심한 그날 그는 작은 비밀 일기장에 이렇게 적고 있다.

"나는 예수님과 그분의 십자가만을 사랑하고, 나의 전 생애를 그분의 뜻을 확장시켜 나가는 일과 그분이 기뻐하시는 길을 가는 데 바치기로 서약한다."

"나는 이 엄숙한 서약에 성실하기를 바란다. 바로 단 한가지의 목적 오직 하나님을 영화롭게 하는 목적만을 염두에 두면서. 오, 주님. 저를 도우사 당신을 존귀케 하며, 지상에서 살 동안 그리스도의 생애를 살게 하옵소서!"

영성

헌신의 결심 이후 그의 삶은 변화되었다. 그의 기도생활은 규칙적이고 능력 있었으며 마치 예수님이 바로 그 곁에 서 있는 것과도 같은 심원한 기도였다. 뿐만 아니라 매일 매일 성경을 읽고 그것에 몰입되어 깊은 묵상을 하였다. 그는 성경을 묵상하는 것이 마치 포도를 짓이겨 포도주를 짜내며, 광석으로부터 금을 제련해 내는 것 같다고 하였다. 기도와 말씀 묵상은 그에게서 빼놓을 수 없는 일용할 양식이었다.

16세가 되던 해에 워터비치의 한 교회의 초빙으로 스펄전은 목회 사역을 시작하였다. 소년 목사 스펄전은 두려움 속에서 주님께 기도할 수밖에 없었다.

"오, 나의 하나님. 저를 당신의 충성스러운 종으로 삼아주소서. 나의 평생에, 나의 세대에 제가 당신을 존귀케 하기를 소원합니다. 그리고 당신을 섬기는 사역에 영원토록 헌신하게 되기를 원합니다."

기도로 시작된 그의 목회는 실패할 이유가 없었다. 그는 버림받은 자들을 말씀으로 위로하고, 삶에 지쳐 있는 자들과 함께 기도하며, 실패한 자들과 함께 눈물 흘리는 목회를 하였다. 이러한 목회는 더욱 부흥하여 교인등록자가 40명에서 100명으로 증가하는 경이로움이 일기 시작하였다. 그는 그곳에서 두 가지 놀라운 체험을 하게 되었다. 그것은 그리스도의 뜻에 전적으로 자신을 맡기는 일과 바로 자기의 모든 삶의 영역에서 계속적으로 주님을 신뢰할 때 그리스도의 능력이 모든 세대를 통하여 나타난다는 사실이었다. 이렇게 순종과 헌신으로 영적 성장을 이루어 나간 스펄전은 18세의 나이로 세계적 사역을 위해 준비하게 되었다.

1853년 여름, 19세 되던 해에 그는 런던으로 사역지를 옮겨 목회를 하였다. 그의 설교는 그리스도 예수가 메시지의 중심 주제로, 산 인격체이신 그분의 사상, 선택, 계획, 감정, 행동들을 찾아 전하는 살아 있는 복음이었다. 이런 그의 설교는 설득력 있었고 순전한 기쁨이 넘쳤으며 능력 있는 말씀으로 온 세상에 퍼져 나가기 시작하였다. 이제 그는 세계적인 인물이 되었다. 그의 예배당은 모든 좌석과 통로 그리고 창문틀까지 군중으로 초만원을 이루었고, 문밖에서까지 서성거리는 자들로 성시(城市)를 이루게 되었다. 그러한 부흥중에도 스펄전은 항상 겸손하게 기도하며 시골의 행상인과 고아원의 초라한 아이들, 빈민가의 불쌍한 이들과 오랜 시간을 함께하는 사람이었다. 마치 우물가의 한 여인에게 찾아가셔서 상담하시는 주님의 모습처럼……

43세 때 건강이 악화되고 교회 재정이 문제가 되어 고통의 폭풍이 닥치게 되자 그는 절망하지 않을 수 없었다. 그러나 그는 다시 주님을 바라보았다. 그리고 피난처 되시는 주님의 날개 아래 쉬면서 그 속에서 평화를 되찾게 되었다. 쉴 새 없는 복음 전도와 목회 사역 중에서도 그가 저술한 책들은 방대하였다. 모두 135권이었다. 그중에는 그가 편집한 28권의 다른 저작자들 작품이 들어 있으며, 앨범과 소책자들을 합치면 무려 200여 권이나 된다. 이 엄청난 분량의 저술들은 바로 종의 일거리라고 생각하는 한 인간에 의해 저작되어 나온 것이다. 그의 일생은 그리스도 중심으로 일관하는 실제 그 자체였다.

1892년 1월 17일 주일 저녁예배를 마지막으로 스펄전은 두 번 다시 일어나지 못할 침대로 돌아갔다. 그는 사랑하는 아내에게 "오! 여보, 나는 그렇게도 복된 시간들을 나의 주님과 함께 누려 왔다오. …… 이제 나의 사역은 끝났소"라는 말을 남긴 채 영원한 고향으로 돌아갔다. 그의 장례사에는 이렇게 쓰여 있다. "본국에 있는 성도들은 그의 귀향을 고대하고 있었다. 그들은 교회 뒤편에 승강기를 설치하고 있었다. 그것은 바로 스펄전이 층계를 오르는 수고를 덜어주기 위함이었다. 그런데 또 다른 사람들이 역시 마찬가지로 기다리고 있었다. 바로 그 광명한 나라 저 천국에서도. 그는 그곳으로 갔다."

 영·성·의·향·기

1. 스펄전은 불과 16세의 나이에 하나님이 부르시는 소명을 감지할 만큼 주님께 그의 전 생애, 전 마음을 기울인 영적 감동에 젖은 사람이었다.
2. 심원한 기도, 예수님 바로 앞에서 드리는 느낌의 기도, 포도즙을 짜듯, 광석에서 금을 제련하듯, 말씀을 깊이 묵상한 영성의 사람이었다.
3. 그리스도께 전적으로 맡기는 삶과 모든 삶의 영역에서 계속적으로 주님을 신뢰한 것은 그에게 능력 있는 목회의 원천이 되었다.
4. 그리스도 예수가 메시지의 중심 주제로, 산 인격체이신 그분의 사상, 선택, 계획, 감정, 행동들을 찾아 전한 설교는 예배당을 초만원이 되게 하였다.
5. 그는 책의 사람이었다. 135권의 저술서, 200권의 편집물을 통해, 문서 활동으로도 복음을 전파함으로 예수 그리스도를 기쁘시게 해드렸다.

 생·활·의·적·용

1. 젊은이들이 예수 그리스도의 소명을 듣게 하자.
2. 심오한 기도, 말씀 묵상으로 영성생활에 집중하자.
3. 삶의 전 영역에서 나 자신을 그분께 맡기고 신뢰하자.
4. 나의 은사가 무엇이든, 그것으로 주님의 일꾼 노릇을 충성되게 하자.

드와이트 무디 Dwight L. Moody
1837~1899

"우리의 전한 것을 누가 믿었느뇨 여호와의 팔이 뉘게 나타났느뇨 그는 주 앞에서 자라나기를 연한 순 같고 마른 땅에서 나온 줄기같아서 고운 모양도 없고 풍채도 없은즉 우리의 보기에 흠모(欽慕)할 만한 아름다운 것이 없도다 그는 멸시를 받아서 사람에게 싫어버린 바 되었으며 간고를 많이 겪었으며 질고를 아는 자라 마치 사람들에게 얼굴을 가리우고 보지 않음을 받는 자 같아서 멸시를 당하였고 우리도 그를 귀히 여기지 아니하였도다 그는 실로 우리의 질고를 지고 우리의 슬픔을 당하였거늘 우리는 생각하기를 그는 징벌을 받아서 하나님에게 맞으며 고난을 당한다 하였노라 그가 찔림은 우리의 허물을 인함이요 그가 상함은 우리의 죄악을 인함이라 그가 징계를 받음으로 우리가 평화를 누리고 그가 채찍에 맞음으로 우리가 나음을 입었도다 우리는 다 양 같아서 그릇 행하여 각기 제 길로 갔거늘 여호와께서는 우리 무리의 죄악을 그에게 담당시키셨도다" (이사야 53:1~6)

생애

19세기 복음 전도자이며 웨슬리와 휫필드 이후로 가장 위대한 부흥가 드와이트 무디는 미국 매사추세츠 주 벽돌 직공의 7남2녀 중 6남으로 1837년 2월에 태어났다. 그의 가정은 갑작스러운 아버지의 죽음 때문에 생활이

극히 빈한하여 무디는 어릴 때부터 갖은 고역과 노동을 해야만 했다. 그에게는 의지할 것도, 교육 받을 기회도 전혀 없었다. 그러나 원래 하나님을 경외하는 어진 어머니의 아름다운 인격과 경건한 신앙심을 본받아 그는 영원한 하늘나라의 일꾼으로 열매 맺기에 충분하도록 양육되었다. 그는 1861~65년 남북전쟁과 스페인전쟁 동안 기독청년회 간부로 부상병을 돌보며 전도했다. 1867년에는 영국, 스코틀랜드, 아일랜드에서 부흥사로 활약하였다.

회심과 부흥 영성

그는 17세 되었을 때, 보스턴에서 양화점을 경영하는 삼촌의 집에서 점원으로 있었다. 19세 되던 해에 첫 영적 체험을 하였는데, 그것은 주일학교에서 에드워드 킴볼 선생의 감화를 받아 그의 몸 전체를 그리스도께 바치기로 결심했던 일이었다. 그 후 몇 달이 지나서 그는 더 좋은 일자리를 찾아 시카고로 갔다. 그는 어디에 가든 늘 "나는 아무 교육도 받지 못했으나 주 예수 그리스도를 모시고 있으며 또한 그를 위하여 무슨 일이든지 하기를 원한다"라고 고백하며 주님을 섬겼다.

이러한 주님을 향한 사랑으로 시카고의 주일학교에서 한 명도 없는 반을 맡아 스스로 학생을 모집하여 말씀을 가르치고 기도하며 전도하여 그의 나이 22세 때 이미 수천 명의 학생을 인도하게 되었다. 그는 학생들을 가르칠 때도 항상 그리스도를 개인의 구주로 고백하며, 체험을 간증으로 실제적인 사역에 참여하는 것이 중요하다는 사실을 가르쳐주었다. 마침내 이 모임은 1857년에서 1858년 사이에 더욱 부흥하여 시카고에서 YWCA 조직의 계기가 되었다. 그 도시 전체에 새로운 바람을 불러일으키는 모체가 되었던 것이다.

1860년, 그는 자기의 모든 세속적인 사업을 포기하고 모든 시간을 그리스도를 위하여 사용하기로 결심하였다. 그렇게 함으로 뒤따르는 고생과 희생은 이루 말할 수 없이 많았으나, 그는 절대로 하나님을 의심하지 않았다. 그는 유식한 사람이 아니었기에 문법에 틀리는 말도 많이 하고, 예술, 과학, 문학, 역사에서 매우 무지했다. 그렇지만 그 중심에 자리 잡은 예수 그리스도에 대한 사랑의 열정은 잃은 영혼들을 구원하기를 간절히 소망하고 있었다. 그는 기도의 능력을 절대적으로 그리고 단순하게 믿었다. 그는 기도하면 반드시 응답될 줄 믿었다. 그는 그가 집회에서 뭇 영혼들을 구원해 주십사고 기도할 때에도 하나님께서 응답해 주실 줄 믿었으며, 그밖의 어떤 경우, 어떤 처지, 어떤 일을 위한 기도든지 하나님께서 들어주실 줄로 믿었다. 그는 과연 기도의 사람이었다.

무디는 기도뿐만 아니라 성경 말씀도 하나님의 영감으로 기록된 권위 있는 메시지로 믿었다. 그는 아무 꾸밈없이 솔직하게 이 메시지를 전했다. 이러한 기도의 확신과 깊은 말씀의 묵상은 마치 화강암과도 같이 굳은 것이었다. 그는 회오리바람과도 같은 저항할 수 없는 추진력으로 능력 있게 활동하였다. 그는 자기 자신이 그리스도로 말미암아 구원받았음을 믿었고, 또 자기의 구세주 예수를 다른 사람에게 알리기를 원했다. 이것이 바로 무디 신앙 부흥의 원인이며 시카고 빈민굴에 주일학교를 설치한 동기이며 YWCA를 조직한 이유였다. 무디는 오직 예수 그리스도 한 분만을 위하여 그의 동역자들이 쓰다가 버린 헛간에서 40여 년 동안 피곤한 줄도 모른 채 일하였다.

1870년에 무디는 세계적인 성악가 생키와 만나게 되었다. 두 사람은 서로 협력하여 사역을 하였는데, 무디는 능력 있는 말씀으로, 생키는 영혼을 울리는 노래로 복된 소식을 전하였다. 그러나 1871년 시카고의 대화재로 무디의 생애에 위기가 닥쳐왔다. 모든 재산이 일순간에 사라졌고 그는 빈털터리의 몸이 되었다. 그렇지만 그는 낙심하지 않고 주님을 의지하면서 계속하여 말씀을 전하였고, 생키는 노래로써 복음을 사람들의 심령 속에 전했다. 그들은 진정 믿음의 용사들이었다.

그 후 무디는 1873년부터 1875년 사이에 생키와 함께 영국에서 전도집회를 개최하였다. 이 집회는 2년간 계속하여 열리는 종교사상 가장 특유한 것이었다. 그 후 4개월 동안의 런던 집회도 사회적·정치적 지도자들의 회심과 함께 놀라운 열매를 거두게 되었다. 무디 일행은 미국 각처에서도 70여 곳을 순회하면서 전도하였다. 그는 항상 집회 전에 고개 숙여 깊은 기도의 시간을 가졌다. 그의 기도 시간은 엄숙하고도 진지한 시간이었고, 기도가 끝날 무렵 무디가 부르는 찬송은 커다란 동요를 일으키곤 했다. 그리고 그가 받은 천부적인 유머와 성경 해석은 하나님의 놀라운 산물이었다. 그의 일생은 이사야 53장의 말씀을 신조로 하여 이루어졌다. 그리고 기도와 말씀 묵상과 감사하는 삶으로 집약될 수 있다.

그의 나이 62세, 1899년 12월 22일, 그날은 세상 사람들에게 있어서 가장 짧은 하루였다. 그날 새벽 한 세기의 전도자 무디는 밤을 모르는 낮의 세계로 영원히 인도되었다. 그는 44년 동안 하나님의 일에 참여하였으며, 많은 영혼을 보이지 않는 세계로 이끌었다. 그는 마지막 혼미한 정신 가운데 나직하고 고른 목소리로 다음과 같이 말했다. "이 땅은 물러가고 하늘나라가 내 앞에 열리고 있구나. 나는 끝내 승리하고야 말았다. 오늘은 내가 면류관을 쓰는 날이야! 나는 수년 동안 그 면류관을 쓰기를 고대하고 있었지. 여보, 당신은 내게 훌륭한 아내였소." 잠시 후 그는 자신이 그토록 신실하게 사랑하고 섬겼던 주님의 면전에서 쉼을 얻는 복을 받았다. 동부 노스필드 라운드 탑 위에 있는 무디의 묘비에는 간단한 성경말씀이 기록되어 있다. "하나님의 뜻을 행하는 사람은 영원히 사느니라."

 영·성·의·향·기

1. '가난 극복'과 '사업 성공'이 무디 생애의 전 목표요, 최고의 소망이었다. 그러나 예수 그리스도를 구원의 주님으로 영접한 이후 그는 이 모든 것을 버리고 주님의 전도자가 되기 위해 자기를 바친다.
2. 아무 교육도 받지 못했으나 주 예수를 위하여 무슨 일이든지 하기를 원하는 무디의 예수 사랑, 예수 충성은 그를 위대한 전도자가 되게 하였다.
3. 무디는 시련 속에서도 절대로 하나님을 의심하지 않았다. 그런 심성의 사람이 하나님의 위대한 일을 해 내는 것이다.
4. 구령열에 불타는 마음은 그 어떤 다른 요건보다 주님의 사랑받는 종 되기에 으뜸 되는 것임을 무디에게서 발견한다.
5. 영혼 구원을 위해서 기도하면 반드시 응답될 줄로 믿은 순수한 사람, 무엇이든지 기도하면 응답하신다는 확고한 신뢰심을 가진 전도자였다.

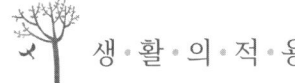 생·활·의·적·용

1. 나는 예수님을 주인으로 선택하기 위해 모든 것을 버릴 만큼 예수님을 사랑할 수 있는가?
2. 무디처럼 오직 구령열에 불타고, 무디처럼 순수하게 기도 응답을 받고, 무디처럼 성경에서 영감을 체험하자.
3. 다른 조건이 갖추어 있지 않아도 주님을 위해, 잃어버린 양을 위해 자신을 온전히 드리기 원하면 하나님은 오늘날 나도 위대하게 쓰실 수 있음을 믿는가?
4. 하나님의 사람이 됐다는 것과 그 자체만으로 내 생애에 최고의 영예를 얻었다고 생각하는가?

로버트 하디 Robert A. Hardie
1865~1949

"내가 진실로 진실로 너희에게 이르노니 나를 믿는 자는 나의 하는 일을 저도 할 것이요 또한 이보다 큰 것도 하리니 이는 내가 아버지께로 감이니라 너희가 내 이름으로 무엇을 구하든지 내가 시행하리니 이는 아버지로 하여금 아들을 인하여 영광을 얻으시게 하려 함이라 내 이름으로 무엇이든지 내게 구하면 내가 시행하리라 너희가 나를 사랑하면 나의 계명을 지키리라 내가 아버지께 구하겠으니 그가 또 다른 보혜사를 너희에게 주사 영원토록 너희와 함께 있게 하시리니 저는 진리의 영이라 세상은 능히 저를 받지 못하나니 이는 저를 보지도 못하고 알지도 못함이라 그러나 너희는 저를 아나니 저는 너희와 함께 거하심이요 또 너희 속에 계시겠음이라"(요한복음 14:12~17)

"그날에는 너희가 아무것도 내게 묻지 아니하리라 내가 진실로 진실로 너희에게 이르노니 너희가 무엇이든지 아버지께 구하는 것을 내 이름으로 주시리라 지금까지는 너희가 내 이름으로 아무것도 구하지 아니하였으나 구하라 그리하면 받으리니 너희 기쁨이 충만하리라"(요한복음 16:23~24)

❦ 죽도록 충성한 헌신의 생애

하디는 한국 교회 부흥의 결정적 역할을 한 1907년 대부흥 운동의 불길을 처음 점화한 사람이다. 1865년 6월 11일 캐나다 온타리오 주에서 출생하였다. 1886년 토론토 대학 의과대학에 입학하였고, 대학생 시절 '기독교 외국 선교 학생 자원 운동'에 가입하여 외국 선교사로 자신을 바치기로 결심하였다. 1890년 캐나다대학선교회의 파송을 받아 8년 계약으로 한국에 파송되었다. 처음에는 교파 없이 독립선교사로 부산에서 선교하였고, 이후 서울 제중원과 부산과 원산 등지에서 의료선교사로 헌신하다가 1898년 계약이 만료되자 남감리회 선교사로 이적하여 1935년 4월 은퇴할 때까지 남감리회 선교사로 활동하였다.

그는 대부흥 운동의 주역으로 한국 교회 성장에 지대한 공헌을 하였을 뿐 아니라, 지금의 감리교신학대학의 전신인 협성신학교의 설립에 주도적 역할을 하여 1909년부터는 교장으로 학교 발전의 초석을 놓았다. 뿐만 아니라 감·장 연합교육기관인 지금의 평택대학교의 전신인 피어선성경학교의 교장으로 수고하였다. 그는 문서선교에도 혁혁한 업적을 남겼다. 1916년부터 한국 감리교회의 신학을 정립하기 위해 〈신학세계〉를 창간하였으며, 한국 교회에 꼭 필요한 책을 소개하기 위하여 무려 62권의 책을 저술하거나 번역 출간하였다. 또한 1920년부터 1933년까지는 당시 가장 영향력 있는 교회연합신문인 〈기독신보〉의 사장으로 교회 출판 및 언론 부분에도 큰 업적을 남겼다.

실로 그는 45년간 한국 선교사의 생애를 통해 한국 교회에 부흥의 불을 붙인 직접선교뿐 아니라 의료선교, 문서선교, 교육선교에 헌신함으로 초기 한국 교회 발전에 혁혁한 업적을 세웠다.

성령 체험과 회개의 영성

한국 교회 부흥의 기폭제가 된 대부흥 운동은 하디의 성령 체험에서 비롯되었다. 하디는 1903년 남감리회 여선교사들이 주관한 성경공부에서 요한복음 14장 12~17절과 16장 23~24절을 통해 기도의 세 가지 본질, 즉 그리스도 안에 거함, 그리스도에 대한 믿음, 성령의 경험에 대해 말하려고 준비하였다. 그러나 말씀을 비춰보면서 자신의 죄를 깨달음으로 심한 마음의 고통을 느껴야 했다. 그는 선교 사역의 열매가 매우 빈약했는데, 바로 선교사로서 그에게 성령의 확신이 없었고, 그로 인해 충성스런 헌신과 절대적인 믿음이 부족했기 때문이라는 것을 깨달았다. 선교사의 권위를 내세우면서 한국인들을 무시했고, 이런 그릇된 사역의 결과는 초라한 선교의 결실이었다. 그는 밤새도록 씨름하다가 새벽녘에 죄를 사해 주시는 하나님의 은혜를 체험하고 평안을 찾게 되었다. 죄를 깨닫게 하시고 위로하시는 성령을 체험했던 것이다.

다음날 기도모임에서 하디는 동료 선교사들 앞에서 선교사로서 자신의 교만함과 강퍅함을 낱낱이 회개하였다. 그리고 그가 받은 성령의 체험을 간증하였다. 마침 그 자리에는 원산의 남감리회 여선교사뿐 아니라 서울에서 온 선교사, 중국에서 온 선교사도 있었고, 원산에서 함께 사역하던 캐나다 장로회 소속의 여선교사들도 참석하였다. 그리고 참석한 모든 이들은 하늘로부터 은혜의 소나기가 퍼부어 내리는 것을 경험하였다. 그들은 모두 자신의 교만함과 강퍅함을 고백하고 이로 인한 열매 없음을 통회하였다.

전도의 영성 – 받은 은혜를 나눔

하디는 그 다음 주일 자신이 담임하고 있던 원산교회에서 한국인 교인들 앞에서 똑같은 회개를 하였다. 이제까지 선교가 지지부진했던 원인은 선교사인 자신이 교만하고 믿음이 부족했기 때문이라고 고백하였다. 그의 진실한 회개는 교인들의 신앙에 불을 질렀다. 그들도 죄에 대한 회개가 나타나기 시작하였다. 이날 이후 교인들과 성경공부를 하던 중 성령의 역사가 일어나가 시작했다. 마침 교회 건축중이어서 목재더미에서 성경공부를 하였는데, 한 청년이 일어나 자신의 죄의 목록을 읽은 후 더 이상 교인들 앞에서 회개하지 않고는 견딜 수 없다고 말하는 것이었다. 이 일 이후 원산교회는 예배를 드릴 때마다 회개가 터져 나왔다. 그 회개는 말로 담을 수 없는 수치스런 것이 많았다. 아내가 함께 있는데도 자신이 간음한 일을 회개하는가 하면 교인 집에서 도적질한 일도 낱낱이 회개하였다.

이렇게 1903년 여름부터 시작된 부흥 운동은 감리교회 선교구역을 타고 점차 전국적으로 확산되었다. 이듬해인 1904년 2월에는 개성 남부교회에서, 다음달에는 정동교회에서 부흥회가 열렸고, 참석한 모든 이들도 원산에서와 똑같은 은혜를 경험하였다. 심령이 완전히 거듭났다. 마침 러일전쟁이 터지고, 하디도 안식년으로 미국에 들어가야 했기 때문에 약간 주춤하기도 했으나 부흥 운동의 불길은 계속 타올랐다. 드디어 1907년과 1908년에 평양의 남산현교회와 장대현교회에서 그 정점에 도달했다. 부흥회 기간 동안 모든 집회는 시작은 있으나 끝은 없었다. 밤새도록 죄를 회개하려는 교인들로 집회를 끝낼 수 없었다. 교인들은 엉엉 우는 것은 예사고, 어떤 이들은 죄로 인한 괴로움으로 교회 마루마닥에서 뒹굴기도 하였다. 무엇보다도 놀라운 것은 교인들 앞에서 회개한 후에 그 즉시 회개에 합당한 열매를 맺는 것이었다. 도적질한 물건을 돌려주었고, 마음으로 저주하던 이들을 찾아가 손을 내밀었다. 첩을 내보내고 아내에게 사과하기도 하였다.

부흥 운동을 경험한 교인들은 전도의 열심이 불일 듯 일어났다. 믿지 않는 가족은 물론 먼 곳에 사는 친척들을 찾아가 복음을 전했다. 이때 '날연보'라는 것이 생겨났다. 물질로 하나님께 드리는 대신 시간을 하나님께 바쳐 이 시간을 온전히 전도에 사용한다는 것이다. 부흥 운동을 경험한 교회마다, 지역마다 교회가 놀랍게 성장했다. 교인들의 수가 늘어났을 뿐 아니라 교인들의 심령이 완전히 변화되었다.

 영·성·의·향·기

1. 하디는 의술을 통해 복음을 전하고, 신학교를 세워 목회자를 양성하고, 서적과 신문을 통해 주님을 증거하는 등 자신의 재능을 교회를 위해 아낌없이 사용하였다.
2. 말씀을 통해 자신의 죄를 깨닫고 죄 사함의 은총을 체험하고 겸손히 자신의 불신앙을 공개적으로 고백하였다.
3. 자신을 완전히 비워 드릴 때 하나님께서 귀하게 사용하시는 아름다운 생애를 보여주었다.

 생·활·의·적·용

1. 나는 나의 모든 재능을 아낌없이 주님의 일을 위해 바치고 있는가?
2. 말씀을 읽을 때 솔직히 나의 부족함을 인정하고 말씀으로 치유받고자 하는 간절한 마음이 있는가?
3. 나는 형제들 앞에서 나의 죄를 솔직하게 회개하고 잘못된 죄를 즉시 바로잡을 신앙의 결단이 있는가?

헨리 아펜젤러 Henry G. Appenzeller
1858~1902

"저희가 조반 먹은 후에 예수께서 시몬 베드로에게 이르시되 요한의 아들 시몬아 네가 이 사람들보다 나를 더 사랑하느냐 하시니 가로되 주여 그러하외다 내가 주를 사랑하는 줄 주께서 아시나이다 가라사대 내 어린양을 먹이라 하시고 또 두 번째 가라사대 요한의 아들 시몬아 네가 나를 사랑하느냐 하시니 가로되 주여 그러하외다 내가 주를 사랑하는 줄 주께서 아시나이다 가라사대 내 양을 치라 하시고 세 번째 가라사대 요한의 아들 시몬아 네가 나를 사랑하느냐 하시니 주께서 세 번째 네가 나를 사랑하느냐 하시므로 베드로가 근심하여 가로되 주여 모든 것을 아시오매 내가 주를 사랑하는 줄을 주께서 아시나이다 예수께서 가라사대 내 양을 먹이라 내가 진실로 진실로 네게 이르노니 젊어서는 네가 스스로 띠 띠고 원하는 곳으로 다녔거니와 늙어서는 네 팔을 벌리리니 남이 네게 띠 띠우고 원치 아니하는 곳으로 데려가리라" (요한복음 21:15~18)

🌿 생애

한국의 복음 개척자 헨리 아펜젤러는 1858년 2월, 미국 펜실베이니아에서 태어났다. 그의 부계(父系)는 18세기 스위스에서 이민 온 독실한 루터파요, 모계(母系)는 현대 문명의 이기를 거부하는 독일계 메노나이트파의 신앙을 갖고 있었다. 대대로 계승한 아름다운 신앙은 어린 아들 아펜젤러의 인격 형성에 큰 영향을 끼쳤다. 총명하고 열성적인 아이였던 그는 5세 때부터 학교 교육을 받으며 어머니와 함께 성경공부를 함으로써 영적 진리에 친숙하게 되었다. 특별히 「하이델베르그 요리문답」은 거룩한 진리를 이해하고 영적인 묵상을 하는 데 기초가 되었다.

그의 영혼의 생일인 1876년 10월 6일은 그가 웨스트체스트의 작은 장로교에서 회개를 체험한 날이었다. 요리문답을 아는 것은 단순한 지식에 머물 수 있지만 회개는 그의 전 존재를 변화시켰다. 그 후 그는 대학에서 기도 모임을 조직하여 기도와 말씀 묵상 등 영성 훈련에 전력을 다했다. 그 결과 훗날 이 모임은 '웨스트체스트 YMCA'로 성장케 되었다.

소명과 영성

1879년경 그에게 큰 변화가 일어났다. 영적 갈등과 정신적 불안이 다른 이들처럼 찾아온 것이다. 그러나 조용한 기도와 말씀을 갈망하는 가운데 "내 어린양을 먹이라"는 주님의 음성을 듣게 되었다. 이 명령은 그에게 있어서 주후 33년경의 말씀이 아니라, 1879년 오늘 그 자신에게 말씀하시는 절대적인 명령으로 들려왔다. 이제 그는 회의와 절망에서 벗어나 영혼의 목자가 되기로 결심하고 드루 신학교에 입학하여 설교 훈련을 시작하게 되었다. 그가 그 동안에 연마한 풍부한 지식과 타고난 유머 감각은 그를 유창하고 설득력 있는 설교자로 만들었다. 대중 설교는 그에게 기쁨인 동시에 사람들에게는 큰 위로와 소망을 주는 것이었다. 그는 계속하여 말씀 연구와 묵상, 그리고 끊임없는 기도 속에서 성숙한 지도자로 자라갔다.

1881년 2월, 23세 때 그는 선교에 대한 설교를 듣고 깊은 감명을 받아 가지고 있던 2달러 50센트를 모두 헌금하였다. 그 후 그는 일기에 "나에게 야망이 있다면 그것은 주님을 위해 봉사하는 데 완전히 헌신하는 것이다"라고 기록하였다. 그가 선교사로 되는 과정은 점차적인 확신, 소명에 대한 복종, 그리고 완전한 헌신으로 이루어졌다. 시간이 흐를수록 그는 해외 선교에 대해 더 큰 관심 속에서 기도하며 하나님의 보내심을 기다렸다. 그는 처음에 일본 선교사가 되려 하였지만 그에게 역사하시는 하나님의 섭리는 한반도로 눈을 돌리게 하였다. 그리고 선교 본부로부터 한국 선교사로 임명되었을 때, 그는 교회의 부르심을 곧 하나님의 부르심으로 믿고 주님이 어디로 가라고 하시든지 십자가를 지고 따르겠다고 매일 매일 기도하였다.

이 무렵 청교도의 후손이며 하나님 나라가 이 땅에 도래하기를 기다리는 신실한 그리스도인 엘라 닷지와 결혼하여 그녀와 함께 주님의 부르심에 순종하였다. 그들은 하나님의 목적이 아직 드러나지 않은 신비 속으로의 여행을 시작하였다. 그들 부부를 실은 신앙의 배는 폭풍우 가운데서도 고요히 갈 수 있도록 세 개의 말씀이 닻줄로 엮어져 있었다. "만군의 여호와가 이르노라"(말 3:10). "너희가 나의 친구라"(요 15:14). "우리가 하나님과 함께 일하는 자로다"(고후 6:1). 그는 이러한 약속들을 굳게 잡은 채 빛나는 신앙의 꿈을 안고 한국으로 향하였다.

1885년 4월, 드디어 제물포항에 도착했다. 그러나 갑신정변의 여파로 일본으로 회항했다가 6월이 되어서야 다시 한국에 돌아왔다. 냉철한 머리와 뜨거운 가슴, 주를 향한 열심으로 고난을 극복해 나갔던 하나님의 사람 아펜젤러는 모든 곳에서 복음의 씨앗을 뿌렸다. 도시의 길거리에서는 행인들을 붙잡고 대화로 끌어 들였으며, 시골에서는 사람들에게 말을 걸었고, 학교와 교회에서는 개인적으로 호소하기도 하고 청중을 모아 놓고 설교를 하기도 하였다. 처음에는 회개한 자들이 한 명씩 찾아왔다. 그 다음에는 두세 명씩 짝을 지어 찾아왔고, 그 다음에는 가족과 마을 사람들 전체가 몰려왔다. 고통과 혀약힘을 겪는 가운데 능숙한 치료사의 친절한 보살핌을 받아 건강을 회복한 수많은 사람들이 하나님의 집과 천국 문을 찾았다. 약국과 병원은 그 교회에 큰 도움을 주었다.

특별히 그는 먼저 4명의 한국 젊은이들을 모아 가르쳤는데, 1887년 2월에는 한국 정부로부터 '배재학당'이란 이름을 하사받아 그곳에서 가르쳤다. 그는 그곳에서 귀족적 교육이 변화되어가며, 더욱이 그 자리에서 복음을 위하여 목숨을 바치겠다는 헌신자들이 속출함에 대하여 하나님께 감사드렸다. 또한 그 해에는 미국 교회의 원조로 벧엘교회가 봉헌되어 한국의 첫 공중 예배가 드려졌다. 그곳에서 그는 그의 첫 전도를 받은 회심자인 여인에게 세례를 주고 성찬식을 가졌다. 예배는 은밀히 드려졌지만 아주 엄숙하고 감격스러운 예배였다.

낯선 나라에서 계속하여 7년간 수고한 아펜젤러는 모국을 방문하여 새로운 힘을 회복한 후 다시 한국 땅에 돌아와 여러 가지 사역을 감당하였다. 그중에 성경 전체를 한국어로 번역하여 그리스도인들로 하여금 성경을 읽고 묵상하도록 하는 사역은 실로 큰 사역이었다. 그는 언더우드 목사와 함께 번역에 착수하여 마태·마가복음, 고린도전후서를 맡게 되었다.

1902년 6월, 그날도 성경 번역 모임에 참석하기 위해 목포로 가던 도중 선박사고를 당하였다. 그러나 그는 자기의 목숨보다도 한국인 비서와 어린 소녀를 구한 채 자신은 희생 제물이 되었다. 그는 그가 그렇게도 아름답게 표현했던 흙무덤에 묻히지도 못하고 "아무도 밟지 않은 툭 트인 바다 밑 묘지, 많은 사람들이 함께 묻힌 무덤 속에" 잠들고 말았다. 사자처럼 용기 있고, 여인처럼 부드러우며 한국인과 함께 죽어간 한국인의 선교사 아펜젤러! 그의 나이 겨우 44세, 하나님은 그를 부르시어 그의 품에 영원히 쉬게 하셨다.

영·성·의·향·기

1. 영국에서는 감리교회의 창설자인 존 웨슬리의 형제들이 홀리클럽(Holy Club)을 만들어 영성생활에 전념했고, 한국 감리교회를 시작하기 위해 선교사로 택함 받게 된 아펜젤러는 미국의 대학에서 기도 모임을 조직하여 영성생활에 전념하였다. 조직과 영성생활은 감리교의 특색이다.
2. 아펜젤러는 주의 음성에 세미한 귀를 기울여 많은 소리 중에 그 자신에게 주시는 음성을 들을 줄 알았다. 영적 귀가 열린 영성의 사람이었다.
3. 선교사로 가는 길은 확신, 소명에의 복종, 그리고 완전 헌신으로 이루어졌다.
4. 한국에 복음의 씨를 뿌리고 한국인을 살리기 위해 자신은 바다 깊이 희생 제물이 된 아펜젤러는 냉철한 머리, 뜨거운 가슴, 주를 향한 열심으로 고난을 극복하였다.

 생·활·의·적·용

1. 기도하는 모임, 규칙적인 영성생활이 감리교의 특징이었다. 나 자신은 어떠한가?
2. 많은 소리 중에 주님이 나를 부르시고, 나를 쓰시려 하는 소리가 들리는가? 소명을 들었는가? 점검해 보자.
3. 주님의 일꾼으로 사명에의 확신, 복종, 완전 헌신으로 단 한 번뿐인 생애를 의미 있게 바치자.
4. 냉철한 판단력과 뜨거운 사랑의 마음, 그리고 타오르는 열정으로 내게 주신 복음 전도의 사명을 다하자.

폴 틸리히 Paul J. Tillich
1886~1965

"내가 땅을 본즉 혼돈하고 공허하며 하늘들을 우러른즉 거기 빛이 없으며 내가 산들을 본즉 다 진동하며 작은 산들도 요동하며 내가 본즉 사람이 없으며 공중의 새가 다 날아갔으며 내가 본즉 좋은 땅이 황무지가 되었으며 그 모든 성읍이 여호와의 앞 그 맹렬한 진노 앞에 무너졌으니 이는 여호와의 말씀에 이 온 땅이 황폐할 것이나 내가 진멸하지는 아니할 것이며 이로 인하여 땅이 슬퍼할 것이며 위의 하늘이 흑암할 것이라 내가 이미 말하였으며 작정하였고 후회하지 아니하였은즉 또한 돌이키지 아니하리라 하셨음이로다 기병과 활 쏘는 자의 훤화로 인하여 모든 성읍이 도망하여 수풀에 들어가고 바위에 기어오르며 각 성읍이 버림을 당하여 거기 거하는 사람이 없나니 멸망을 당한 자여 네가 어떻게 하려느냐 네가 붉은 옷을 입고 금장식으로 단장하고 눈을 그려 꾸밀지라도 너의 화장한 것이 헛된 일이라 여인들이 너를 멸시하여 네 생명을 찾느니라"(예레미야 4: 23~30)

"산들은 떠나며 작은 산들은 옮길지라도 나의 인자는 네게서 떠나지 아니하며 화평케 하는 나의 언약은 옮기지 아니하리라 너를 긍휼히 여기는 여호와의 말이니라"(이사야 54:10)

"생베 조각을 낡은 옷에 붙이는 자가 없나니 이는 기운 것이 그 옷을 당기어 해어짐이 더하게 됨이요 새 포도주를 낡은 가죽 부대에 넣지 아니하나니 그렇게 하면 부대가 터져 포도주도 쏟아지고 부대도 버리게 됨이라 새 포도주는 새 부대에 넣어야 둘이 다 보전되느니라"(마태복음 9:16~17)

"그런즉 누구든지 그리스도 안에 있으면 새로운 피조물이라 이전 것은 지나갔으니 보라 새것이 되었도다"(고린도후서 5:17)

생애

틸리히는 1886년 8월 20일 독일 베를린 근처의 작은 마을 슈타르체텔에서 루터교 목사의 아들로 태어났다. 그는 주로 동부 독일에 있는 쉔플리스(Schönfliess) 뉴왁과 쾌닉스빌크 뉴왁이라는 중세풍의 도시에서 자랐다. 이러한 환경은 그의 마음에 낭만적이며 신비스러운 특성으로 남아 있게 된 과거에 대한 예민한 감각과 자연에서 얻는 환희감을 길러주는 요인이 되었다. 반면에 이러한 마을들은 성벽으로 둘러싸여 있어, 그에게 협소함과 제한성을 상징하기도 했다. 뿐만 아니라 어린 시절 아버지의 보수적인 신앙과 가르침이 틸리히의 생각과 행동을 권위로 통제하려 했다. 틸리히는 자연 속에서 첫 번째 탈출구 곧 개인으로서의 자유를 발견하였다.

1900년 그의 가족은 베를린으로 옮겼는데, 그곳에서 대도시의 문화적인 부요가 틸리히에게 지적인 자극을 불러일으켜 주었다. 그는 베를린 대학, 튀빙겐 대학, 할레 대학에서 신학과 철학을 연구하여 철학박사 학위를 받았다. 1912년 그는 브란덴빌크 지방의 복음주의 루터파 교회의 목사로 안수 받았으며, 4년 동안 군목생활을 했다. 그 후 베를린 대학과 프랑크푸르트 대학 교수로 활약하다가 나치 정권의 박해를 피해 미국으로 망명하였으며, 유니온 신학교와 콜롬비아 대학에서 "철학적 신학"을 강의하였다. 1955년 이후에는 하버드 대학 교수가 되었고, 1962년 시카고 대학 신학부 교수로 봉직하다가 1965년에 서거하였다.

영성의 생활

폴 틸리히는 자신의 신학하는 실존적 삶의 자리를 경계선상 위에 설정한다고 했다. 그의 신학세계는 기독교 진리를 현대인간의 삶의 상황과 연결시켜 재해석하는 변증신학으로 특징지을 수 있다. 그는 말하기를 "하나님은 성령 안에서 기도하는 자의 심령을 통하여, 기도하는 자가 하나님의 존재능력에 참여함으로써만 기도가 가능하듯, 성령은 기도하는 자와 함께 기도함으로써 이미 기도를 들으며 기도에 응답하신다"고 한다. "궁극적 실재"가 인간의 궁극적 관심의 대상이 될 수 있기 위해서는 인간의 구체적 상황에서 구원의 힘으로 응답되는 구체적 절대자이지 않으면 안 된다는 의미다.

시대의 변천이 새로운 사고구조와 언어세계를 창출해 내었기에, 오늘의 새 세대들은 전통적인 용어와 사고방식에서 소외와 단절을 느끼고 있다. 이러한 현실을 누구보다도 예리하게 직시한 변증적 신학자 틸리히는, 이 시대와 상황에 여전히 그리스도를 증거하기 위해서는 "변증적인 타입의 설교"가 필요하다고 스스로 간파함으로써 그 유명한 설교집 「흔들리는 터전」을 발행하기도 했다. 우리들의 내면의 세계와 깊은 대화를 나누고 있는 이 「흔들리는 터전」은 우리의 실존의 위치와 문제성과 의미, 그리고 그 가능성을 유감없이 폭로해 주고 있으며, 이 '세속'의 한가운데서도 우리는 여전히 '거룩함'을 경험하고 있다는 심층적 삶의 모습을 힘차게 증언해 준다.

틸리히는 1·2차대전의 전쟁경험 속에서 서구 부르조아 문명의 몰락과, 통속적 "임기응변의 신"으로서의 유신론적 초월신의 종말을 경험하고 "신 위의 신(God beyond gods)", 곧 "존재 자체(Being-itself)"로서의 신을 절규했다. 인간은 인격을 지닌 정신적 존재이고, 가치와 의미를 추구하기 때문에 당해야 하고 받아야 하는 모든 삶의 아픔과 좌절에도 불구하고 생존 자체, 삶 그 자체, 존재 그 자체를 긍정하고 받아들여야 한다는 뜻이며, 그것이 또한 "존재에로의 용기"이며, 새로운 의미에서의 믿음인 것이다. 존재의 마성(魔性)이 번뜩이고 무의미와 불안이 삶을 좌절시켜도 선함과 아름다움과 바름과 진실과 사랑을 계속 추구하여 그것들로 존재 속에서 드러나는 마성과 혼돈과 무의미를 제어해 나가는 것이 존재에로의 용기이며 새로운 믿음인 것이다.

틸리히 신학에서 항상 강조되는 것은 참다운 성령의 임재 체험이다. 곧 하나님의 영이 인간의 심령에 임하고, 인간의 영을 감싸고 조명하면 인간의 생명 체험은 자기가 초월되는 체험, 모호성과 갈등에 갇혔던 생명의 한계 울타리가 돌파당하는 자유와 해방의 희열감이 동반하는 체험을 하게 되는데, 그러한 체험 가운데서도 인간정신의 합리적 구조나, 통전된 인간 자아의 자기책임성과 인간 인격의 중심이 파괴당하거나 소멸되거나 약화되지 않는다.

20세기의 위대한 신학자 가운데 틸리히만이, 복음이 생활 전체를 변화시키는 본질과 능력이 있음을 여전히 강하게 믿었다. 그는 복음이 전체적으로 이 세상 속에서 이 세상을 위하여 화해와 갱신의 능력임을 믿었다. 실제로 그만이 위기의 형태와 구조뿐 아니라, 갱신의 형태와 구조, 그리고 실존 속에서 화해가 성취될 수 있는 방법을 감히 언급하고 있다. 그만이 인간은 본질적으로 무엇인가, 어떠한 문화가 본질적으로 하나님이 주신 구조와 목적 속에 들어 있는가에 대한 통찰력을 가지고 있다. 우리 신앙의 핵심을 하나님과 인간 세계의 모든 영역에 단호히 연결시킨 그의 신앙과 지성의 탁월한 능력은 후학들에게 새로운 신학에의 도전과 신앙 해석에 실마리를 제공해 주고 있다.

영·성·의·향·기

1. 틸리히는 자유주의 사조와 1·2차 세계대전이 인간의 윤리적 가능성의 한계와 인간 지성의 무능함을 드러내던 시점에 이를 신학적 해석으로 극복하고자 노력한 사람이다.
2. 하나님의 존재를 인간사고의 구조에 가둬두지 않고 "신 위의 신(God beyond gods)"을 제시함으로써 거룩한 존재 자체를 강조하였다.
3. 그리스도를 '새로운 존재'로 파악하면서 그를 믿는다는 것은 그의 삶의 모방이나 신학적 의미를 지적으로 이해하는 것이 아니라 새로운 존재이신 예수의 존재에 참여함으로써 자신들의 존재 또한 새로운 피조물이 되는 것이다.

 생·활·의·적·용

1. 나는 지나친 교리적 신앙을 갖고 있지는 않은가? 인간의 실존을 무시한 신앙과 계시가 얼마나 선교와 복음 이해에 도움이 될까?
2. 그리스도의 제자를 자처하는 나는 얼마나 거듭난 새로운 존재의 힘과 변화를 맛보고 있는가?
3. 하나님을 궁극적 관심의 대상으로 삼지 못하고, 나의 편의를 위해서 의존하고 왜곡한 일은 없었는가?
4. 신앙의 힘을 이 세상의 힘과 자랑과 성공 실패의 판단 척도로 삼고 있지는 않은가?

칼 바르트 Karl Barth
1886~1968

"내가 이미 얻었다 함도 아니요 온전히 이루었다 함도 아니라 오직 내가 그리스도 예수께 잡힌바 된 그것을 잡으려고 좇아가노라 형제들아 나는 아직 내가 잡은 줄로 여기지 아니하고 오직 한 일 즉 뒤에 있는 것은 잊어버리고 앞에 있는 것을 잡으려고 푯대를 향하여 그리스도 예수 안에서 하나님이 위에서 부르신 부름의 상을 위하여 좇아가노라 그러므로 누구든지 우리 온전히 이룬 자들은 이렇게 생각할찌니 만일 무슨 일에 너희가 달리 생각하면 하나님이 이것도 너희에게 나타내시리라"
(빌립보서 3:12~15)

생애와 신학의 순례

1) 자유주의 신학에의 심취

칼빈 이후 가장 위대한 신학자라는 찬사를 받은 하나님 말씀의 신학자 바르트는 1886년 5월 10일 스위스 바젤(Basel)에서 개혁교회 목사이며 신학자인 아버지 프리츠(Fritz)와 어머니 안나 사르토리우스(Anna Sartorius) 사이에서 태어난 3남2녀 중의 장남이다.

그는 어린 시절 역사와 시에 관심을 많이 보였으며, 니마이어(Chr. Niemeyer)가 쓴 영웅전인 「해방 전쟁사」(*Ein Denkmal der Gro ten in den befreiungskriegen*)와 실러(Fr. Schiller)의 「빌헬름 텔 이야기」(*Wilhelm Tell*)를

통해 깊은 감명을 받았다.

16세가 되던 해 견신례(Konfirmation)를 받기 위해 입교 문답을 받을 때였다. 그는 교회의 신앙고백을 단순히 무조건 긍정하며 인식하는 것이 아니라 그것을 '체험'해야 된다고 생각했으며 이런 '종교문제'에 대한 느낌이 그로 하여금 신학교에 입학하는 동기가 되었다.

그 후 18세가 되던 1904년에 부친이 교회사와 신약학 교수로 봉직했던 스위스 베른(Bern) 대학교에 입학하였다. 그러나 신학공부에는 별로 흥미를 느끼지 못하고 오히려 칸트(I. Kant)의 「실천이성비판」과 슐라이어마허(F. Schleiermacher)의 「종교강화」 등의 '경험신학'에 더 관심을 가졌다.

1908년 봄, 바르트는 그렇게도 열렬하게 동경했던 마르부르크 대학교로 옮길 수 있었다. 거기서 그는 새학기 동안 불트만(R. Bultmann)과 나란히 앉아 헤르만(W. Herrmann)의 강의를 들었다. 그의 강의는 '체험신학'이었다. 그에 의하면 종교는 체험이므로 신은 인간의 현실 속에서 체험된다고 하였다. 바르트는 그러한 체험신학을 가지고 23세에 신학교를 졸업했다. 1909년 그는 쥬네브에 있는 개혁파 교회의 목사로 시무하는 한편, 칼빈 학원에서 강의도 맡았다. 이때만 해도 그의 신학사상은 변동이 없었고 개혁파 신학에 기울어져 슐라이어마허의 저서를 탐독하고 있었다.

1911년부터 1921년까지 11년 동안 스위스 자펜빌(Safenwill)이라는 노동자, 농민의 마을에서 본격적으로 목회를 하면서 그는 국제 도시인 제네바에서 느낄 수 없었던 '사회문제', '노동문제'에 부딪히게 되었다. 그것은 피할 수 없는 도전이었다. 결국 친구이며 목회자인 투르나이젠(E. Thurneyen)의 권유로 쿠터(H. Kutter), 블룸하르트(Chr. Blumhardt) 등과 함께 '종교사회주의 운동(Religious-sozinle Bewegung)'에 뛰어들었으며, 이 운동을 통해서 하나님 나라 운동을 복음의 사회적 차원으로 파악하고자 했다. 그 속에서 그는 노동자 농민의 혹독한 삶을 위로하는 데 부모가 준 경건주의적 신앙 세계로는 너무나 역부족이었다는 것을 깨닫고 오히려 그가 배운 베를린, 마르부르크의 자유주의 신학을 현실적으로 적용해야 한다는 생각에 이르게 된다. 그는 사회주의의 노력 속에서 '하나님의 현실성' 즉 '하나님의 흔적(die Spuren Gottes)'을 본 것이다. 바르트는 '예수를 사회적 운동으로, 사회적 운동을 현대 예수'로 파악한 것이다. 이런 결과 젊은 바르트는 사회적 참여의 충동에 깊이 빠졌다. 그는 교회와 사회, 텍스트(der Text)와 컨텍스트(der Kontext) 둘 사이에서 고민하고 참여하며 선도하는 목회자가 된 것이다. "한 손에는 성서를, 한 손에는 신문을"이라는 모토가 그의 목회적 관심, 신학적 서술 속에서 함께 공존하고 있었다.

19세기 자유주의적 강단 신학(die Schuldogmatik)은 정신과 역사의 진보에 대한 낙관주의적 신앙관 속에서 종교와 문화, 종교와 국가, 신적 질서와 세상적 질서를 혼합 내지는 자연적 조화로 연결시켰다. 이러한 입장은 하르낙(A. V. Harnack)의 '그리스도교 본질', 슐라이어마허의 '역사적 범신주의', 리츨(A. Ritschl)의 '윤리적 가치주의', 그리고 트뢸치(E. Troeltsch)의 '종교철학 운동'으로 나타난 소위 문화개신교에서 찾아볼 수 있다. 그러나 이런 이상주의의 인간 직관주의적 이념에 기초한 자유주의 신학은 1914년 세계 제1차 대전의 소용돌이와 함께 몰락하고 그의 정체가 보다 분명하게 드러났다. 바르트는 당시의 상황을 「19세기의 복음주의 신학」에서 이렇게 말했다.

"그 해 8월 초는 나에게 몹시 비통한 날들이었다. 93명의 지성인들이 빌헬름 2세와 그의 자문관의 '전쟁정책'에 승인 발표를 했고, 놀랍게도 거기서 내가 신뢰했던 많은 신학 스승들의 이름을 발견했던 것이다. 그들의 윤리를 의심하면서 동시에 그들의 윤리학, 조직신학, 성서해석학, 역사서술을 더 이상 따를 수 없으며 19세기 신학은 나에게 미래가 없는 것으로 느껴졌다."

2) 새로운 신학운동 – '하나님 말씀'에 대한 봉사의 신학에로

바르트는 더 이상 19세기 자유주의 신학에 대한 신뢰를 가질 수 없었다. 무엇보다 목회자로서 그는 이러한 정황(The Context)에서 무엇을 설교할 것인가가 절박한 문제였다. 그는 인간의 선과 능력을 말하는 19세기 신학과는 전혀 다른 새로운 출발을 해야 했다. 그래서 그는 1916년에 시작해서 1919년 「로마서 강해」 제1판을 내고, 1922년 제2판을 냈다. 제1판에서 신학적 자유화의 투쟁으로 우주적 종말을 말했다면, 제2판에서는 '하나님과 인간의 질적 차이'라는 초월적 종말론을 잠정적으로 유도한 것이었다. 서술 방식은 변증법적이었다. 그러나 그 변증법적 뿌리는 헤겔(Hegel)에게서 연유하지 않고, "유한은 무한을 파악할 수 없다"는 종교개혁자들과 바울에게서 찾았다. 특히 '시간과 영원의 무한한 질적인 차이', '하나님은 하늘에, 너 인간은 땅에'를 말하는 키에르케고르의 용어를 빌려 보다 강한 변증법적 서술로 이끌어 나아갔다.

여기서 하나님의 거룩 · 초월 · 영원 · 신성은 강조되고, 자연 · 역사 · 인간에 대한 것은 부정적 선언을 하고 있다. 그러나 바르트의 초월의 강조는 단순한 분리가 아닌 구별 속에서 변증법적 통일을 말하고자 한다. 그것은 언제나 주격으로서 하나님을 찾는 것, 내재 속에 가려져 있는 하나님의 초월을 다시 찾는 일이다.

바르트는 19세기 신학에서 하나님과 인간, 영원과 시간을 명확하게 구분하지 못하며 신학을 종교철학이나 심리학 혹은 도덕적 가치 정도로 취급했던 것과는 다르게 분명한 노선을 취한 것으로서 '하나님 말씀'을 바로 세우는 것이었다. 그것이 그의 신학의 출발점이며 과제였다.

"키에르케고르, 루터, 칼빈, 바울, 예레미야의 이름이 나타내는 바는 애매모호하지 않은 비(非) 슐라이어마허적 명백성이다. 즉 인간에 대한 봉사는 하나님에 대한 봉사여야 하며 그 반대로 되어서는 안 된다"는 것이다. 바르트가 신과 인간의 큰 간격, 즉 단절을 말할 때, 그의 진정한 통일을 보게 되며, 이러한 간격을 신학적 인식의 출발점으로 본 것이다. 이런 의미에서 「로마서 강해」는 예수 그리스도 안에 있는 하나님의 엄숙한 심판, 어둠 속을 꿰뚫고 들어오는 빛과 같이 전 역사에 대해 내려지는 심판자의 모습이다. 그러나 예수 그리스도 안에서 하나님의 심판(Nein!), 그것이 우리에게는 하나님의 긍정(Ja!), 곧 구원이 된다. 한마디로 「로마서 강해」는 종교개혁자들이 강조했던 "오직 은총으로만(Sola gratia)", "오직 그리스도만(Solus Christus)"의 재현이었다.

이 시기에 바르트 신학의 강조점은 초월, 간격, 부정(Nein)에 있었다. 그것이 그처럼 단호한 부정이었던 것은 19세기 100년 동안 굳게 깔려 있는 낙관주의 신학의 이상주의 허점을 깨뜨려 부수기 위해서였다. 「로마서 강해」는 바로 인간의 행위를 종말론적으로 심판하는 것이며, 이에 대한 하나님의 부정(Nein)이었다. 이 부정 아래 인간의 전 실존과 역사는 뿌리째 흔들리는 '위기'에 직면하게 된다. '위기'는 가장 깊은 곳에서 '심판'을 의미한다.

이 모든 것이 모두 하나님의 말씀의 심판과 명령 아래 놓여 있다. 계시를 이해하려는 사람들은 하나님의 심판대 앞에 서 있는 의식으로 그것을 들어야 한다. "모든 것을 일단 중지하라. 지금까지 네가 가던 길은 무엇인가 잘못됐다." 이러한 위기의식 때문에 사람들은 그의 신학을 '위기의 신학', '변증법적 신학'이라고 불렀다.

「로마서 강해」에서 출발한 그의 신학은 19세기 자유주의 신학자들에 의해서 상실된 신학의 제목을 되찾으려는 '새로운 신학 운동'으로 번졌다. 그는 1923년 투르나이젠(E. Thurneysen), 고가르텐(Fr. Gogarten), 메르츠(G. Merz) 등과 함께 〈중간시대〉(1922~33)라는 잡지를 만들어 변증법적 신학 운동을 계속해서 발전시켰다. 거기서 그는 종말론적 부정 속에 표현된 예수 그리스도의 이름을 신포하는 것, 즉 '하나님의 말씀에 대한 봉사'를 신학의 과제로 삼았다.

"우리는 신학자로서 하나님에 관하여 말하여야 한다. 그러나 우리는 인간이기 때문에 하나님에 대해서 말할 수 없다. 우리는 이 두 가지 우리의 당위와 무지를 인지해야 하며, 하나님께 영광을 돌려야 한다. 이것이 우리의 난점이다." 그의 「로마서 강해」는 바로 우리의 무지를 깨닫고 하나님께 영광을 돌리기 위해서 쓰여진 책이었다. 「로마서 강해」는 "하나님을 하나님 자리로, 인간을 인간의 자리로" 설정해 놓는 것이었으며 20세기 신학 운동의 한 특징을 보여주는 것이 되었다.

3) '인간 편에서'의 하나님 지식에 대한 '가능성'에로
― 오직 그리스도 안에서 주시는 '은혜'로만

1931년부터 중세의 스콜라주의 신학자인 캔터베리의 안젤무스에 대해 연구 발표하면서 하나님과 인간이 만난다는 것에 대한 부정적인 면을 강조했던 신학사상이 예수 그리스도 안에 있는 자기 계시라는 범위 안에서 하나님에 대한 지식이 가능하다는 점을 강조하기 시작했다. 모든 형태의 자연신학(natural theology), 곧 자연, 문화, 철학 등으로부터 하나님에 대한 지식을 얻으려 하는 시도에 대하여 그가 항상 반대했다는 부정적인 면은 남아 있었다. 그러나 이제 그는 예수 그리스도 안에서 믿음으로 하나님에 대한 진정한 지식이 얻어질 수 있다고 그 가능성을 강조하는 쪽으로 옮겨 갔다.

안젤무스에 있어서 모든 신학은 기도와 순종이라는 맥락에서 이루어져야 하는 것이라고 주장한 바르트는 기독교 신학이 객관적이고 냉정한 과학이 될 수 없고, 예수 그리스도 안에 나타난 하나님의 객관적 자기 계시는 은혜와 믿음에 의해서만 이해될 수 있다고 하였다. 안젤무스에 대한 책을 완성한 지 얼마 되지 않아 바르트는 「교회 교의학」(*Church Dogmatics*)이라는 조직신학서의 집필을 착수하여 1968년에 죽기까지 13권을 썼으나 미완으로 끝났다. 바르트가 「교회 교의학」에서 기울였던 모든 노력은 하나님이 예수 그리스도 안에서 자신과 인간 사이에 일종의 유비를 설정하고 계시다는 것이다. 하나님에 대한 지식은 인간의 본성이나 경험 안에 내재되어 있는 능력이 아니다.

하나님이 하나님이며 동시에 인간이신 예수 그리도 안에서 그것을 은혜로 허락하시기 때문에 비로소 가능한 것이라고 한다. 바르트는 1930년 초 반 나치적인 독일 고백교회에 깊이 참여했고, 1934년 예수 그리스도만이 그리스도인들의 주님이라고 언명한 바르멘 선언(Barman Dedaration)을 작성해서 히틀러를 하나의 메시아적 위치로 높였던 독일인들에 대하여 비판을 가했다. 바르트는 「교회 교의학」 13권을 27년간에 걸쳐 저술하다가 1968년 12월 9일 밤 바젤의 자택에서 죽었다.

하나님 말씀의 신학을 통해서 본 영성

바르트의 영성은 부친의 경건주의 신학으로부터 출발하였지만 목회 현장에서 겪은 '노동문제', '사회문제'로 인하여 하나님 나라 운동을 복음의 사회적 차원으로 인식하는 '종교사회주의 운동'에 뛰어들었다. "한 손에는 성서를, 한 손에는 신문을"이라는 모토 아래 그의 영성은 인간의 정신과 역사의 진보에 대한 낙관주의적 신앙관과, 이상주의의 인간 직관적 체험 신앙에 기초한 자유주의 신학의 영성에 깊이 물들여졌다. 그러나 세계 1·2차 대전에서 지성인들이 비인간적이며 비신앙적인 전쟁 찬동론으로 기울어진 것을 보면서 그는 크게 실망하고 새로운 신학을 찾아 그의 영성은 새 전기를 맞이한다. 그것이 바로 하나님을 하나님 자리로, 인간을 인간의 자리로 되돌리는 위기의 신학, 변증의 신학에로의 새 출발이었다. 여기서 그는 철저히 신학은 '하나님 말씀에 대한 봉사'라고 인식했다. 이것은 큰 혁신이었다. 그러나 그의 '하나님 말씀 신학'이 오늘의 상황에 적응되기 위해서는 다음의 세 가지 난관을 극복해야만 하였다.

첫째, 19세기 문화개신교 및 그와 같은 인간학적 신학에 대한 극복이다. 바르트는 18세기 합리주의가 그리스도교를 신비 없는 합리적 자연종교로 격하시켰던 것처럼, 19세기 신학은 현대정신과 타협한 나머지 기독교의 독자성, 절대성이 제거되고 상대화되어 힘없는 인간의 종교로 전락한 것을 간파한다. 그래서 그는 내재 속에 가려진 하나님의 주권, 초월, 하나님과 인간의 거리들을 염두에 두는 신학을 생각했다(계도신학).

둘째, 보수적 정통주의에 대한 극복이다. 사실 보수적 정통주의는 그리스도교 신앙의 변호를 위하여 계시의 하나님을 합리적으로 조명하려는 나머지, 자연신학적 유신론을 발전시켰다. 또한 그들은 현대 과학과 역사 과학을 무시하고 성서의 축자적 무오라는 성서 축자영감설을 고집하는 교리주의자들이었다. 그래서 하나님은 교리와 동일시되어 주격인 하나님이 그것으로 객관화된 것이다. 여기서 바르트는 살아 있는 오늘의 하나님, 즉 계시의 현실성을 선포하는 문제를 포착하는 신학을 생각했다(선포의 신학).

셋째, 하나님의 교회와 교황의 권위로 대치된 교권주의와 자연신학적인 가톨릭 사상에 대한 비판이다. 가톨릭교회는 교회와 교직제도, 성례전을 절대화시킨 나머지 교황과 교회를 절대시하게 되었다. 교황의 권위는 보이는 하나님이었으며, 교회 밖에는 구원이 없다는 교회 절대론이 나왔다. 여기에 대해 바르트는 교회의 참된 의미, 즉 예수 그리스도 뒤를 따르는 제자직을 말하는 교회관을 정립해야 했다(교회의 신학).

바르트는 이런 신학적 문제 하에서「교회 교의학」을 집필할 때 하나님 말씀들을 신학적 과제로 삼고 전 과정을 전개해 간다. '하나님의 말씀론'에서 첫째 '교의학'의 표현으로서 하나님의 말씀론을 새 형태로 진술한다. 즉 ① 선포된 말씀, ② 기록된 말씀, ③ 계시된 말씀으로 전개한다. 그러나 여기서 주목할 점은 선포된 말씀이 맨 앞에 위치해 있다는 점과 하나님의 말씀은 이 세 가지가 다 합쳐져야 성립한다는 것이다. 둘째는 '하나님의 계시'인데 ① 삼위일체 하나님 – 창조자 하나님, 화해자로서 하나님, 구원자로서 하나님, ② 말씀의 성육신 – 예수 그리스도 ; 계시의 객관적 현실성과 가능성, ③ 성령의 부음 – 성령 ; 계시의 주관적 현실성과 가능성이다. 셋째는 '성서'로서 성서는 교회를 위한 하나님의 말씀이다. 교회의 권위는 말씀의 권위이지 결코 교회 자체로서는 권위가 있을 수 없다. 따라서 바르트는 교회 자체로부터 오는 구원론을 비판한다. 넷째는 '교회의 선포'로서 말씀의 최종 목표는 선포에 있다. 선포는 교회의 위탁이다. 교회의 선포가 있는 곳에 윤리가 있고, 삶이 태동한다. 따라서 선포는 우리의 삶의 현장과 마주치는 현실이다.

바르트의 이런 종교개혁자들의 영성을 계승한 오직 성서, 오직 은총, 오직 믿음, 오직 그리스도를 중심으로 하는 하나님 말씀론 중심의 영성은 그의 일생을 통해서 19세기 100년 동안 인간을 긍정하는 낙관적인 자유주의 신학으로 '하나님의 하나님 되심과 인간의 인간됨의 정도를 벗어난' 서구 영성을 종교개혁적 영성으로 회복시킨 위대한 작업이었다. 그러나 말년에는, 신성을 올바르게 이해하기 위해서는 인간성에 대한 이해를 포함해야 한다며 하나님을 인간에서 인간과 더불어 인간을 통하여 역사하시는 하나님, 대화의 하나님으로 계시실증주의 사상으로부터의 명백한 변화를 보인다. 그는 이처럼 인간 긍정으로 돌아서면서 종교개혁자들의 영성, '오직 신앙', '오직 은총만'의 전통을 이으면서도 보다 구체적으로 현실적인 삶에 적용한다는 점에서 종교개혁자들의 영성을 넘어선다. 바르트의 신학은 하나님 말씀을 중심하지만 그가 처한 현실이라는 상황을 결코 외면하지 않는다. 그렇다고 상황신학은 아니다. 하나님 말씀 신학으로서 상황에 민감한 신학을 보이는 영성의 사람이었다.

그의 영성을 이해하기 위해 칼 바르트의 「로마서 강해」(조남홍 역) 부록으로 게재된 최종호의 "바르트의 하나님 말씀의 신학" 소고의 한 면에 정리한 바르트 신학사상의 강조점 변화를 옮겨 본다.

19세기 자유주의	「로마서 강해」 1919, 1922년	「교회 교의학」 1932년	「하나님의 인간성」 1956년
문화 개신교	변증법적 신학	하나님 말씀의 신학	대화의 신학
슐라이어마허 리츨 하르낙 헤르만	제1차 세계대전 빌헬름 2세의 전쟁정책에 93명 서명	안젤무스 연구	「슐라이어마허 선집」의 뒷자리 말
신학수업 목회	"하나님은 하늘에, 인간은 땅에!"	「그리스도 교의학」을 「교회 교의학」으로	"대화"의 삶
하나님이 인간의 현실성 속에	Nein! 하나님과 인간의 무한한 거리	예수 그리스도 안에서 접촉점	성령의 신학에서 인간 현실 강조
인간론적	신 중심적	예수 그리스도 중심적	성령론

영·성·의·향·기

1. 칼 바르트는 19세기 자유주의 신학과 근본주의적 정통주의 신학을 뒤엎고 하나님의 말씀과 복음적 신학에 기초하는 '말씀의 신학'을 수립하였다.
2. 칼 바르트의 '말씀의 신학'은 결코 당시에 유행하던 '학문적 신학'이 아니라 목회 현장에서 우러나온 선포와 설교를 위한 신학, 교회에 봉사하는 신학이다. 그는 양차 세계대전 위기와 사회주의 운동의 격랑 속에 휘말리지 않고 성서 안에 있는 신비한 하나님의 세계와 그 메시지를 발견하여 복음의 놀라움과 기적의 논리 속에서 신학적 해명을 착수한 경건한 영성의 사람이었다.
3. 칼 바르트는 자유주의, 역사적 사대주의, 윤리주의, 심지어는 실존주의까지도 고별하였으며, 신정통주의 신학에도 거리를 두기 원하였다. 그는 자신의 신학이 언제까지나 "말씀의 신학"이었음을 거듭 천명한다. 그는 역사상 바울, 어거스틴, 루터, 칼빈 이후에 그를 능가할 만한 신학자가 없을 만큼 교회의 역사에 중요한 영적 안내자였다.

생·활·의·적·용

1. 개신교문화 신학이 어느 때보다 강하게 대두되는 지금 나는 말씀 중심의 신학에 얼마나 철저한 영성의 사람인가?
2. 하나님의 말씀과 오늘의 상황을 긴밀하게 연계시키며 하나님의 말씀이 오늘의 정황에서 구원의 계시가 되게 하자.
3. 나의 신학적 입장이 무엇인지 깊이 숙고하고 확립하자.

주기철 1897~1944

"무리와 제자들을 불러 이르시되 아무든지 나를 따라 오려거든 자기를 부인하고 자기 십자가를 지고 나를 좇을 것이니라 누구든지 제 목숨을 구원코자 하면 잃을 것이요 누구든지 나와 복음을 위하여 제 목숨을 잃으면 구원하리라 사람이 만일 온 천하를 얻고도 제 목숨을 잃으면 무엇이 유익하리요 사람이 무엇을 주고 제 목숨을 바꾸겠느냐 누구든지 이 음란하고 죄 많은 세대에서 나와 내 말을 부끄러워하면 인자도 아버지의 영광으로 거룩한 천사들과 함께 올 때에 그 사람을 부끄러워하리라"(마가복음 8:34~38)

생애와 영성

일경의 극악한 고문을 이기고 순교하는 마지막 순간까지 한국 교회를 염려했던 순교자 주기철 목사는, 1897년 11월 25일 경남 웅천읍에서 주현성 장로와 조재선의 4남으로 출생했다. 그는 믿음의 가정에서 태어나 어릴 때부터 기도와 경건을 몸에 익혔다. 민족 교육의 본거지인 정주 오산학교를 우수한 성적으로 졸업하고, 서울 연희 전문학교 상과에 입학했다가 안질병으로 중퇴했다.

김익두 목사의 문창교회 부흥집회에서 큰 성령 체험의 감동을 받고, 1921년 평양 신학교에 입학하여 5년 후 19회로 졸업하여, 30세 때 부산 초량

교회에서 첫 목회에 성공을 거두었다. 주 목사의 마지막 목회는 평양 산정현 교회였다. 산정현교회는 예루살렘 성전을 본받아 지은 새 성전이며, 애국자로 유명한 조만식 장로 등이 그 교회 장로로 있어 교회는 크게 부흥했다.

주기철 목사의 설교는 능력 있는 설교였다. 그는 목회 일정 중에 10분의 7은 설교에, 10분의 2는 심방에, 10분의 1은 행정에 사용했다. 특히 그의 설교는 길지 않으나 날카로워서 사람들 기억에 오래도록 잊혀지지 않았다. 평양 신학생들을 비롯하여 많은 젊은이들이 그 교회로 몰려들었다. 그의 메시지는 매일 매일 감동과 충격이 되어 교인들 사이로 샘물처럼 흘러내렸다. 그러나 1938년 2월 8일 주일날, 일본 경찰에 체포되어 갇혔다가 풀려났으나, 끝끝내 신사참배를 거부했기 때문에 그 해에 다시 구속됐다.

이듬해 8월에는 '농우회' 사건으로 경북 의성 경찰에 구속되어 감옥살이를 하고 나왔고, 다시 1940년에 제 4차로 구속되어 감옥살이를 했다. 주기철 목사가 갇혀 있는 동안 친일 평양노회는 주기철 목사의 목사직을 파면하고 그가 시무하던 산정현 교회당은 폐쇄해 버렸다.

주기철 목사가 경찰에 재차 끌려가던 날, 그의 나이 많은 어머니는 신발도 신지 못한 채 뒤쫓아가며 "기철아! 기철아!" 울며 불렀으나 순교를 각오한 주기철 목사는 뒤도 돌아보지 않았다.

순교의 길

일본 경찰은 주기철 목사에게 신사참배를 하겠다는 말만 하고 나가라 했으나 그는 듣지 아니했다. 경찰은 깊은 밤중에만 주기철 목사를 불러내어 고문했고, 손톱 사이에 대침까지 놓으면서 괴롭게 했으나, 주기철 목사의 굳은 마음을 돌이키게 할 수는 없었다.

주기철 목사가 갇혀 있는 동안 부인 오정모 여사는 밤마다 잠들지 못하고 순교의 각오로 엎드린 채 기도하며 밤을 새우고, 교회는 폐쇄당했지만 백인숙 전도사와 함께 교인의 집을 심방하며 예배드리고 격려했다.

감옥 속에는 빈대가 많아 밤에 잠을 이룰 수 없었다. 주기철 목사는 소화불량에 걸려 몸이 해골같이 쇠약했지만 다른 죄수의 이를 잡아주고 위로해 주었다. 늘 기도하며 성경 암송에 힘쓴 그의 얼굴에는 평화가 넘쳤다. 그는 "일본은 반드시 망한다. 진리는 반드시 이긴다"면서 감방 동지들을 격려했다.

1944년 4월 20일, 마지막으로 사모님이 면회 갔을 때는 간수에게 업혀 나와서 "어머님이 보고 싶다"면서 유언했다. "내 대신 어머님을 잘 모셔 주시오." "따스한 숭늉이 먹고 싶소." "나는 천국에 가서도 한국 교회를 위해 기도하겠소." "내 시체는 평양 돌박산에 묻어주오." "한국 교회가 진리에 서야 할 텐데…… 양들을 바로 인도할 참 목자가 누굴까?" 이것이 그의 마지막 말이었다.

4월 21일 밤 9시, 감옥 속에서 "내 영혼의 하나님, 나를 붙드시옵소서!" 하면서 승리의 순교를 했다.

주기철 목사의 기도

"나는 바야흐로 죽음에 직면하고 있습니다. 나의 목숨을 빼앗으려는 검은 손은 시시각각으로 다가오고 있습니다. 죽음에 직면한 나는 '사망권세를 이기게 하여 주시옵소서' 하고 기도하지 않을 수 없습니다. 무릇 생명이 있는 만물이 다 죽음 앞에서 탄식하며, 무릇 숨쉬는 인생은 다 죽음 앞에서 떨고 슬퍼합니다.

내가 폐결핵 환자로 요양원에 눕지 아니하고, 예수의 종으로 감옥에 갇혀 우는 것은 얼마나 큰 은혜입니까! 예수의 이름으로 사형장에 나가는 것은 그리스도인의 최대 영광입니다. 주님을 위하여 열 백번 죽어도 좋지만, 주님을 버리고 백년 천년 산다 한들 그 무슨 삶이리요!

오, 주여! 내 목숨을 아끼다 주님께 욕되지 않게 하시옵소서. 이 몸이 부서져 가루 되어도 주님 계명을 지키게 하옵소서.

주님은 나를 위하여 십자가에 달리셨습니다. 머리에 가시관, 두 손과 두 발이 쇠못에 박혀 최후의 피 한 방울까지 쏟으셨습니다.

주님, 나 위하여 죽으셨거늘 내 어찌 죽음을 무서워 주님 모르는 체 하오리까! 다만 일사각오 있을 뿐입니다."

주기철 목사의 설교
"…… 주님을 위하여 오는 고난을 내가 이제 피하였다가 이 다음 내 무슨 낯으로 주님을 대하오리까. 주님을 위하여 이제 당하는 감옥 고통을 내가 피하였다가 이 다음 주님이 '너는 내 이름과 평안과 즐거움을 다 받아 누리고 고난의 잔은 어찌하고 왔느냐'고 물으시면, 나는 무슨 말로 대답하랴!

주님을 위하여 오는 십자가를 내가 이제 피하였다가, 이 다음 주님이 '너는 내가 준 유일한 유산인 고난의 십자가를 어찌하고 왔느냐'고 물으시면, 나는 무슨 말로 대답하랴. 예수님은 가시관을 쓰셨는데, 그의 종이요, 제자인 우리는 오늘 왜 면류관만 쓰려고 하는가? ……"

 영·성·의·향·기

1. 주기철은 민족의 수난기에 태어나 자신도 수난의 십자가를 지고 순교하기까지 주님의 뒤를 따른 한국의 예수 제자였다.
2. 탁월한 사상과 실력을 가졌으므로 사회 · 정계 · 관계로 나아갔다면 일신상의 부귀와 영화는 물론이고 이름을 남길 만한 위인이었으나, 주님의 십자가만 따라 민족의 구원과 해방을 위해 하나님의 진리를 위해 자기를 바친 사람이었다.
3. 한국 교회를 염려했던 시대적 사명자의 몫을 다한 사람이었다.

 생·활·의·적·용

1. 나의 십자가와 주기철 목사님의 십자가를 비교해 보자.
2. 예수만 바라보자. 곁눈질 말고, 기우뚱거리지 말고 똑바로 예수만 따르자.
3. 기도하자. 성구를 암송하자. 내 고난만 아니라 이웃의 고난도 짊어지고 시대적 사명, 십자가의 길을 가야 하겠다.

이용도 1901~1933

"나의 자녀들아 내가 이것을 너희에게 씀은 너희로 죄를 범치 않게 하려 함이라 만일 누가 죄를 범하면 아버지 앞에서 우리에게 대언자가 있으니 곧 의로우신 예수 그리스도시라 저는 우리 죄를 위한 화목 제물이니 우리만 위할 뿐 아니요 온 세상의 죄를 위하심이라 우리가 그의 계명을 지키면 이로써 우리가 저를 아는 줄로 알 것이요 저를 아노라 하고 그의 계명을 지키지 아니하는 자는 거짓말하는 자요 진리가 그 속에 있지 아니하되 누구든지 그의 말씀을 지키는 자는 하나님의 사랑이 참으로 그 속에서 온전케 되었나니 이로써 우리가 저 안에 있는 줄을 아노라 저 안에 거한다 하는 자는 그의 행하시는 대로 자기도 행할지니라" (요한일서 2:1~6)

생애

이용도는 1901년 4월 6일 황해도 김천군 서천면 시변리에서 태어났다. 아버지는 술을 많이 마셨지만, 어머니는 뜨거운 믿음을 소유한 분으로 남감리교회에 속한 인근 시변리교회 전도부인이었다. 기도하는 어머니의 본을 받아 이용도도 13세에 밤을 새워 기도할 정도로 열광적인 신앙을 갖게 되었다. 남감리교에서 운영하는 개성의 명문 한영서원에 입학하였고, 재학중에 3·1운동에 참여함으로 3년간이나 옥고를 겪었다. 졸업 후 감리교신학대학교의 전신인 협성신학교에 입학하였다. 그가 처음으로 파송된 곳은 강원도 통천교회였다. 통천은 금강산 입구로 이곳에서 그는 열렬한 기도생활을 통해 기이한 환상을 보며 신비한 체험을 하게 되었다. 기도중에 마귀와 혈투함으로써 승리하여 중생하는 체험을 가졌던 것이다.

그가 부흥사로 이름을 날리기 시작한 것은 양양교회 강습회에서다. 지방주일학교 총무였던 그는 열렬한 집회 인도로 이 교회에 성령의 불길을 붙여놓았다. 그때부터 부흥사로 알려져 교파를 가리지 않고 그를 강사로 초빙하기 시작하였다. 그가 인도하는 부흥회에 참석한 이들은 한량없는 하나님의 은혜를 체험하였다. 그의 부흥회는 기성 목회자들과 선교사들의 타성과 권위적인 태도를 직접 공격하기도 했는데 이로 인해 장로교에서 그를 정죄하기도 하였다. 말년에는 이단의 열광주의자들과의 관계로 인해 큰 곤경에 처하기도 하였다. 1933년 10월 2일 하나님의 부르심을 받았다

겸비와 순종, 기도의 영성

시무언(是無言) 이용도. 그는 자신의 별명을 이렇게 스스로 지으면서 "무언, 겸비, 기도, 순종 – 이것을 좌우명으로 삼아 잊지 맙시다. 나의 별명을 시무언이라 함은 말 없음이 옳다는 의미와 메시아 오시기를 기다려 일생을 성전에서 지내다가 만나서 즐거워하던 시므온을 그리워하여 그리 지었습니다"고 했다. 그의 생애는 오직 주님의 말씀에 절대적으로 순종하는 삶이었다. 그는 기도함으로 하나님의 음성을 직접 들으려 몸부림쳤다. 형식적인 신앙으로 병들어 가는 말씀이 아니라 생생한 하나님의 음성을 전하기 위해 필사적으로 기도하였다. 그는 십자가를 지고 가는 예수님처럼 겸손하게 시대의 아픔과 고통을 지고 걸어갔다. 물론 때로는 꺼져가는 성령의 불이 안타까워 무서운 심판과 회개를 촉구하기도 했지만 그의 메시지의 중심은 오직 예수님의 사랑

이었다. 그는 사랑의 사도 요한을 자기 신앙의 이상으로 삼았다. 요한복음과 요한일서가 가장 친숙한 말씀이었다. 그는 오직 성령이 역사하심을 바라며 자신이 소유한 모든 것을 버리고 살고자 했다. 그래서 겸손히 그리스도의 사랑만을 전하고자 하였다.

또한 그는 기도의 사람이었다. 통천교회에서 시무할 때부터 한번 예배당에 엎드리면 몇 시간씩을 보냈고, 산에 들어가 묻히면 며칠씩 기도했다. 이렇게 한번 기도하면 주위에서 무슨 일이 벌어지는지도 모를 정도로 깊은 경지에 이르렀다. 이런 필사적인 기도는 그의 말씀에 능력이 있게 했고, 구약의 예언자처럼 하나님의 힘에 붙들려 말씀을 전하게 되었다. 그는 원고 없이 강단에 섰다. 그리고 성령의 감동이 있을 때까지 기도했다. 이렇게 기도한 것은 자신의 힘으로 설교하는 것이 아니라 성령의 이끌림으로 설교하기 위함이었다. 이렇게 그는 오랜 타성으로 침체 속에 빠져 있는 한국 교회에 기도의 새 바람을 불어 넣었다.

말씀의 영성

그의 설교는 강력한 회개의 촉구를 담고 있었다. 특히 형식과 제도에 안주하여 그리스도의 생명을 잃어가는 교회 지도자들과 선교사들을 향해 매서운 회개를 촉구하였다. 또 식어버린 신앙으로 교회생활을 이어가는 형식적인 교인들에게도 뜨거운 성령을 체험하도록 강력한 회개를 촉구하였다. 그는 일기에서 "아! 조선의 영들을 살펴주소서. 머리 속에 교리와 신조만이 생명 없는 고목처럼 앙상하게 남은 저들의 심령은 생명을 잃어 화석이 되었으니 저의 교리가 어찌 저희를 구원하며 저희 영이 어찌 교회를 출입한다 하여 무슨 힘과 기쁨을 얻을 수 있사오리까. 옳다! 주 앞에 친히 면대함이 없는 자는 아무리 교회를 오래 다녔다 해도 강퍅하고 교만하고 뻣뻣하다. 그러나 주 앞에서 성신의 책망을 받게 되면 초죽음이 된다. 그리고서 예수님의 사랑과 은혜를 힘입어 일어나게 될 때만 온유하고 겸손하며 의에 굳세고 고난에 질긴 건전한 인격자가 된다"라고 하였다.

이와 같이 그의 설교는 폭풍우가 몰아치는 것과 같이 힘찼다. 그는 한국 교회에 사랑이 식어가는 것을 곧 교회의 생명이 식어가는 것으로 생각했다. 그는 한국 교회를 "예수는 죽이고 그 옷만 나누는 교회, 또는 예수의 피를 버리고 그 형식만 취하는 교회"로 진단하였다. 예수님의 사랑이 없는 교회를 죽은 교회로 진단하였던 것이다. 그래서 예수님의 사랑을 외치다 보니까 사랑 없는 교인들과 교회에 대해 준엄한 심판의 말씀을 선포하였던 것이다. 그는 "나는 주의 사랑에 삼키운 바 되고, 주는 나의 신앙에 삼키운 바 되어 결국 나는 주의 사랑 안에 있고, 주는 나의 신앙 안에 있게 되는 것이다"고 하였다. 이것이 바로 그의 메시지의 전부였다. 그의 메시지를 들은 교인들은 예수님의 사랑을 깨닫고 영이 회복되는 역사가 일어났다. 마치 죽어가는 고목에 새싹이 돋아나듯 힘찬 신앙의 가지가 돋아났다.

영·성·의·향·기

1. 이용도는 필사적인 기도를 통해 자신을 비우고 하나님의 말씀을 채우고자 하였다.
2. 형식과 타성에 안주하여 있던 한국 교회와 교인들을 향해 강력한 회개를 부르짖음으로 기도 운동이 일어나게 하였고 속된 것을 버리고 참된 신앙을 회복하게 하였다.

생·활·의·적·용

1. 나는 나를 비우고 주님의 음성을 듣기 위해 정말 뜨겁게 기도하고 있는가? 내 자신의 욕심만을 위해 기도하고 있지 않은가?
2. 나의 신앙은 오랜 타성으로 그 생명력을 잃어버리고 있지 않은가? 내 사명을 감당하기 위해 먼저 내 자신이 예수님의 사랑으로 완전히 변화되어야 한다.

디트리히 본회퍼 Dietrich Bonhoeffer
1906~1945

"심령이 가난한 자는 복이 있나니 천국이 저희 것임이요 애통하는 자는 복이 있나니 저희가 위로를 받을 것임이요 온유한 자는 복이 있나니 저희가 땅을 기업으로 받을 것임이요 의에 주리고 목마른 자는 복이 있나니 저희가 배부를 것임이요 긍휼히 여기는 자는 복이 있나니 저희가 긍휼히 여김을 받을 것임이요 마음이 청결한 자는 복이 있나니 저희가 하나님을 볼 것임이요 화평케 하는 자는 복이 있나니 저희가 하나님의 아들이라 일컬음을 받을 것임이요 의를 위하여 핍박을 받은 자는 복이 있나니 천국이 저희 것임이라 나를 인하여 너희를 욕하고 핍박하고 거짓으로 너희를 거스려 모든 악한 말을 할 때에는 너희에게 복이 있나니 기뻐하고 즐거워하라 하늘에서 너희의 상이 큼이라 너희 전에 있던 선지자들을 이같이 핍박하였느니라" (마태복음 5:3~12)

생애

디트리히 본회퍼는 독일이 낳은 행동주의 신학자다. 반 나치 저항 운동에 가담하여 히틀러 독재정권과 싸우다가 1943년 4월 5일 게슈타포(비밀경찰)에 의해서 체포되었다. 1945년 4월 9일 히틀러 제3국이 무너지기 직전 베를린에 있는 플로센뷔르크 강제수용소에서 게슈타포 장관의 직접 명령으로 39세를 일기로 교수대의 이슬로 사라진 젊고 유능했던 신학자였다.

그는 1906년 2월 4일 독일 프로이센 브레슬라우에서 칼 본회퍼 (Karl Bonhoeffer)와 파울라 본회퍼(Paula Bonhoeffer) 사이에 8남매 중 여섯째로 태어났다. 일곱째인 누이 사비네(Sabine)와는 쌍둥이 남매다. 부계는 학자, 법률가 집안(부친은 정신의학과 신경의학 교수), 모계는 귀족 출신으로서 신학자, 목사 집안(외조부는 황제 빌헬름 II세 때 궁중 설교가)이었다. 본회퍼는 독일제국의 엘리트 가정에서 성장했다. 17세인 1923년 그룬발트 고등학교를 졸업하고 튀빙겐에서 신학공부를 시작하였다. 슐라터(A. Schlatter), 하임(K. Heim), 그로스(K. Gross) 등에게서 배웠고, 두 학기를 보내는 동안 신학부에서 교회사와 철학 등을 공부하였다. 그러나 그때까지는 중산층의 문화적 배경을 바탕으로 신학을 이해하였다.

18세인 1924년 로마와 아프리카 대륙 여행을 하였다. 여행 중 독일에서 느끼지 못했던 가톨릭 교회의 보편성과 예배의식에 감명을 받고 교회에 대한 새로운 안목과 진정한 교회의 중요성을 발견하였다. 또 아프리카의 가난한 현실을 직접 목격하는 등, 여행은 박사학위 논문을 쓸 때 많은 영향을 끼쳤다.

그 해 6월에 베를린 대학으로 옮겨 21세인 1927년 7월까지 3년간 하르나크(A. Harnack), 리츠만(H. Lietzmann), 셀린(E. Sellin), 홀(K. Holl), 시버그(R. Seeberg) 등에게 배웠고, 루터 계열의 전통신학을 주로 홀에게 소개받았으며, 라인홀트 제베르크의 지도로 박사학위 논문 보고서를 제출하였다(1925~26 겨울학기). 학위논문의 주제는 "성도의 교제(Sanctorum Communio) : 교회 사회학에 대한 교회의 신학적 고찰"로 1927년 8월에 통과되었다.

21세인 1927년 교회의 본질에 대한 문제를 추구할 때 하르나크를 비판하며 칼 바르트(Karl Barth, 1886~1968)의 변증법적 신학에 매료되었다. 22세인 1928년에는 스페인의 바르셀로나에서 독일인을 위한 교회의 부목사로 일하였다. 23세인 1929년 베를린으로 돌아와 교수 자격 논문 (Habilitationsschrift)을 제출하였다(행위와 존재 Akt und Sein : 조직신학에 있어서의 존재들과 선험철학).

당시 세계 시장경제의 위기를 예고한 뉴욕 증권가의 주가가 폭락하는 등 경제공황의 위기가 닥치고 있었으나 그는 정치·경제 사건에 별관심을 보이지 않으며 중산층의 한계를 벗어나지 못하고 있었다.

1930~31년은 교환학생으로 미국 유니온 신학교에서 연구하였다. 거기서 니버(Reinhold Niebuhr)와 레만(P. Lehmann)을 만났고 이런 해외 경험을 통해서 에큐메니칼 운동에 대한 이해가 깊어졌으며 뉴욕 할렘가의 흑인문제를 보며 인종차별문제에 관심을 갖게 되었다.

25세인 1931년 다시 베를린 대학으로 와서 조직신학 강사로 임명되었다. 1936년 나치 정부에 의해 쫓겨날 때까지 베를린 대학 강사로 지내면서 '그리스도론', '창조와 타락', '교회의 본질' 등을 강의하였다. 영국 케임브리지에서 열린 "교회를 통한 국제적 우호관계를 증진시키기 위한 세계 연맹"의 유럽 청년부 간사가 되어 에큐메니칼 운동을 통해 다른 나라 그리스도교인들에게 독일 교회가 벌이고 있는 투쟁의 중요성과 히틀러의 진상을 자유세계에 알리던 중 영국 치체스터 주교 벨(G. K. A. Bell)의 지지를 받게 되었다. 18개월의 영국 목회 활동을 통해서 본회퍼는 독일 밖에서 독일 교회의 반 히틀러 투쟁의 대변인 역할을 하였다. 특히 덴마크에서 열린 W.C.C 회의에 참여해서 W.C.C가 히틀러의 어용기관이 된 "독일 기독교회"를 정죄하고 '고백교회(Confessing Church)'를 지지하는 방향으로 돌아서는 데 결정적인 역할을 하였다. 결국 그는 고백교회의 신학교에서 일한 결과로 베를린 대학에서 강의하는 것이 금지되었다. 1939년(33세) 제2차 세계대전이 발발했다(1939~45). 니버와 풀레만이 본회퍼를 미국 유니온 신학교로 초빙하여 뉴욕에 도착하였다(6월 12일). 그러나 본회퍼는 독일에 있는 형제들에 대한 번민으로 결국 미국을 다시 떠나기로 결심한다. 그가 그때 니버에게 쓴 편지를 보면 "저는 독일의 기독교인들과 더불어 우리 조국의 이 어려운 시기 동안 함께 살지 않으면 안 됩니다. 동포와 함께 이 시대의 시련을 나누지 않는다면 전쟁 후 독일에서 기독교인 삶의 재건에 참여할 권리가 없을 것입니다"라고 하였다.

1940년(34세) 본회퍼는 독일로 돌아와서 군 정보부의 정보관 부관으로 있던 매형인 한스 폰 도나니(Hans von Dohanany)의 도움을 받아 저항 운동에 가담하게 된다. 그는 히틀러 암살단에 참여하였는데 이 일에 참여한 이유를 이렇게 말한다. "…… 미친 사람이 모는 차에 희생되는 많은 사람들을 돌보는 것만이 나의 과제가 아니다. 이 미친 사람의 운전을 중단시키는 것도 나의 과제다."

1943년 4월 5일 본회퍼는 그의 매형 도나니와 함께 혐의를 받고 게슈타포에 의해 체포 수감되고, 1944년 히틀러 암살음모는 실패로 끝이 나고 만다. 이에 정보부가 연관되었음을 알게 된 히틀러는 저항자들을 적발하였으며 본회퍼도 집단 수용소로 이송된다. 1945년 나치 군법회의에서 사형선고를 받고 4월 8일 이른 아침에 저항에 참여한 그의 가족 3명을 포함하여 5,000명의 사람들과 함께 교수형을 당한다.

삶과 활동

제1차 세계대전(1914~18)에서 참패한 독일은 절망과 혼돈의 연속이었다. 경제는 도탄에 빠져 실업자의 수는 급증했다. 세계 제일의 우수 민족임을 자랑하던 독일 민족의 자존심은 땅에 떨어졌고 패전국으로서 짊어져야 할 막대한 채무는 감당할 길이 없었다. 이때 본회퍼는 여덟 살이었다. 이러한 사회에서 1933년 히틀러는 메시아처럼 희망을 약속하며 권력을 손에 잡았다. 600만 실업자에게 일거리를 줌으로써 땅에 떨어진 독일 민족의 자존심을 다시 일으켜 세우고 국민의 정서를 통합하는 데 큰 역할을 했다. 히틀러가 '근대화'와 '민족 중흥'이라는 슬로건을 내걸고 등장한 국가사회주의 정당에 독일 국민은 열광적인 지지를 보내줌으로 역사상 일찍이 없었던 범죄행위가 시작되었다. 아돌프 히틀러가 1939~45년 일으킨 세계 제2차 대전은 680만 독일인이 전쟁터에서, 600만 유대인들은 강제 수용소에서, 전쟁의 구렁텅이에 빠진 이웃나라 중 소련 2,000만 명을 포함하여 결국 전세계는 5,700만 명의 생명이 참혹하게 죽어갔다.

이런 와중에서 종교개혁의 전통을 자랑하던 독일 교회는 히틀러 국가사회주의 정당의 이념을 메시아적인 것으로 추앙하여 국가기독교라는 어용종교로 이용당하는 수치스러운 역사를 남겼다. 루드비히 뮐러(Ludwig mülle) 감독을 주축으로 한 독일 그리스도인 연맹은 히틀러와 국가사회주의 이념을 찬양하는 굴욕적인 성명을 잇달아 발표하였다.

"그리스도는 히틀러를 통해서 우리에게 오셨다."
"모든 민족에게 그러했던 것과 마찬가지로 하나님께서 우리 민족에게도 영원하고 특별한 종족의 법을 주셨다. 이 법은 지도자 아돌프 히틀러와 그에 의해 이룩된 국가사회주의 국가 속에서 그 구체적인 모습을 드러냈다."
"독일 민족을 위한 시대는 히틀러 안에서 성취되었다. 왜냐하면 히틀러를 통해 참 도움이며 구원자이신 하나님 곧 그리스도께서 우리 가운데 그의 능력을 나타내셨기 때문이다."

교회는 본질적으로 전세계를 위한 보편적인 하나의 교회다. 이것은 그리스도께서 우리에게 남기신 유산이다. 그러나 독일 교회는 근시안적인 사고에 사로잡혀 게르만 민족의 우월주의라는 이데올로기의 도구로 전락되어 세계 평화를 위한 본래적 사명을 망각하고 말았다. 이런 독일 교회의 타락을 보며 일련의 신학자들과 목회자들이 독일 그리스도인 연맹을 탈퇴하여 고백교회(Bekennende kirche) 운동을 일으켜 바르멘에 모여 "바르멘 신학선언(Barmen Theologisch Erklrung)"을 발표했다. 이 선언은 히틀러를 메시아로 추앙하는 독일 그리스도교 연맹의 주장에 쐐기를 박고 그들이 주(主)로 고백하는 분은 오로지 하나님의 아들로 이 땅 위에 오신 예수 그리스도임을 온 천하에 선포한다. 이 선언에 참가한 주역들에게 곧 그날이 다가왔다. 이 신학 선언을 기초한 칼 바르트(K. Barth) 교수는 본 대학의 교수직을 떠나야 했고 많은 참여자들이 체포되어 고문을 당하고 죽임을 당했다. 세계인들의 양심을 깨우고 그리스도인들의 심금을 울렸던, 그리고 참된 그리스도의 제자직을 몸소 보여주었던 본회퍼 목사의 삶과 활동도 여기서 멈추게 되었다. 처형되기 전날 그는 "이것으로 끝나는 것이죠. 그러나 저에게는 삶의 시작입니다"라고 마지막 말을 남겼다.

사상과 영성

그리스도교 사상의 측면에서 볼 때 18세기 이후 계몽주의 이래로 계시는 이성의 영역으로 내재화되었고 교회는 세상의 영역에로 세속화되었다. 더군다나 낭만주의에서는 무한을 유한 안에, 초월을 세상 내에, 영원을 시간 안에로 합일시킴으로써 하나님과 인간의 차이를 없애고 그리스도 왕국과 세상 나라 사이의 질적인 차이를 없앴다. 그리고 이러한 흐름은 결국 무신론과 신 죽음의 신학으로 이어져 갔다.

한편 1·2차 세계대전을 통해 19세기 자유주의 신학은 한계에 봉착하였고, 20세기 초에는 계시와 이성의 위기적 관계를 말하면서, 계시와 이성, 교회와 세상, 신학과 철학을 분명히 구분하기 시작하였다. 이러한 와중에서 본회퍼는 교회는 교회고, 세상은 세상임을 철저히 강조한다. 동시에 그는 "세상 속에서의 타자를 위한 그리스도인적 삶"을 강조함으로써 이러한 이분법적 관계를 넘어서고 있다. 그래서 본회퍼는 초기 작품인 「성도의 교제」에서 교회의 사회적 성격을 강조하였고, 「나를 따르라」에서는 교회의 정체성과 세상의 정체성을 분명히 하여 이 둘을 배타적 관계로 보면서도, 교회가 수행해야 할 제자직을 말하면서, 이 세상을 위해서 십자가를 지는 성화를 강조하였다. 후기 작품에 속하는 「윤리학」과 「옥중서신」에서는 교회와 세상의 적대관계보다 교회가 이 세상 속에서 어떻게 그리스도의 모습을 부각시키는가에 관심을 가졌다. 따라서 본회퍼는 그리스도는 초기 교회의 모습으로 실존한다는 생각을 넘어서서, 예수 그리스도는 비종교적 세속적인 세상의 주님이라는 사실을 강조한다. 그의 저서에 일관되게 흐르는 사상이 있다면, 그것은 "그리스도 중심적 사상"이다. 그리스도론은 본회퍼 신학에서 기본사상이며, 그 근간을 이루고 있다. 그의 모든 사랑은 그리스도와 연관되어 있다. 그래서 그의 사상을 이해하려면 "그리스도와 무엇"이라는 관점에서 살펴보아야 한다. 예를 들면 그리스도와 교회, 그리스도와 대리사상, 그리스도와 제자직, 그리스도와 현실, 그리스도와 세계, 그리스도와 타자를 위한 존재 등이다. 이럴 때 그의 "영성의 신학"의 핵심은 그리스도와의 관계 속에서 분명히 드러나게 되는 것이다.

그리스도교 영성의 특징을 ① 성령 안에서 자유와 사랑의 영성, ② 성육신적 영성, ③ 순례자의 영성으로서 궁극적 희망의 영성, ④ 말씀의 영성이며 기도의 영성, ⑤ 우주적 그리스도의 몸을 형성해가는 과정적 영성, 몸의 영성, ⑥ 공동체적 영성이며 생명의 연대성을 강조하는 영성이라 한다면, 본회퍼의 삶과 고백, 저술 등에 고여 있는 그의 사상은 2천년 그리스도교 영성의 전통 바로 그 자체이며, 그는 직접 그 영성의 전통을 몸으로 살고 간 영성의 대가였다. 특히 "하나님 없이, 하나님과 더불어, 하나님 앞에"라는 본회퍼가 던진 현대신학의 화두에는 본회퍼의 삶과 그가 체험한 믿음의 명상과 실천적 깨달음이 모두 포함되어 있으며 이 화두야말로 진정 2천년 그리스도교 영성 전통을 새롭게 재해석한 것이다.

첫째, '하나님 없이'는 종교적인 거짓된 하나님의 상을 깨뜨리는 것이다. 전능하고 전지한 종교적인 해결사 하나님 상은 이기적 자아의 투영과 확대다. 이런 하나님의 부정은 이기적 자아의 부정과 자기 중심성에서의 해방,

참회, 자기 비움이다. 둘째, '하나님 앞에서'는 자기 중심적 자아에 대한 심판과 하나님의 심판과 다르심에 맡김이며 자아의 개인적 영역에서 벗어나 이웃과 현실 앞에 책임적 존재로 서는 것이다. 셋째, '하나님과 더불어'는 하나님의 십자가 고난에 동참하는 공동체적 삶을 뜻한다. 그것은 곧 십자가 안에서 이루는 화해와 일치의 영성이다. 모든 종교의 영성과 믿음은 나의 자아와 타자의 자아가 서로 충돌하지 않고 조화와 일치를 이루는 데 있다. 나와 하나님과 이웃의 일치는 인간의 아픔과 힘없음을 떠맡는 십자가의 영성에서 이루어진다. 여기서 중요한 것은 '하나님 없이 – 하나님 앞에 – 하나님과 더불어'의 차원이 서로 통한다는 것이다. 이 세 차원은 상호 교통하며, 본회퍼의 신학 안에서 조화를 이룬다. 즉 이 화두에는 참회와 자기 비움에 이르는 믿음의 신비, 사회 정치적인 공적 책임, 고난에 참여하는 공동체적 삶의 세 차원이 인간 삶의 모든 영역을 통전하며 동시에 신학과 신앙의 전 영역을 포괄하고 있다.

이상과 같은 고찰을 통해서 볼 때 본회퍼의 영성신학은 20세기 후반에 대두되었던 세속화 신학, 신의 죽음의 신학, 에큐메니칼 신학, 희망의 신학, 정치신학, 해방신학, 민중신학 등에 지대한 영향력을 미쳤다. 우선 신학 내용의 패러다임이 전환되는 데 결정적인 공헌을 한 본회퍼 영성신학의 역할을 다음 다섯 가지로 정리할 수 있다. 첫째, 신학의 관심을 하늘로부터 땅으로, 저 세상으로부터 이 세상으로, 초월로부터 내재로, 관념으로부터 현실로 옮겨 놓았다. 둘째, 신앙의 바른 진술과 아울러 행동의 바른 성격과 방향에도 관심을 기울이게 하였다. 셋째, 역사의 질서에 대한 이해뿐만이 아니라 변혁에도 관심을 기울이게 하였다. 넷째, 개인주의적 경건에서 타자를 위한 삶, 참여, 연대책임에로의 지평이 열리도록 하였다. 다섯째, 그리스도의 선교의 목적을 단순히 말씀의 전파(복음화)만이 아니라 악마성이 존재하는 현실의 모든 영역으로 관심을 돌리게 하였다.

 영·성·의·향·기

1. 본회퍼의 영성신학은 이론과 바른 실천의 통합을 추구함으로써 교리와 강단 중심의 서구 전통신학을 넘어서 정치신학과 세속화 신학, 해방신학과 민중신학에 이르는 길을 열어주고 있다. 본회퍼의 영성신학은 그의 삶에서 맺어진 것이고, 그의 삶도 깊은 신학적 성찰과 안목 속에서 전개되었다.
2. 본회퍼의 '하나님 없이'는 모든 기형적인 소유에 대한 집착에서 벗어나서 성숙하고 진정한 하나님을 직시할 수 있는 계기를 제시한다.
3. 본회퍼의 영성신학은 기독교 신앙을 덮고 있는 2천년 신학 전통의 무거운 짐을 벗겨내고 신앙의 핵심을 실천적으로 드러냄으로써 서구 신학에서 벗어나 주체적인 한국 신학과 아시아 신학을 수립할 수 있는 무한한 과제를 제시해 주고 있다.

 생·활·의·적·용

1. 본회퍼는 철저히 자기를 버리고 목숨을 걸고 예수의 발자취를 따른 사람이다. 이 사람을 보며 혼돈과 소욕에 눈 어두워지는 현실에서 나는 무엇을 하고 있는가 생각해 보라.
2. 나는 어떻게 세상 속에서 주님이 계신 것을 드러낼 수 있겠는가? 예수 제자 됨의 길을 다시 시작해야 하지 않겠는가?
3. 고독과 침묵, 말씀의 묵상생활을 두려워하고 있지 않은가? 하나님의 음성을 듣기 위한 묵상의 시간 속으로 나를 몰고 가자. 나와 싸워 이겨야 한다. 욕망의 나를 이기고 묵상과 헌신의 내적 사람을 회복하자.

위르겐 몰트만 Jürgen Moltmann
1926~

"그때에 저는 자는 사슴같이 뛸 것이며 벙어리의 혀는 노래하리니 이는 광야에서 물이 솟겠고 사막에서 시내가 흐를 것임이라 뜨거운 사막이 변하여 못이 될 것이며 메마른 땅이 변하여 원천이 될 것이며 시랑의 눕던 곳에 풀과 갈대와 부들이 날 것이며" (이사야 35:6~7)

"소망의 하나님이 모든 기쁨과 평강을 믿음 안에서 너희에게 충만케 하사 성령의 능력으로 소망이 넘치게 하시기를 원하노라" (로마서 15:13)

"우리가 부분적으로 알고 부분적으로 예언하니 온전한 것이 올 때에는 부분적으로 하던 것이 폐하리라 내가 어렸을 때에는 말하는 것이 어린아이와 같고 깨닫는 것이 어린아이와 같고 생각하는 것이 어린아이와 같다가 장성한 사람이 되어서는 어린아이의 일을 버렸노라 우리가 이제는 거울로 보는 것같이 희미하나 그때에는 얼굴과 얼굴을 대하여 볼 것이요 이제는 내가 부분적으로 아나 그때에는 주께서 나를 아신 것같이 내가 온전히 알리라 그런즉 믿음, 소망, 사랑 이 세 가지는 항상 있을 것인데 그중에 제일은 사랑이라" (고린도전서 13:9~13)

"이를 위하여 우리가 수고하고 진력하는 것은 우리 소망을 살아 계신 하나님께 둠이니 곧 모든 사람 특히 믿는 자들의 구주시라" (디모데전서 4:10)

생애

몰트만은 1926년 4월 8일 독일의 항구도시 함부르크(Hamburg)에서 태어났다. 그는 제2차 세계대전 중에 전쟁포로가 되어 영국의 포로수용소에서 생활을 하였다. 그러나 포로생활 중에 신학을 공부하기 시작하였으며 석방된 후 1948년 서독으로 돌아와 괴팅겐(Göttingen) 대학교에서 계속 신학을 공부하였다.

1952년에 몰트만은 괴팅겐 대학교에서 신학박사 학위를 수여 받았으며, 1953년부터 1958년까지 독일 북부에 위치한 브레멘 - 바서호르스트 교회와 브레멘 대학교회의 목사로 근무하였다. 그 동안 그는 대학교수 자격 취득 논문을 완료함으로써 교수 자격을 취득하였고, 부퍼탈 신학대학의 교수로 초빙되어 1963년까지 기독교 교리사를 가르쳤다. 이 기간에 그는 학문적으로 인정받기 시작하여 1963년에는 본(Bonn) 대학교 신학부 교수로 초빙되었다. 그리하여 1967년까지 조직신학과 기독교 사회윤리학을 강의하였다. 1967년에는 독일의 신학부 가운데 가장 큰 튀빙겐 대학교 신학부 교수로 초빙되었다. 1967년과 68년 사이에 미국 듀크(Duke) 대학교의 초빙교수로 일하였으며 그 외에도 미국, 영국, 스웨덴, 프랑스, 덴마크를 비롯한 세계 많은 나라의 대학교에서 강사로 초빙되었고, 1971년에는 그의 저서 「희망의 신학」으로 인하여 이탈리아 정부의 국빈으로서 최고 문화상(Promio d' Isola d' Elba)을 수여했다. 1973년에는 한국에 일주일간 머물면서 학술강연회를 가지기도 했다.

종말론적 신앙(희망의 신학)

그가 말하는 기독교의 신앙은 예수 그리스도 안에서 계시되었고 또 약속된 하나님의 새로운 세계에 대한 희망과 기다림을 기본적인 내용으로 가진다. 신앙은 구체적인 현실을 외면하거나 이 세계로부터 도피하는 것이 아니라 예수 그리스도 안에 계시되고 약속된 하나님의 세계를 추구한다. 예수 그리스도의 부활과 함께 이미 시작된 하나님 나라, 하나님의 현실이 어두운 이 세계 속에서 완성될 그날을 희망한다. 이 미래에 대한 예수 그리스도 안에서 하나님이 약속하시는 것을 믿고 희망하지 않는 신앙, 그것은 참된 기독교적 신앙이 아니며 하나의 "미신이거나 죽은 신앙"에 불과하다. 기독교의 신앙이란 기본적으로 예수 그리스도 안에서 하나님이 약속하신 것을 믿는 것, 곧 희망을 뜻한다. 따라서 희망은 신앙의 "분리될 수 없는 동반자"다. 중세기의 안셈이 "나는 이해하기 위하여 믿는다"라는 명제를 말했다면, 몰트만은 이 명제를 그의 종말론적 사고에 따라 "이해하기 위하여 나는 희망한다"라는 명제로 변형시킨다. 희망은 신앙을 유지시키고 미래를 향하여 끌고 나가는 힘이며 사랑의 삶 속으로 이끌어 들이는 동인이다. 그렇다면 희망은 신앙의 사고와 인식과 역사를 끌고 나가는 힘이라고 말할 수 있다. 희망은 이 땅과 관계되어 있다. 예수의 부활에 있어서 기독교 신앙은 하늘의 영원을 인식하는 것이 아니라 바로 그의 십자가가 서 있는 땅의 미래를 인식한다. 그분 안에서 인간은 바로 그것을 위하여 자기의 생명을 바친 그 인간성의 미래를 인식한다. 그러므로 십자가가 그에게는 이 땅의 희망이다.

고난으로부터의 해방을 위한 영성

몰트만의 신학은 개인 중심적, 교회 중심적 신학에 반하여 이 세계에 대한 관심을 불러일으켰다. 그러나 그것은 세계를 단지 해석만 하는 것이 아니라 보다 더 인간적인 세계의 형성을 위하여 현존하는 세계를 변화시키는 데 관심을 가지고 있다. 몰트만이 생각하는 기독교는 부유하고 권력 있는 자들의 편에 서서 그들이 먹다가 남은 떡을 얻어먹으면서 시중 노릇을 하기보다 그 세계의 약한 자들의 편에 서서 평등한 세계, 인간적인 세계의 형성을 위하여 노력해야 한다는 것이다. 현존하는 세계가 언제나 다시금 변화됨으로써 하나님의 새로운 세계를 향하여 역사화되어야 한다는 그의 주장은 성서가 본래 가지고 있는 유토피아니즘의 회복이라고 말할 수 있다.

몰트만은 기독교가 그 세계의 존속을 보장해 줌으로써 부정적 요소를 지속하게 하는 도구로 화하는 것을 반대한다. 기독교는 그 세계에 적응하고 동화되어 자기의 정체성을 상실하기보다 오히려 십자가에 달리시고 부활하신 예수 그리스도의 교회로서 그 자신을 언제나 구분하고 인간의 세계로 하여금 예수 그리스도 안에 나타난 하나님의 세계를 향한 "참된" 발전을 가능케 하고자 한다. 이 세계 속에 있는 모든 질서, 즉 정치적 질서, 경제적 질서, 사회적 질서는 하등의 신적인 것, 절대적인 것이 아니라 역사적이며 상대적인 것에 불과함을 인식하게 한다. 그리하여 어떤 질서에 대한 우상숭배도 배격하며 모든 질서에 있어서 인간의 건전한 자유와 의와 인간성이 실현되어야 할 것을 요구한다.

기독교는 현재 우리에게 주어진 세계가 현 상태에서 정지하거나 절대화되지 않고 하나님께서 약속하신 하나님의 세계로, "이제는 죽음이 없고 슬픔도 울부짖음도 고통도 없을" 하나님의 현실로 변화되고 전진하는 세계가 되도록 하자는 것이다. 다시 말하여 성서에서 하나님이 예수 그리스도 안에서 보여주시고 약속하신 그 세계, 모든 인간이 하나님의 한 자녀로서 자유롭고 평등하게, 한마디로 인간답게 살 수 있으며 모든 것이 하나님의 뜻에 따라 이루어져 가는 세계가 되도록 하자는 것이 몰트만의 신학사상이요, 신앙이었다.

 영·성·의·향·기

1. 몰트만은 십자가의 고난과 부활을 통하여 현실의 고난을 극복하고자 노력하였다.
2. 교회를 더 이상 권력과 부의 추구 및 옹호 단체가 아닌, 고통으로부터의 해방과 희망을 주는 하나님의 교회로 이끌어갔다.
3. 현실을 외면하고 내세를 추구하는 미래가 아니라, 현실의 삶 속에서 세상을 변화시키고 하나님의 뜻을 실현할 수 있는 미래를 열어갈 희망을 주는 신앙을 추구하였다.
4. 개인적인 신앙에만 머물지 않고 이웃과 세상의 현실을 직시하여 참여하는 신앙을 주장했다.

 생·활·의·적·용

1. 영혼 구원을 육체적 죽음 뒤의 일로만 생각하고 있지 않은가?
2. 현실을 외면한 신앙의 결과가 무엇이라고 보는가?
3. 기독교 역사를 통하여 교회가 사회에 어떠한 영향을 끼쳤으며, 어떠한 결과를 빚었는가?
4. 우리들의 현실의 고통은 무엇이며, 그리스도인들이 이러한 현실에 참여할 수 있는 방법은 어떠한 것들이 있는가?

볼프하르트 판넨베르그 Wolfhart Pannenberg
1928~

"또 내가 네게 이르노니 너는 베드로라 내가 이 반석 위에 내 교회를 세우리니 음부의 권세가 이기지 못하리라" (마태복음 16:18)

"바울이 아덴에서 저희를 기다리다가 온 성에 우상이 가득한 것을 보고 마음에 분하여 회당에서는 유대인과 경건한 사람들과 또 저자에서는 날마다 만나는 사람들과 변론하니 어떤 에비구레오와 스도이고 철학자들도 바울과 쟁론할새 혹은 이르되 이 말장이가 무슨 말을 하고자 하느뇨 하고 혹은 이르되 이 방 신들을 전하는 사람인가 보다 하니 이는 바울이 예수와 또 몸의 부활 전함을 인함이러라 붙들어 가지고 아레오바고로 가며 말하기를 우리가 너의 말하는 이 새 교가 무엇인지 알 수 있겠느냐 네가 무슨 이상한 것을 우리 귀에 들려주니 그 무슨 뜻인지 알고자 하노라 하니 모든 아덴 사람과 거기서 나그네 된 외국인들이 가장 새로 되는 것을 말하고 듣는 이외에 달리는 시간을 쓰지 않음이더라 바울이 아레오바고 가운데 서서 말하되 아덴 사람들아 너희를 보니 범사에 종교성이 많도다 내가 두루 다니며 너희의 위하는 것들을 보다가 알지 못하는 신에게라고 새긴 단도 보았으니 그런즉 너희가 알지 못하고 위하는 그것을 내가 너희에게 알게 하리라" (사도행전 17:16~23)

생애

판넨베르그는 1928년 독일에서 한 문관의 아들로 출생하여, 풍부한 풍류의 재능을 가지고 일반 교육을 받았으며 학자적 생활에서 장래가 촉망되는 가운데 성장하였다. 그는 당시 대부분의 독일 청소년들과 같이 제3독일정부(The Third Reich)의 마지막 필사적인 시기에 조국을 지키기 위한 슬픈 노력에 참여하였다. 나치즘에 대한 그의 어렸을 때의 기억들은 생생히 남아 있게 되었고, 일반적으로 사회의 불안정에 대해서, 특별히 독일 사람들이 민주주의를 결정한 것에 대해서 이해하는 데 크게 영향을 미쳤다.

그는 1950년에 바젤(Basel)에 가서 바르트에게 크게 영향을 받았다. 1951년에는 하이델베르크에서 연구를 했으며, 1953년 "둔스 스코투스의 예정론"이라는 논문으로 박사 학위를 취득하였다. 1955년에 하이델베르크에서 강사가 되었다. 그는 부퍼탈(Wuppertal)에 있는 교회 신학교의 조직신학 교수로 청빙을 받았으며, 1968년부터 뮌헨 대학에서 조직신학 교수로 봉직했다.

공동체를 위한 신학

판넨베르그는 "교회의 신학자"다. 그는 교회의 전통에 제약을 받지는 않지만 그것에 책임을 느끼고 매달리며 기독교 공동체의 가르침과 성례전적 삶에 참여한다. 판넨베르그의 신학은 기독교가 단순히 흥미 있는 생각들의 묶음이 아니라 오는 왕국을 기대하는 데 꼭 맞는 경건과 삶의 스타일로 나아가는 공동체적 모험이다. 신학에서 교실의 교단과 교회의 강단 사이에 차이(gap)가 있어서는 안 된다. 교회 예배의 강단은 의식적 상기와 축하와 특별한 봉사를 위하여 공동체가 덕을 세우는 더 큰 맥락 안에 위치하게 된다. 공동체의 삶 전체가 신학을 가르치기도 하고 또 그 신학으로 가르침을 받기도 한다. 신학은 위에서부터 기독교 공동체에 부과되지 않고, 예수님의 기억을 지속시키는 공동체와 그 기억을 동반하는 사상의 전통에 의하여 양육받는다. 기독교 신학은 인간 사유의 전체 안에서 그 자리를 발견하는 대신 특별히 교회라고 부르는 확인할 수 있는 공동체, 즉 왕국의 복음에 대해 분명한 의도적 응답을 하는 가운데 살아가는 공동체에 관계된다. 그는 하나님의 실재하심과 그의 규칙이 분리될 수 없다고 본다. 복음은 하나님께서 그의 통치하심으로 오시고 따라서 중요한 의미를 갖고 실존, 즉 실존하는 현실로 오시는 것이다. 그래서 생명을 가지는 것은 이러한 미래를 기대하는 것이다.

부활신앙의 영성

우리가 어떤 것의 미래에 관하여 말할 때 어떤 것이 미래에 있을 것에 관하여 뿐만 아니라 어떤 것이 벌써 현재 있는 것에 관하여도 말하고 있다. 그 문제의 진실은 그 문제의 종결에서만 볼 수 있다. 그래서 교회에 관한 언어는 미래의 전망에서 오는 언어다. 판넨베르그의 기독론 가운데 이 원리가 나타난다. 즉 우리는 예수님의 이전의 삶을 돌이켜 볼 수 있고, "예수는 하나님이시다" 하는 말을 나사렛 예수의 전 사건에 적용할 수 있다는 것은 부활하신 가운데 예수에게 일어났던 것에 비추어서만 가능하다.

예수는 "종말의 시간"이 우리 시대에 참여한 예상되는 사건의 원형이다. 이것에 대한 주된 증거는 죽은 자들로부터 새로운 삶으로 부활한 것이다. 죽음은 우리 실존이 가지는 잠정적이고 불만스러운 특징을 나타내는 불가피한 증거다. 그것은 우리 모두가 더 좋은 세계를 위하여 투쟁하는 것을 거부하는 대상이다. 복음은 죽음이 마지막 말이 아니라고 한다. 세계의 해방이 약속되었고 그 약속으로 말미암아 지금 살고 있는 모든 사람은 미래로 말미암아 옹호를 받을 것이다.

예수의 삶과 죽음은 하나님께서 이스라엘과 관계하시는 역사 안에 포함된 약속의 틀 안에서만 이행할 수 있다. 예수는 이러한 빛 아래서만이 하나님의 계시로 보여질 수 있다. 나사렛 예수의 삶과 죽음 안에서 이스라엘의 하나님은 그의 신성의 궁극적 현시를 하였고, 모든 사람들을 위한 한 분이신 하나님으로 계시되었다.

　예수의 부활 자체는 역사가들이 이성과 보는 눈을 가졌다면 하나의 역사적 사실로 인식해야만 한다. 예수의 부활은 죽음의 한계를 헤치고 나간다. 결과적으로 그 부활의 "진기함"은 완전히 다른 어떤 것이며 역사의 "진기함"과는 전혀 비교가 안 된다. 이렇게 해서 판넨베르그는 죽음을 삶의 참된 종말로 받아들이지 않고, 부활을 성서적 의미에서 새로운 삶의 참된 시작으로도 받아들이지 않는다. 크리스천 삶은 부활하신 주님과의 교제고, 소망의 공동체 안에서의 교제며, 성취에 대한 일종의 천국 축제인 성찬예식의 현재적 축하다.

　예수의 복음이 그 말의 어떤 의의 있는 의미에서 진실이라면 모든 사람들을 위해서도 진실하다. 그러한 종류의 것에 대한 맛을 가졌는지 아닌지에 달려 있는 것은 취하든가 무시해 버려야 하는 임의의 관점이 아니다. 그것은 복잡한 감수성을 가진 사람들에게만 "의미 있는" 어떤 것을 말하지 않는다. 그것은 모든 것이 관련된 우주를 서술하도록 요청하기 때문에 모든 사람들의 주의를 끌도록 한다. 이런 점에서 판넨베르그는 위대한 기독교 변증가다. 그는 근대인이요 합리적인 인간이었기에 크리스천이었다. 신앙과 이성, 신념과 경험, 크리스천의 헌신적 참여와 근대성은 긴장 가운데 유지되어야 이율배반이 아니다. 그는 그 경우를 분명하게 그리고 지적인 용기를 가지고 제시한다.

영·성·의·향·기

1. 판넨베르그는 공동체를 위한 신학을 수립하기 원했던 변증적 신학자였다.
2. 교회의 신앙을 이성과 대립하는 것으로 보기보다는 신앙을 해석할 수 있는 도구로 보았다.
3. 예수님의 부활 사건을 역사적 사건으로 옹호하며 신앙 안에서 현재화, 실존화시켰다.
4. 크리스천의 사회 참여를 중요시했다.

생·활·의·적·용

1. 신앙생활을 우리의 현실과 분리시켜 생각하지는 않는가?
2. 나는 사회 참여와 선한 헌신적 삶에 얼마나 적극적인가?
3. 예수님의 삶과 죽음을 통하여 과거의 기억으로만 그치고, 회상하는 것으로 만족하려고 하지는 않는가?
4. 신앙적 삶과 교제를 크리스천들끼리 하는 것으로 오해하고 있지 않은가?

참고문헌

김기련, 「기독교 영성사」(대전 : 도서출판 복음), 2003.
김정진 편역, 「가톨릭 성인전(上·下)」(서울 : 가톨릭출판사), 2001.
리처드 포스터, 박조앤 옮김, 「생수의 강」(서울 : 두란노), 2000.
리처드 포스터·에밀리 그리핀 편집, 방성규 옮김, 「영성 고전 산책」(서울 : 두란노), 2002.
리처드 포스터·제임스 브라이언 스미스 편집, 송준인 옮김, 「신앙 고전 52선」(서울 : 두란노), 1998.
박재만, 「영성의 대가들(上·下)」(서울 : 가톨릭신문사), 2001.
버나드 맥긴, 방성규·엄성옥 옮김, 「서방기독교 신비주의의 역사」(서울 : 도서출판 은성), 2000.
C. P. M. 존스·G. 와인라이트·E. 야놀드, 권순구 옮김, 「기독교 영성학」(서울 : 도서출판 영성), 2000.
엄두섭, 「좁은 길로 간 사람들」(서울 : 도서출판 소망사), 1994.
엄두섭, 「신비주의자들과 그 사상」(서울 : 도서출판 은성), 1993.
월터 C. 어드맨, 곽안전 옮김, 「믿음으로 산 위인들」(서울 : 대한기독교서회), 1978.
제임스 M. 고든, 임승환 옮김, 「복음주의 영성」(서울 : 기독교문서선교회), 1999.
제이 씨 라일, 송용자 옮김, 「18세기 영국의 영적 거성들」(서울 : 지평서원), 2005.
존 우드브리지, 권성수 옮김, 「그리스도의 대사들」(서울 : 도서출판 횃불), 1995.
토마스 아 켐피스, 김정준 옮김, 「그리스도를 본받아」(서울 : 대한기독교서회), 1967.
피종진, 「세계 신앙의 거성」(서울 : 한국문서선교회), 1991.
하워드 L. 라이스, 황성철 옮김, 「개혁주의 영성」(서울 : 기독교문서선교회), 1995.

현대인을 위한 영성훈련
위대한 영성가들

원종국 지음

발 행 일 | 2006년 1월 2일(초판 1쇄)
            2007년 4월 16일(초판 3쇄)
발 행 인 | 신경하
편 집 인 | 김광덕
편   집 | 박영신, 성민혜
펴 낸 곳 | 도서출판 KMC
등록번호 | 제2-1607호
등록일자 | 1993년 9월 4일

(100-101) 서울특별시 중구 태평로1가 64-8 감리회관 16층
(재) 기독교대한감리회 홍보출판국

대표전화 | 02-399-2008 팩스 | 02-399-4365
홈페이지 | http://www.kmcmall.co.kr
           http://www.kmc.or.kr

디자인·인쇄 | 믿음기획(02-335-6579)

값 10,000원

ISBN 89-8430-294-5 03230